Caesar's *Dē Bellō Gallicō*

Caesar's Dē Bellō Gallicō*: A Syntactically Parsed Reader* is an innovative Latin reader presenting selections of Caesar's Gallic wars texts. Its unique approach tackles the two most common problems a student reading unedited Latin faces: abundant vocabulary and a maze-like sentence structure. Breaking down the sentence structure of the texts and providing vocabulary glosses throughout, *Caesar's* Dē Bellō Gallicō*: A Syntactically Parsed Reader* ensures better comprehension and enables students to make an easier transition from using artificial and doctored Latin to working with the unaltered language found in authentic texts.

Features include:

- Texts presented with the syntactically parsed Latin on one page and vocabulary glosses on the other
- Visual display of the syntactic structure of each Latin sentence throughout, with main clauses touching the left margin, subordinate clauses shown indented, and multiple subordinate clauses arranged to illustrate which clauses are dependent on which other clauses
- Helpful grammar notes provided alongside the texts
- High frequency vocabulary included in a separate appendix to encourage efficient vocabulary acquisition
- Selected texts carefully chosen in line with the Advanced Placement Latin exam.

Caesar's Dē Bellō Gallicō*: A Syntactically Parsed Reader* has been developed by an experienced university instructor. It is ideal for students seeking to improve their ability to read and understand Latin prose straight from the page.

Jean-François R. Mondon is Assistant Professor of Foreign Languages at Minot State University, USA.

Caesar's *Dē Bellō Gallicō*

A syntactically parsed reader

Jean-François R. Mondon

Routledge
Taylor & Francis Group

LONDON AND NEW YORK

First published 2015
by Routledge
2 Park Square, Milton Park, Abingdon, Oxon OX14 4RN

and by Routledge
711 Third Avenue, New York, NY 10017

Routledge is an imprint of the Taylor & Francis Group, an informa business

British Library Cataloguing in Publication Data
A catalogue record for this book is available from the British Library

Library of Congress Cataloging in Publication Data
Caesar, Julius, author.
[De bello gallico]
Caesar's De bello gallico : a syntactically parsed reader / Jean-Francois R. Mondon.
pages cm
1. Latin language–Readers. I. Mondon, Jean-Francois R. II. Title.
PA6235.A2M66 2015
936.4'02–dc23
2014026122

ISBN: 978-0-415-71145-6 (hbk)
ISBN: 978-0-415-71147-0 (pbk)
ISBN: 978-1-315-73557-3 (ebk)

Typeset in Times New Roman
by Saxon Graphics Ltd, Derby

mātrī meae

Contents

Introduction

This book is intended for those students who have worked their way through Latin grammar and are ready to delve into real, unedited Latin. This reader contains all of Book I of Caesar's *Gallic Wars* followed by those excerpts from books IV, V, and VI which correspond to the Advanced Placement Latin exam.

Two problems beset any student who takes the first steps from the safety of an introductory textbook into real literature. The first is the amount of novel words with which one is faced. It is simply staggering and debilitating to have to look up what seems like 70 percent of the words on any given page. To alleviate this problem, I have adopted the method used in Clyde Pharr's *Vergil's Aeneid* (1930). Specifically, all words are glossed the first time they occur, the high-frequency words in bold. Subsequently, only those words which occur less than ten times overall are glossed on the facing page, repeating high-frequency words being listed in an appendix at the back of the book. It is advisable that the student memorize these early on. Words are ordered according to part of speech. This is intended to force the student to make some headway with the grammar of the sentence rather than use the vocabulary alone as a means to make sense of a sentence.

With respect to the vocabulary, verbal prefixes only appear on the first principal part. Since many dictionaries function this way it seems best to get students used to determining the prefixal and root structure of verbs. The rule of thumb is that the first syllable is the prefix (clear bisyllabic prefixes such as *inter-*, *circum-*, *praeter-*, *ante-*, *super-*, and *satis-* are exceptions) and that this syllable should be prefixed to the other parts of the verb. Take **attingō, -ere, -tigī, -tāctus** *to border, touch* as an example. The first syllable of **attingō** is **at-** and this should be appended to the third and fourth principal parts yielding <u>at</u>**tigī** and <u>at</u>**tāctus**.

The second dilemma, which is particularly acute with Latin, is the seemingly maze-like structure of sentences. Even if one knows all the words of a sentence it can still prove quite difficult to tease apart the various subordinate clauses and determine what is doing what. To alleviate this problem, throughout this book I have visually displayed the syntactic structure of each Latin sentence. Main clauses touch the left margin while subordinate clauses are indented. If a sentence contains multiple subordinate clauses then the latter are indented to various depths in order to try to visually represent which clauses are dependent upon which other clauses. All elements of a clause, even if dissected by other clauses, are placed at the same level of indentation. To fully explain this system it seems best to illustrate it with examples. From Book I, chapter 1 **Gallia est omnis dīvīsa in partēs trēs, quārum ūnam incolunt Belgae, aliam Aquitānī, tertiam quī ipsōrum linguā Celtae, nostrā Gallī appellantur** is represented as follows:

Gallia est omnis dīvīsa in partēs trēs,	1
quārum ūnam incolunt Belgae,	2
aliam Aquitānī,	3
tertiam	4
quī ipsōrum linguā Celtae,	5
nostrā Gallī appellantur.	6

The first line is the main clause and therefore it touches the left margin. Lines 2, 3, and 4 are all relative clauses. Only line 2 actually has a relative pronoun and a verb present, though the same relative pronoun and verb are understood for lines 3 and 4. Lines 5 and 6 also contain relative clauses, though unlike the ones in lines 2 through 4 which depend on the main clause since the antecedent **partēs** occurs there, the relative clauses in lines 5 and 6 are dependent upon the relative clause in line 4, their antecedent not being expressly written but being understood as the pronoun **eī** or **illī**.

Another example from the same chapter is **Eōrum ūna pars, quam Gallōs obtinēre dictum est, initium capit ā flūmine Rhodanō**. Its structure is visually represented as:

Eōrum ūna pars,	1
quam	2
Gallōs obtinēre	3
dictum est,	4
initium capit ā flūmine Rhodanō	5

Here the main clause (lines 1 and 5) is divided by a relative clause (lines 2 and 4) which itself is divided by an indirect statement (line 3).

From Book I, chapter 4 comes the following excerpt:

Damnātum	1
poenam sequī	2
oportēbat	3
ut ignī cremārētur.	4

The main clause in line 3 controls the indirect statement in line 2. From the context of the chapter the understood subject of this indirect statement is **Orgetorīgem** (or even just **eum**). Line 1 contains a participial phrase which modifies the understood subject of the indirect statement. Finally, line 4 modifies **poenam** in line 2, explaining what the punishment is. It is not syntactically dependent upon it, but serves as an apposition of sorts, thus it is indented to the same degree.

As another example, the following comes from Book V, chapter 35:

Q. Lūcānius, eiusdem ōrdinis,	1
fortissimē pugnāns,	2
dum circumventō fīliō subvenit,	3
interficitur:	4

The main clause (lines 1 and 4) is broken up by a participial phrase (line 2) modifying the subject **Q. Lūcānius** and by a *dum*-clause (line 3). It really is a toss-up as to whether line 2 or 3 should be more deeply indented. In solving such dilemmas participial phrases and ablative absolutes have been selected to be more deeply embedded throughout this work, since they usually have no clauses that depend on them and since they tend to be rather short, thus being able to fit within a more indented line.

Finally, in particularly long sentences, some clauses have the same level of indentation even though they are different syntactically. This is only done when the two clauses are divided by a main clause and the sense of the first subordinate clause clearly is not being continued by the later equally indented subordinate clause. Take the following example from Book I, chapter 27.

Dum ea conquīruntur et cōnferuntur,	1
nocte intermissā	2
circiter hominum mīlia VI pāgī,	3
quī Verbigēnus appellātur,	4
sīve timōre perterritī,	5

Both lines 2 and 4 as well as lines 1 and 5 are equally indented even though the contents of both these pairs have nothing in common. Line 2 is an ablative absolute while line 4 is a relative clause which clearly cannot structurally be a part of the ablative absolute. Likewise, line 1 is a *dum*-clause while line 5, which contains no finite verb, cannot be a part of the *dum*-clause; rather, it is a participial phrase. As one gets more familiar with reading Caesar, it will be seen that he follows a nesting structure, and that subordinate clauses broken up by multi-word less indented clauses simply do not occur.

The various sentences of a chapter are separated by a line break. More often than not lines that end in colons or semicolons are followed by a line break too. This is usually true if either what precedes the (semi-)colon or what follows it is particularly complex syntactically. The rationale behind this is to provide the reader with a slight visual breather at a semantic/syntactic break in working through complex sentences.

The following section presents all those subordinate clauses which are indented throughout this book. It is important to read through this section before proceeding. In addition, notes explaining particularly difficult grammatical structures, glossing interesting uses of words, clarifying pronominal references, or providing cultural background are present in each chapter below the Latin text. In certain instances a line of Caesar is rewritten with absent, albeit understood, words in bold. This last technique has been employed as much as possible since I believe it helps the student attain a better understanding of the structure of Latin than do explanations in English.

Between the vocabulary assistance and the visual representation of clause structure, a student should be able to read Caesar's work with more comfort and fluency. By the time this book has been completed, it is hoped that the student will be finding himself/herself mentally indenting lines of Latin as she/he moves to unindented lines of Latin prose. It is highly recommended that she/he try excerpts from *Caesar's Gallic Wars* which are not included in this reader as a test to her/his progress.

The Latin used here follows the Loeb edition with occasional differences in favor of Cornelius Marshal Lowe and J.T. Ewing's 1903 intercollegiate edition and James Greenough, Benjamin D'Ooge and M. Grant Daniell's 1898 edition.

I would like to thank my family for support, particularly my mother who always encouraged me in all of my endeavors. My students and colleagues have made living in the frozen tundra of North Dakota much more pleasant than would appear on paper, thereby providing me with a pleasant locale over the past few years as this book came together. Additionally, this book has benefited greatly from the feedback from two anonymous reviewers, one of whom I would particularly like to thank for the detailed list of improvements submitted and whom I surmise will never be able to look at the word *sequin* again without a smirk. I tried to incorporate their suggestions as much as possible, though the stubborn historical linguist in me could not compromise on a few points. I'd also like to thank Nigel Hope who read through an earlier draft and offered great feedback which helped clarify the text tremendously. Finally, Andrea Hartill and Isabelle Cheng at Routledge have made this task so unimaginably easy. I thank them for always being positive and immediately responsive to my questions, and in particular thank Andrea for allowing this book to become a reality.

Types of subordinate clauses

The following briefly lists the various subordinate clause types that are visually indented throughout this reader. The translations aim to be mainly literal, so in a few instances the resulting English may strike the ear as slightly unorthodox. Before presenting the various clauses, however, it is useful to summarize sequence of tenses and subjunctive by attraction:

Sequence of Tenses
The tense of the verb in a main clause delimits which subjunctive may occur in a dependent subordinate clause. The present and imperfect subjunctives indicate a verbal action that occurs at the same time as the verb of the main clause. The perfect and pluperfect subjunctives on the other hand, indicate an action which occurred prior to the main verb. Note that the perfect indicative occurs in both sequences; the English translation which most closely reflects the difference between the perfect's use in the primary sequence vs. secondary sequence is listed.

	Main Clause	Subordinate Clause
Primary Sequence	present, future, future perfect perfect [= English *have/has* + participle]	present, perfect
Secondary Sequence	imperfect, pluperfect perfect [= English past tense]	imperfect, pluperfect

Subjunctive by Attraction
A subordinate clause which is itself dependent on another subordinate clause often has its verb in the subjunctive.

> **Aeduī questum veniēbant,**
>> **quod Harūdēs,**
>>> *quī nūper in Galliam <u>trānsportātī essent</u>*

> *the Aedui came to complain, because the Harudes, **who had recently been carried across into Gaul***

This is very frequent in Caesar since verbs of speaking or saying are understood throughout a chapter though only expressly stated once. Therefore, in many instances every clause ends up being embedded within a subordinate indirect discourse/statement clause.

Subordinate Clause Types

• **Ablative Absolute**
  A noun in the ablative along with a participle in the ablative is used as either a causal, concessive, or temporal subordinate clause. The specific use depends on the context. The noun in the ablative can be neither the subject nor the direct object of the main clause.

  > *factā potestāte*
  > **eadem commemorant**

  > *the opportunity having been made, they speak of the same things*

• **Causal Clause**
  Several conjunctions translate as *because* (**quod, quia**) or *since* (**quoniam**). They generally take the indicative, though when they themselves are embedded within a subordinate clause, they may take the subjunctive.

  > **Aeduōs sibi**
  > *quoniam bellī fortūnam temptāssent*
  > **stīpendiāriōs esse factōs**

  > *the Aedui,* **since they had tried their chance at war,** *were made tributes to him*

• **Comparative Clause**
  Used to complete the meaning of a comparative adjective, comparative clauses are introduced by **quam** *than* and they take an indicative verb.

  > **Caesar mātūrius paulō**
  > *quam tempus annī postulābat*
  > **exercitum dēdūxit**

  > *Caesar withdrew the army a little more quickly* **than the time of the year was demanding**

• **Concessive Clause**
  Several conjunctions translate as *although* (**quamquam, quamvīs, etsī, tametsī**) and take a verb in the indicative.

  > **illī**
  > *etsī ab hoste ea dīcēbantur*
  > **tamen nōn neglegenda exīstimābant**

  > **although the things were said by an enemy,** *they nevertheless did not think they ought to be ignored*

- **Conditional Clause**

  The *if*-clause (protasis) is introduced by **sī** *if* or **nisī** *if not, unless*. The resulting clause (apodosis) is effectively a main clause and is not introduced by any particular conjunction. The verbs of both the protasis and the apodosis may be in the indicative or subjunctive, depending upon whether the protasis is actually possible or not. When it is possible and likely the indicative is used. When it is impossible or less likely the subjunctive is used.

  > **_sī quid vellent_**
  > **ad Īdūs Aprīlis reverterentur**
  >
  > ***if they were to want anything,*** *they would return on April 13*

  > **_sī quid accidat Rōmānīs_**
  > **summam in spem per Helvētiōs rēgnī obtinendī venīre**
  >
  > ***if anything were to happen to the Romans,*** *he would have the greatest hope of obtaining the kingdom through the Helvetii*

  It is quite frequent for conditional sentences in Caesar to be embedded below a 'verb of the mind' either explicit or understood from the context. In such instances the apodosis follows the rules for indirect statement, with an accusative subject and an infinitive verb.

- **_cum_-Clause**

  Cum-clauses can be divided into causal, concessive, and temporal. They are differentiated by the verbal tenses they use in primary and secondary sequences.

  - **Causal**

    It always takes the subjunctive and is best translated as *because, since*

    > **neque ūllā ad id tempus bellī suspīciōne interpositā,**
    > **_cum_ pars hominum in agrīs _remanēret_**
    >
    > *and no suspicion of war had been introduced at that time,* ***since part of the men remained in the fields***

  - **Concessive**

    This always takes the subjunctive and is best translated as *although*. **Tamen** *nevertheless* often occurs in the clause which governs the *cum*-clause.

    > **_cum prīmī ōrdinēs hostium trānsfīxī tēlīs concīdissent,_**
    > **tamen ācerrimē reliquī resistēbant**
    >
    > ***although the first ranks of enemies, pierced by missiles, had fallen,*** *nevertheless the remaining ranks resisted very vigorously*

When under indirect statement, the verb of the main verb may be an infinitive as in the following example:

> **respondit:**
>
> > *cum ea ita sint,*
> > **tamen sēsē cum eīs pācem esse factūrum**
> >
> > ***he responds that although things are so,*** *nevertheless he will make peace with them*

- o **Temporal**
  It always takes the indicative and is best translated as *when*.

  > *cum sē inter equitum turmās īnsinuāvērunt*
  > **ex essedīs dēsiliunt**
  >
  > ***when they have wound their way between the troops of cavalry*** *they jump down from the chariot*

- • **Doubting Clause**
  When the verb of doubting is negative, the doubting clause is introduced by **quīn** and its verb is in the subjunctive.

  > **neque dubitāre**
  > *quīn ūnā cum reliquā Galliā Aeduīs lībertātem sint ēreptūrī*
  >
  > *and not to doubt* ***that they may be about to snatch away freedom from the Aedui together with the rest of Gaul***

- • *dum*-**Clause**
  This conjunction is translated as *while*, *as long as*, or *until*. The verb is in the indicative when referring to a temporal idea but in the subjunctive when referring to purpose or a future idea.

  > *dum haec geruntur*
  > **discessērunt**
  >
  > *while these things were underway, they left*

Caesar statuit
> *dum in Santonōs Helvētiī pervenīrent.*

Caesar decided (these things), **as long as the Helvetii should arrive in the land of the Santoni.**

- **Fearing Clause**
  Introduced by **nē** (when positive) and **ut** (when negative), the verb is in the subjunctive.

    nē eius suppliciō Dīviciācī animum offenderet
  verēbātur

    *he was fearing **that his punishment might offend the mind of Diviciacus***

  Timeō
    ut sustineās

  *I fear **that you may not bear (it)**.*

- **Indirect Discourse/Statement**
  Verbs of the 'head' such as **scīre** *to know,* **crēdere** *to believe,* **putāre** *to think,* **certus fierī** *to be made aware,* etc. take a subordinate clause whose subject is in the accusative and whose verb is an infinitive.

    Caesarī nūntiāvērunt
      pulverem māiōrem in eā parte vidērī

    *They announced to Caesar **that much dust was seen in that part***

- **Indirect Question**
  Verbs of the 'head' can command a clause introduced by a question word whose verb is in the subjunctive.

    quid quōque locō faciendum esset
  prōvidēre possent

    *They might foresee **what had to be done in each place***

- **Participial Phrase**
  A participle is a verbal adjective. Often, however, they command objects, prepositional phrases, and adverbs. As such, they are best translated into English as a subordinate clause.

    Dīviciācus
      multīs cum lacrimīs Caesarem complexus
    obsecrāre coepit

    *Diviciacus, **having embraced Caesar with many tears**, began to implore...*

  ○ Throughout this book, nearly all participial phrases which modify the subject of a clause are indented. Participles which do not command any other words but simply stand alone, are sometimes indented and sometimes not, the decision being made based on whether they occur at the edge of a phrase and whether indenting them might actually complicate matters. Participial phrases modifying objects are only indented if they are multiword.

- **Prevention Clause**
  When the verb of prevention is positive, the prevention clause itself is introduced by either **quōminus** or **nē** and the verb is in the subjunctive.

> **hōs multitūdinem dēterrēre,**
>   *nē frūmentum cōnferant*

> *they were deterring [them] from collecting grain*

Negative prevention verbs command clauses introduced by **quōminus** or **quīn**.

> **neque sibi hominēs ferōs ac barbarōs temperātūrōs**
>   *quīn in prōvinciam exīrent*

> *and the wild and barbarian men would not refrain themselves from going out into the province*

- **Purpose Clause**
  Introduced by **ut** (**nē** when negative), it takes a verb in the subjunctive.

> **hortātur**
>   *ut prīstinam virtūtem retineat*

> *he urges that he retain his former courage*

> **Caesar ad Lingonas litterās nūntiōsque mīsit,**
>   *nē eōs frūmentō nēve aliā rē iuvārent:*

Caesar sent letters and messengers to the Lingones, in order that they might not help them with grain nor by another means.

- o A relative clause may also indicate purpose. Such a clause is introduced by a relative pronoun [**quī, quae, quod**] and its verb is in the subjunctive.

>   *quī cognōscerent*
> **mīsit**

> *He sent [them] so that they might know*

- **Relative Clause**
  A clause which further describes a specific noun (i.e. the antecedent) is a relative clause. They consist – at the very least – of a verb and a relative pronoun (**quī, quae, quod**) which agrees in gender and number with the antecedent though takes its case from what it itself is doing in its own clause.

> **Gallia est dīvīsa in partēs trēs,**
>   *quārum ūnam incolunt Belgae*

> *Gaul is divided into three parts, **of which the Belgae inhabit one***

- When the antecedent is a pronoun, it is often dropped.

> **Arpīnēius et Iūnius,**
> *quae audiērunt*
> **ad lēgātōs dēferunt**

> *Arpineius and Iunius convey to the legates [those things] **which they heard***

- A relative clause inside of a subordinate clause, especially an indirect statement, usually takes its verb in the subjunctive. This is an example of subjunctive by attraction.

> **Multa ab Caesare dicta sunt:**
> **bellō superātōs esse Arvernōs et Rutenōs**
> *quibus populus Rōmānus ignōvisset*

> *Much was said by Caesar: The Arverni and Ruteni had been conquered, **whom the Roman people had forgiven.***

- **Result Clause**
  Introduced by **ut** (**ut nōn** when negative), it takes a verb in the subjunctive. Certain adjectives or adverbs indicating degree are frequently present in the clause which governs the result clause; for instance: **tot** *so many*, **tam** *so*, **sīc** *in this way*, **ita** *so*, **tantus** *so great*, **tālis** *such*

> **hostēs repente celeriterque prōcurrērunt**
> *ut spatium pīla in hostēs coniciendī nōn darētur*

> *the enemies rushed forward so suddenly and quickly*
> ***that any room for throwing javelins at the enemies was not given***

- A relative clause may also indicate result. Such a clause is introduced by a relative pronoun [**quī, quae, quod**] and its verb is in the subjunctive.

> **erant omnīnō itinera duo,**
> *quibus itineribus domō exīre possent*

> *there were altogether two routes, **by which routes they might be able to go out from [their] home***

- **Substantive *quod*-clause**
  In addition to meaning *because,* a *quod*-clause may serve as a noun. As such it may be the subject or object of a verb.

  > *quod suā victōriā tam īnsolenter glōriārentur*
  > **eōdem pertinēre**

  > ***their boasting so arrogantly about their own victory*** *led to the same end*

- **Superlative Clause**
  It is introduced by **quam**, which is immediately followed by a superlative. A verb must also be present.

  > **quam maximās manūs possunt,**
  > **cōgunt**

  > *they collect **as great a force as they can***

- **Temporal Clause**
  Several conjunctions translate as *when* (**ut, ubi, quandō**), *after* (**postquam**), or *before* (**priusquam, antequam**) and introduce verbs in the indicative.

  > *postquam id animum advertit*
  > **cōpiās suās Caesar in proximum collem subdūcit**

  > ***after he notices this,*** *Caesar withdraws his troops to the nearest hill*

- ***ut*-Clause**
  Several verbs introduce a subordinate clause introduced by **ut** (**nē** when negative) which indicate neither purpose nor result.

  > **monet**
  > *ut in reliquum tempus omnēs suspīciōnēs vītet*

  > *he warns **him to avoid all suspicions in the remaining time***

Map of Gaul

BOOK I

58 BCE

I.1 TRIBES OF GAUL

Gallia est omnis dīvīsa in partēs trēs, 1
    quārum ūnam incolunt Belgae,
    aliam Aquitānī,
    tertiam
        quī ipsōrum linguā Celtae, 5
        nostrā Gallī appellantur.

Hī omnēs linguā, īnstitūtīs, lēgibus inter sē differunt.

Gallōs ab Aquitānīs Garumna flūmen,
ā Belgīs Matrona et Sēquana dīvidit.

Hōrum omnium fortissimī sunt Belgae, 10
    proptereā quod ā cultū atque hūmānitāte prōvinciae longissimē absunt,
    minimēque ad eōs mercātōrēs saepe commeant
    atque ea
        quae ad effēminandōs animōs pertinent
    important, 15
    proximīque sunt Germānīs,
        quī trāns Rhēnum incolunt,
        quibuscum continenter bellum gerunt.

Quā dē causā Helvētiī quoque reliquōs Gallōs virtūte praecēdunt,
    quod ferē cotīdiānīs proeliīs cum Germānīs contendunt, 20
        cum aut suīs fīnibus eōs prohibent,
        aut ipsī in eōrum fīnibus bellum gerunt.

Eōrum ūna pars,
    quam
        Gallōs obtinēre 25
    dictum est,
initium capit ā flūmine Rhodanō;
continētur Garumnā flūmine, Ōceanō, fīnibus Belgārum;
attingit etiam ab Sēquanīs et Helvētiīs flūmen Rhēnum;
vergit ad septentriōnēs. 30
Belgae ab extrēmīs Galliae fīnibus oriuntur;
pertinent ad īnferiōrem partem flūminis Rhēnī;
spectant in septentriōnem et orientem sōlem.

Aquitānia ā Garumnā flūmine ad Pȳrēnaeōs montēs et eam partem Ōceanī
    quae est ad Hispāniam 35
pertinet;
spectat inter occāsum sōlis et septentriōnēs.

Notes

3: aliam Aquitānī **incolunt**
4: tertiam eī **incolunt**
8: Gallōs ab Aquitānīs Garumna flūmen **dīvidit**
9: *The two rivers,* **Matrona et Sēquana,** *forming a single boundary, are viewed as a single entity which demands a singular verb*

11: prōvincia *is the Roman province Gaul*
28: **haec pars** continētur ab Sēquanīs …
29: **et** attingit; ab = *on the side of*
30: **et** vergit
37: occāsum sōlis = *West*

Vocabulary for I.1

Nouns

animus, -ī *mind, thought; soul*
bellum, -ī *war, battle*
causa, -ae *cause, reason*
cultus, -ūs *culture*
fīnis, -is (m) *end, border*
flūmen, flūminis (nt) *river*
hūmānitās, -tātis (f) *civilization; refinement*
initium, -ī *beginning*
īnstitūtum, -ī *habit, custom*
lēx, lēgis (f) *law*
lingua, -ae *language*
mercātor, mercātōris (m) *merchant*
mōns, montis (m) *mountain*
occāsus, -ūs *setting*
pars, partis (f) *part*
proelium, -ī *battle*
prōvincia, -ae *province; (province of) Gaul*
septentriō, -ōnis (m) *North*
　septentriōnēs, -um *Great Bear and Little*
　　　　　　　　Bear constellations; North
sōl, sōlis (m) *sun*
virtūs, -tūtis (f) *courage*

Proper Nouns and Adjectives

Aquitānī, -ōrum *Aquitani* [in SW Gaul]
Belgae, -ārum (m) *Belgae* [in North Gaul]
Celtae, -ārum (m) *Celts* [in Central Gaul]
Gallī, -ōrum *Gauls*
Gallia, -ae *Gaul*
Garumna, -ae *Garonne river*
Germānī, -ōrum *Germans*
Helvētiī, -ōrum *Helvetii* [between Rhone
　　　　　　　　River and Cévennes Mts.]
Hispānia, -ae *Spain*
Matrona, -ae *Marne river*
Ōceanus, -ī *ocean*
Pȳrēnaeus, -a, -um *Pyrenean*
Rhēnus, -ī *Rhine river*
Rhodanus, -ī *Rhone river*
Sēquana, -ae *Seine river*
Sēquanī, -ōrum *Sequani* [between Saone
　　　　　　　　River and Jura Mts.]

Verbs

absum, abesse, āfuī, āfutūrus *to be away,*
　　　　　　　　be distant; be absent
appellō (1) *to call, name*
attingō, -ere, -tigī, -tāctus *to border, touch*

commeō (1) [+ ad.] *to visit*
contendō, -ere, -tendī, -tentus *to hurry;*
　　　　　　　　strive; fight
contineō, -ēre, -tinuī, -tentus *to restrain;*
　　　　　　　　enclose
dīcō, -ere, dīxī, dictus *to say*
differō, -ferre, distulī, dīlātus *to disperse;*
　　　　　　　　differ
dīvidō, -ere, -vīsī, -vīsus *to divide, separate*
effēminō (1) *to enfeeble, make effeminate*
gerō, -ere, gessī, gestus *to carry; conduct,*
　　　　　　　　manage
importō (1) *to import, bring in*
incolō, -ere, -coluī *to inhabit*
obtineō, -ēre, -tinuī, -tentus *to possess*
orior, orīrī, ortus sum *to rise*
pertineō, -ēre, -tinuī *to reach to; concern*
praecēdō, -ere, -cessī, -cessus *to excel*
prohibeō, -ēre, -hibuī, -hibitus *to prevent*
spectō (1) *to observe*
vergō, -ere *to incline, slope*

Adjectives

cotīdiānus, -a, -um *daily; usual*
extrēmus, -a, -um *outermost, extreme*
fortis, forte *strong, brave*
īnferus, -a, -um *low*
omnis, omne *all, every*
proximus, -a, -um *nearest; next; last*
reliquus, -a, -um *remaining*
suus, -a, -um *his/her/its own, their own*
tertius, -a, -um *third*

Adverbs and Prepositions

ā/ab [+ abl.] *away from*
ad [+ acc.] *to, towards; (with numbers) about*
aut *or*
　aut … aut *either … or*
continenter *continuously*
dē [+ abl.] *down from; on account of*
etiam *even, also*
ferē *nearly, almost*
inter [+ acc.] *between*
longē *far off; by far*
minimē *by no means, not at all*
proptereā *therefore*
　proptereā quod *because*
quoque *also, too*
saepe *often*
trans [+ acc.] *across, on the other side of*

I.2 CONFINEMENT OF THE HELVĒTIĪ

Apud Helvētiōs longē nōbilissimus fuit et dītissimus Orgetorīx.   1

Is
            M. Messālā et M. Pīsōne cōnsulibus
     rēgnī cupiditāte inductus
coniūrātiōnem nōbilitātis fēcit   5
et cīvitātī persuāsit,
     ut dē fīnibus suīs cum omnibus cōpiīs exīrent:

     perfacile esse,
           cum virtūte omnibus praestārent,
     tōtīus Galliae imperiō potīrī.   10

Id hōc facilius eīs persuāsit,
     quod undique locī nātūrā Helvētiī continentur:

       ūnā ex parte flūmine Rhēnō lātissimō atque altissimō,
           quī agrum Helvētium ā Germānīs dīvidit;
       alterā ex parte monte Iūrā altissimō,   15
           quī est inter Sēquanōs et Helvētiōs;
       tertiā lacū Lemannō et flūmine Rhodanō,
           quī prōvinciam nostrum ab Helvētiīs dīvidit.

Hīs rēbus fīēbat
     ut et minus lātē vagārentur   20
     et minus facile fīnitimīs bellum īnferre possent;

quā ex parte hominēs bellandī cupidī magnō dolōre afficiēbantur.

     Prō multitūdine autem hominum
     et prō glōriā bellī atque fortitūdinis angustōs sē fīnēs habēre
arbitrābantur,   25
       quī in longitūdinem mīlia passuum CCXL,
       in lātitūdinem CLXXX patēbant.

Notes

8: **Orgetorīx dīcit** perfacile esse …

13: ūna ex parte flūmine Rhēnō lātissimō atque altissimō **Helvētiī continentur**

14: quī *agrees with* **Rhēnus** *and not with neuter* **flūmen**; *this differs from English in which the head of 'Rhine river' is 'river' and relative pronouns agree with it and not 'Rhine'. To verify for yourself the head status of 'river' in English, compare the change of final stress in 'Tennessee' when isolated to its losing main stress in the collocation 'Tennessee river'.*

15: alterā ex parte monte Iūrā **Helvētiī continentur**

17: tertiā **ex parte** Lemannō et flūmine Rhodanō **Helvētiī continentur**

18: quī *agrees with* **Rhodanus** *and not with the neuter* **flūmen**

26: CCXL = **ducenta quadrāgintā**

27: CLCCC = **centum octōgintā**

Vocabulary for I.2

Nouns

ager, agrī *land, field*
cīvitās, -tātis (f) *state; citizenship*
coniūrātiō, -ōnis (f) *conspiracy, plot*
cōnsul, cōnsulis (m) *consul*
cōpia, ae *abundance; supply; (pl.) troops*
cupiditās, -tātis (f) *desire*
dolor, dolōris (m) *grief*
fīnitimī, -ōrum *neighbors*
fortitūdō, fortitūdinis (f) *strength*
glōria, -ae *glory*
imperium, -ī *command; (pl.) empire*
lacus, -ūs *lake*
lātitūdō, -inis (f) *width*
locus, -ī [pl: **loca, -ōrum**] *place, position*
longitūdō, -inis (f) *length*
mīlle [indeclinable in singular; pl: **mīlia, -um**]
(nt) *thousand*
   mīlle passūs *mile*
multitūdō, multitūdinis (f) *multitude, crowd*
nātūra, -ae *nature*
nōbilitās, -tātis (f) *nobility*
passus, -ūs *step, pace*
rēgnum, -ī *kingdom*
rēs, reī (f) *thing, matter*

Proper Nouns and Adjectives

Helvētius, -a, -um *Helvetian*
Iūra, -ae *Jura*
Lemannus, -ī *Lake Geneva*
M(arcus) Messāla *Marcus Messala* (consul
in 61 BCE)
M(arcus) Pīsō, -ōnis *Marcus Piso* (consul
in 61 BCE)
Orgetorīx, Orgetorīgis *Orgetorix*
Rhodanus, -ī *Rhone river*

Verbs

afficiō, -ere, -fēcī, -fectus *to affect; afflict with*
arbitror (1) *to think, judge*
bellō (1) *to make war*
contineō, -ēre, -tinuī, -tentus *to restrain; enclose*
dīvidō, -ere, -vīsī, -vīsus *to divide, separate*
exeō, -īre, exīvī /-iī, exitus *to go out, leave*
faciō, facere, fēcī, factus *to do, make*
fīō, fierī, factus sum *to become; be made*
indūcō, -ere, -dūxī, -ductus *to lead on; induce*
īnferō, -ferre, intulī, illātus *to carry in; inflict*
pateō, -ēre, -uī *to lie, stretch*
persuādeō, -ēre, -suāsī, -suāsus [+ dat.]
to persuade
praestō, -stāre, -stitī, -stitus/-status *to excel; to*
perform, show
potior, -īrī, -ītus sum [+ abl.] *to acquire*
vagor (1) *to roam*

Adjectives

alter, -a, -um [gen: -īus, dat: -ī] *other; second*
altus, -a, -um *deep; high*
angustus, -a, -um *narrow; scanty*
cupidus, -a, -um *desirous, eager*
dīs, dītis *rich*
lātus, -a, -um *broad, wide*
magnus, -a, -um *great*
nōbilis, nōbile *noble, famous*
perfacilis, perfacile *very easy*
tōtus, -a, -um [gen: -īus, dat: -ī] *all, whole*

Adverbs and Prepositions

apud [+ acc.] *at, near, among*
atque *and*
autem *moreover*
facile *easily*
longē *far off; by far*
minus *less*
prō [+ abl.] *in front of; for; as; on account of*
undique *from all sides; everywhere*

I.3 PERSUADING OTHER TRIBES

Hīs rēbus adductī   1
et auctōritāte Orgetorīgis permōtī
cōnstituērunt
    ea
      quae ad proficīscendum pertinērent   5
    comparāre,
    iūmentōrum et carrōrum quam maximum numerum coemere,
    sēmentēs quam maximās facere,
      ut in itinere cōpia frūmentī suppeteret,
    cum proximīs cīvitātibus pācem et amīcitiam cōnfirmāre.   10

Ad eās rēs cōnficiendās biennium sibi satis esse
dūxērunt;

in tertium annum profectiōnem lēge cōnfirmant.

Ad eās rēs cōnficiendās Orgetorīx dēligitur.

Is sibi lēgātiōnem ad cīvitātēs suscēpit.   15

In eō itinere persuādet Casticō, Catamantāloedis fīliō, Sēquanō,
      cuius pater rēgnum in Sēquanīs multōs annōs obtinuerat
      et ā senātū populī Rōmānī amīcus appellātus erat,
    ut rēgnum in cīvitāte suā occupāret,
      quod pater ante habuerat;   20

itemque Dumnorīgī Aeduō, frātrī Dīviciācī,
      quī eō tempore prīncipātum in cīvitāte obtinēbat
      ac maximē plēbī acceptus erat,
    ut idem cōnārētur
persuādet   25
eīque fīliam suam in mātrimōnium dat.

Notes

3–10: **Helvētiī** cōnstituērunt **sē** ... ea comparāre ...
    numerum coemere ... sēmentēs facere ...
    pācem et amīcitiam cōnfirmāre.

13: cōnfirmant *is the first of several historical*
presents – a present tense used in a past tense
context to convey a more lively air to the events.

Vocabulary for I.3

Nouns

amīcitia, -ae *friendship*
amīcus, -ī *friend*
annus, -ī *year*
auctōritās, -tātis (f) *power, influence*
biennium, -ī *two years*
carrus, -ī *cart, wagon*
cōnātum, -ī *attempt, undertaking*
fīlia, -ae *daughter*
fīlius, -ī *son*
frāter, frātris (m) *brother*
frūmentum, -ī *grain*
iter, itineris (nt) *journey, route; march*
iūmentum, -ī *draft animal*
lēgātiō, -ōnis (f) *mission, embassy*
mātrimōnium, -ī *marriage*
numerus, -ī *number*
pater, patris (m) *father*
pāx, pācis (f) *peace*
plēbs, plēbis (f) *common people*
populus, -ī *people*
prīncipātus, -ūs *chief position*
profectiō, -ōnis (f) *departure*
rēgnum, -ī *kingdom*
sēmentis, -is (f) *sowing*
senātus, -ūs *senate*
tempus, -oris (nt) *time*

Proper Nouns and Adjectives

Aeduus, -a, -um *Aeduan*
Catamantāloedēs, -is (m) *Catamantaloedes*
Casticus, -ī *Casticus*
Dīviciācus, -ī *Diviciacus*
Dumnorīx, Dumnorīgis (M) *Dumnorix*
Orgetorīx, Orgetorīgis (m) *Orgetorix*
Rōmānus, -a, -um *Roman*
Sēquanus, -a, -um *Sequanian*

Verbs

accipiō, -ere, -cēpī, -ceptus *to accept, receive*
addūcō, -ere, -dūxī, -ductus *to lead to; drive, force*
coemō, -ere, -ēmī, -ēmptus *to buy*
comparō (1) *to prepare; compare; purchase*
conciliō (1) *to assemble; win over*
cōnficiō, -ere, -fēcī, -fectus *to complete, finish up; write up; exhaust*
cōnfirmō (1) *to confirm; encourage*
cōnor (1) *to attempt, try*
cōnstituō, -ere, -stituī, -stitūtus *to establish, decide; set, place*
dēligō, -ere, -lēgī, -lectus *to select*
dūcō, -ere, dūxī, ductus *to lead; consider*
habeō, -ēre, habuī, habitus *to have, hold; consider*
obtineō, -ēre, -tinuī, -tentus *to possess*
occupō (1) *to seize, occupy*
perficiō, -ere, -fēcī, -fectus *to complete, accomplish*
permoveō, -ēre, -mōvī, -mōtus *to agitate; fright*
pertineō, -ēre, -tinuī *to reach to; concern*
probō (1) *to approve; prove, show*
proficīscor, -ī, profectus sum *to set out, proceed*
suppetō, -ere, -petīvī/-iī, -petītus *to be on hand*
suscipiō, -ere, -cēpī, -ceptus *to undertake*

Adjectives

īdem, eadem, idem *same*
maximus, -a, -um *greatest, largest*
multus, -a, -um *much, many; late; lengthy*
satis [indeclinable] *enough, sufficient; quite*

Adverbs and Prepositions

ante *before*
item *likewise*
maximē *very much, most, especially*

Perfacile factū esse illīs
probat
 cōnāta perficere,
    propterā quod ipse suae cīvitātis imperium obtentūrus esset: 30

 nōn esse dubium,
   quīn tōtīus Galliae plūrimum Helvētiī possent;

 sē suīs cōpiīs suōque exercitū illīs rēgna conciliātūrum
cōnfirmat.

 Hāc ōrātiōne adductī   35
inter sē fidem et iūs iūrandum dant,
et
   rēgnō occupātō
 per trēs potentissimōs ac firmissimōs populōs tōtīus Galliae sēsē potīrī posse
spērant.   40

Notes

27: illīs = **Casticō et Dumnorīgī**

30: ipse = **Orgetorīx**; *the verb of the* propterā quod *clause is subjunctive since the clause itself is embedded in indirect discourse*

31: **Orgetorīx dīcit** nōn esse dubium

39: trēs potentissimōs ac firmissimōs populōs = **Helvētiōs, Sēquanōs, et Aeduōs**; sēsē = **sē**

Nouns
exercitus, -ūs *army*
fidēs, -eī (f) *faith, trust*
iūs, iūris (nt) *law; right*
 iūs iūrandum *oath*
ōrātiō, -ōnis (f) *speech*
populus, -ī *people*
rēgnum, -ī *kingdom*

Verbs
addūcō, -ere, -dūxī, -ductus *to lead to; drive, force*
cōnfirmō (1) *to confirm; encourage*
cōnor (1) *to attempt, try*
dō, dare, dedī, datus *to give*
iūrō (1) *to swear an oath*
 iūs iūrandum *oath*
occupō (1) *to seize, occupy*
potior, -īrī, potītus sum [+ abl.] *to acquire*
spērō (1) *to hope, expect*

Adjectives
dubius, -a, -um *uncertain, doubtful*
firmus, -a, -um *strong*
perfacilis, perfacile *very easy*
potēns, potentis *powerful*

Adverbs and Prepositions
ac *and*
per [+ acc.] *through*
plūrimum *most; very much*
 plūrimum posse *to be powerful; have influence*

I.4 ESCAPE AND DEATH OF ORGETORĪX

Ea rēs est Helvētiīs per indicium ēnūntiāta.   1

    Mōribus suīs Orgetorīgem ex vinclīs causam dīcere
coēgērunt.

       Damnātum
      poenam sequī   5
oportēbat
      ut ignī cremārētur.

     Diē cōnstitūtā causae dictiōnis
Orgetorīx ad iūdicium omnem suam familiam, ad hominum mīlia decem, undique coēgit
et omnēs clientēs obaerātōsque suōs,   10
      quōrum magnum numerum habēbat,
eōdem condūxit;

per eōs,
      nē causam dīceret,
sē ēripuit.   15

    Cum cīvitās
       ob eam rem incitāta
     armīs iūs suum exsequī cōnārētur,
     multitūdinemque hominum ex agrīs magistrātūs cōgerent,
Orgetorīx mortuus est;   20

neque abest suspīciō,
      ut Helvētiī arbitrantur,
     quīn ipse sibi mortem cōnscīverit.

Notes

2: causam dīcere = *to defend oneself*   9: ad *with numerals* = 'about'
5: **eum** poenam sequī   23: *this is a doubting clause*
7: *this is an explanatory* ut *clause, modifying* poenam

Vocabulary for I.4

Nouns

arma, -ōrum *weapons; troops*
cliēns, -entis (m/f) *vassal*
dictiō, -ōnis (f) *speaking*
diēs, -ēī (m) *day*
familia, -ae *family; dependents, retinue*
homō, hominis (m) *human being, man*
ignis, ignis (m) *fire*
indicium, -ī *information*
    per indicium *through an informant*
iūdicium, -ī *judgment, opinion*
iūs, iūris (nt) *law; right*
magistrātus, -ūs *magistrate*
mors, mortis (f) *death*
mōs, mōris (m) *custom*
obaerātus, -ī *debtor*
poena, -ae *punishment, penalty*
suspīciō, -ōnis (f) *suspicion*
vinclum, -ī *chain*
    ex vinclīs *in chains*

Proper Nouns

Orgetorīx, Orgetorīgis (m) *Orgetorix*

Verbs

arbitror (1) *to think, judge*
cōgō, -ere, coēgī, coāctus *to force, compel;
                                    collect*
condūcō, -ere, -dūxī, -ductus *to bring together,
                                    assemble*
cōnscīscō, -ere, -scīvī, -scītus *to resolve*
cremō (1) *to burn*
damnō (1) *to declare guilty*
ēnūntiō (1) *to report, express*
ēripiō, -ere, -ripuī, -reptus *to snatch away*
exsequor, -ī, -secūtus sum *to exercise, assert*
incitō (1) *to urge on, rouse*
morior, morī, mortuus sum *to die*
oportet, -ēre, oportuit *it is necessary*
sequor, sequī, secūtus sum *to follow*

Adjectives and Numerals

decem *ten*

Adverbs and Prepositions

eōdem *to the same place*
neque *and not*
ob [+ acc.] *on account of*
undique *from all sides; everywhere*

I.5   PREPARATIONS TO LEAVE

Post eius mortem nihilō minus Helvētiī id,   1
    quod cōnstituerant,
facere cōnantur,
    ut ē fīnibus suīs exeant.

    Ubi iam sē ad eam rem parātōs esse   5
arbitrātī sunt,
oppida sua omnia, numerō ad duodecim, vīcōs ad quadrigentōs, reliqua prīvāta aedificia incendunt;

frūmentum omne,
    praeterquam quod sēcum portātūrī erant,
combūrunt,   10
    ut
        domum reditiōnis spē sublātā
    parātiōrēs ad omnia perīcula subeunda essent;

    trium mēnsum molita cibāria sibi quemque domō efferre
iubent.   15

Persuādent Rauracīs et Tulingīs et Latobrīgīs fīnitimīs suīs,
    utī
        eōdem ūsī cōnsiliō
            oppidīs suīs vīcīsque exustīs
    ūnā cum eīs proficīscantur,   20
Bōiōsque,
        quī trāns Rhēnum incoluerant
        et in agrum Nōricum trānsierant
        Nōrēiamque oppugnārant,
    receptōs ad sē   25
sociōs sibi adscīscunt.

Notes

4: *this line explains* id *of line 1*
7: oppida = *note the meaning 'strongholds' here*
16: **Helvētiī** persuādent Rauracīs et Tulingīs …
17: utī = **ut**

24: oppugnārant *is the contracted form of*
    oppugnāverant
26: **Helvētiī** sociōs sibi adscīscunt

Vocabulary for I.5

Nouns
aedificium, -ī *building*
cibāria, -ōrum *provisions*
cōnsilium, -ī *plan, decision; council*
domus, -ūs (f) *home*
fīnitimī, -ōrum *neighbors*
mēnsis, mēnsis (m) *month*
mors, mortis (f) *death*
oppidum, -ī *town; stronghold*
perīculum, -ī *danger, risk; trial, test*
reditiō, -ōnis (f) *return*
socius, -ī *ally*
spēs, speī (f) *hope*
vīcus, -ī *village*

Proper Nouns and Adjectives
Bōiī, -ōrum *Boii* [in Central Gaul]
Latobrīgī, -ōrum *Latobrigi* [German tribe]
Nōrēia, -ae *Noricum, Neumarkt*
Nōricus, -a, -um *Norican* [between Danube and Alps]
Rauracī, -ōrum *Rauraci* [on upper Rhine]
Tulingī, -ōrum *Tulingi* [German tribe on Rhine]

Verbs
adscīscō, -ere, -scīvī, -scītus *to approve*
comburō, -ere, -bussī, -bustus *to burn*
cōnor (1) *to attempt, try*
efferō, efferre, extulī, ēlātus *to carry out; spread; raise*
exeō, -īre, exīvī /-iī, exitus *to go out, leave*
exūrō, -ere, -ussī, -ustus *to burn up*
incendō, -ere, -cendī, -cēnsus *to burn, set fire to*
incolō, -ere, -coluī *to inhabit*
iubeō, -ēre, iussī, iussus *to order, command*
molō, -ere, moluī, molitus *to grind*
oppugnō (1) *to attack*
parō (1) *to prepare*
portō (1) *to carry*
proficīscor, -ī, profectus sum *to set out, proceed*
recipiō, -ere, -cēpī, -ceptus *to take back; receive*
subeō, subīre, subīvī/subiī, subitus *to go under; approach*
tollō, -ere, sustulī, sublātus *to take away, remove; carry; raise*
trānseō, -īre, trānsīvī/-iī, trānsitus *to cross over*
ūtor, ūtī, ūsus sum [+ abl.] *to use; enjoy*

Adjectives and Numerals
duodecim *twelve*
prīvātus, -a, -um *private*
quadringentī, -ae, -a *400*
quisque, quaeque, quodque *each*
trēs, tria *three*

Adverbs and Prepositions
iam *now, by this time, already*
nihilō *none, not*
post [+ acc.] *after;* (adv.) *afterwards*
praeterquam *except*
ūnā *together*

I.6   WHICH WAY OUT?

Erant omnīnō itinera duo,   1
    quibus itineribus domō exīre possent:

    ūnum per Sēquanōs, angustum et difficile, inter montem Iūram et flūmen Rhodanum,
        vix quā singulī carrī dūcerentur;
    mōns autem altissimus impendēbat,   5
        ut facile perpaucī prohibēre possent:

    alterum per prōvinciam nostram, multō facilius atque expedītius,
        proptereā quod inter fīnēs Helvētiōrum et Allobrogum,
            quī nūper pācātī erant,
        Rhodanus fluit   10
        isque nōnnūllīs locīs vadō trānsitur.

Extrēmum oppidum Allobrogum est proximumque Helvētiōrum fīnibus Genāva.

Ex eō oppidō pōns ad Helvētiōs pertinet.

    Allobrogibus sēsē vel persuāsūrōs,
        quod nōndum bonō animō in populum Rōmānum vidērentur,   15
exīstimābant
    vel vī coāctūrōs,
        ut
            per suōs fīnēs eōs īre
        paterentur.   20

    Omnibus rēbus ad profectiōnem comparātīs
diem dīcunt,
    quā diē ad rīpam Rhodanī omnēs conveniant.

Is diēs erat a. d. v. Kal. Apr.
    L. Pīsōne A. Gabīniō cōnsulibus.   25

Notes

2: *this is a relative result clause*

14: sēsē = Helvētiōs, *the subject of* persuāsūrōs **esse**
and exīstimābant *in line 16*

15: bonō animō *is an ablative of respect, conveying
the idea 'well disposed'.* In populum *indicates
what they are well disposed to.*

19: suōs fīnēs = **Allobrogum fīnēs**; eōs = **Helvētiōs**

24: a.d.v. Kal. Apr. = **ante diem quīntum Kalendās
Aprīlis** *which is March 28*

Vocabulary for I.6

Nouns

animus, -ī *mind, thought; soul*
carrus, -ī *cart, wagon*
cōnsul, cōnsulis (m) *consul*
flūmen, flūminis (nt) *river*
pōns, pontis (m) *bridge*
profectiō, -ōnis (f) *departure*
rīpa, -ae *bank (of a river)*
vadum, -ī *ford, shallow*
vīs; (pl.) vīrēs (f) *force, power; (pl.) strength*

Proper Nouns

Allobrogēs, Allobrogum *Allobroges* [between
                    Rhone and Isere Rivers]
A(ulus) Gabīnius *Aulus Gabinius*
                    (consul in 58 BCE)
Genāva, -ae *Geneva*
Kalendae, -ārum *Calends* [1st day of month]
L(ucius) Pīsō, -ōnis *Lucius Piso*
                    (consul in 58 BCE)
Rhodanus, -ī *Rhone River*

Verbs

comparō (1) *to prepare; compare; purchase*
conveniō, -īre, -vēnī, -ventus *to meet;*
                    to be agreed upon; assemble
eō, īre, īvī/iī, itus *to go; march*
exeō, -īre, exīvī/-iī, exitus *to go out, leave*
exīstimō (1) *to think, consider*
fluō, -ere, flūxī, fluxus *to flow*
impendeō, -ēre *to hang over*
pācō (1) *to subdue, pacify*
patior, -ī, passus sum *to suffer, endure; permit*
pertineō, -ēre, -tinuī *to reach to; concern*
videō, -ere, vīdī, vīsus *to see; (pass) seem*

Adjectives and Numerals

altus, -a, -um *deep; high*
angustus, -a, -um *narrow; scanty*
bonus, -a, -um *good*
difficilis, difficile *difficult*
duo, duae, duo *two*
extrēmus, -a, -um *outermost, extreme*
nōnnūllus, -a, -um [gen: **-īus**, dat: **-ī**] *some*
noster, nostra, nostrum *our*
perpaucus, -a, -um *very little; (pl.) very few*
quīntus, -a, -um *fifth*
singulī, -ae, -a *each, single*

Adverbs

expedītē *without impediment, promptly*
facile *easily*
nōndum *not yet*
nūper *recently*
omnīnō *altogether*
quā *where*
vel *or*
    vel … vel *either … or*
vix *hardly, with difficulty*

I.7   LEGATES SENT TO CAESAR

Caesarī cum id nūntiātum esset,   1
        eōs per prōvinciam nostram iter facere cōnārī,
mātūrat ab urbe proficīscī,
et
        quam maximīs potest   5
itineribus in Galliam ulteriōrem contendit
et ad Genāvam pervenit.

Prōvinciae tōtī
        quam maximum potest
mīlitum numerum imperat   10
(erat omnīnō in Galliā ulteriōre legiō ūna),
        pontem
            quī erat ad Genāvam
iubet
        rescindī.   15

Ubi dē eius adventū Helvētiī certiōrēs factī sunt,
lēgātōs ad eum mittunt nōbilissimōs cīvitātis,
        cuius lēgātiōnis Nammēius et Verucloetius prīncipem locum obtinēbant,
           quī dīcerent
               sibi esse in animō   20
                  sine ūllō maleficiō iter per prōvinciam facere,
                     proptereā quod aliud iter habērent nūllum:

        rogāre,
           ut eius voluntāte
               id sibi facere   25
           liceat.

Notes

3: ab urbe = **Rōmā**

5: quam + superlative = *as X as possible; the addition of the verb* potest *makes this a superlative relative clause modifying* itineribus *in the next line;* **magnīs itineribus** = *by forced marches*

6: **Gallia ulterior = prōvincia (nostra)**

9: *same construction as in line 5*

11: *this is an aside, providing background information and is not syntactically linked to the main clauses of this sentence*

19: *relative purpose clause*

20: *this construction, 'it was to them in the mind' (i.e. they were thinking), introduces indirect statement*

21: **sē** (= **Helvētiōs**) sine ūllō maleficiō iter per prōvinciam facere

25–26: liceat *introduces clauses with dative subjects* (sibi) *and infinitives* (facere)

Vocabulary for I.7

Nouns

adventus, -ūs *arrival*
animus, -ī *mind, thought; soul*
lēgātiō, -ōnis (f) *mission, embassy*
lēgātus, -ī *delegate; lieutenant*
legiō, -ōnis (f) *legion*
maleficium, -ī *mischief, harm*
mīles, mīlitis (m) *soldier*
pōns, pontis (m) *bridge*
urbs, urbis (f) *city*
voluntās, -tātis (f) *will; consent*

Proper Nouns

Caesar, -aris *Caesar*
Genāva, -ae *Geneva*
Nammēius, -ī *Nammeius*
Verucloetius, -ī *Verucloetius*

Verbs

imperō (1) *to command*
licet, licēre, licuit *it is permitted; one may*
mātūrō (1) *to hasten*
mittō, -ere, mīsī, missus *to send*
nūntiō (1) *to announce, report*
obtineō, -ēre, -tinuī, -tentus *to possess*
perveniō, -īre, -vēnī, -ventus *to arrive*
rescindō, -ere, -scidī, -scissus *to cut down*
rogō (1) *to ask*

Adjectives

alius, alia, aliud [gen: -īus, dat: -ī] *other,*
                                             another
certus, -a, -um *sure, certain*
    certiōrem facere *to inform*
nōbilis, nōbile *noble, famous*
nūllus, -a, -um [gen: -īus, dat: -ī] *none, no*
prīnceps, prīncipis *chief, first*
ulterior, ulterius *farther*
ūllus, -a, -um [gen: -īus, dat: -ī] *any*
ūnus, -a, -um [gen: -īus, dat: -ī] *one; single,*
                                         sole

Adverbs

omnīnō *altogether*

Caesar,
 quod memoriā tenēbat
  L. Cassium cōnsulem occīsum
  exercitumque eius ab Helvētiīs pulsum   30
  et sub iugum missum,
concēdendum nōn putābat;

 neque hominēs inimīcō animō,
  datā facultāte per prōvinciam itineris faciendī,
 temperātūrōs ab iniūriā et maleficiō   35
exīstimābat.

Tamen,
 ut spatium intercēdere posset,
  dum mīlitēs
   quōs imperāverat   40
  convenīrent,
lēgātīs respondit
 diem sē ad dēlīberandum sūmptūrum:

 sī quid vellent,
ad Īd. Aprīl. reverterentur.   45

Notes

29: L. Cassium cōnsulem occīsum **esse**; *he was a consul whose army was defeated by allies of the Helvetii in 107 BCE.*

30: exercitumque eius ab Helvētiīs pulsum **esse**

31: et **exercitum suum** sub iugum missum **esse**

31: *being sent under the yoke was equivalent to submission*

33: inimīcō animō *is an ablative of description*

45: ad Īdūs Aprīlis = April 13

Nouns

animus, -ī *mind, thought; soul*
cōnsul, cōnsulis (m) *consul*
facultās, -tātis (f) *opportunity; resources*
iniūria, -ae *injury, wrong*
iugum, -ī *yoke*
lēgātus, -ī *delegate; lieutenant*
maleficium, -ī *mischief, harm*
memoria, -ae *memory*
spatium, -ī *space; period (of time)*

Proper Names and Adjectives

Aprīlis, -is *April*
Caesar, -aris *Caesar*
Īdūs, Iduum (f) *Ides*
L(ucius) Cassius *Lucius Cassus*
                        (consul in 107 BCE)

Verbs

concēdō, -ere, -cessī, -cessus *to grant, allow*
dēlīberō (1) *to deliberate*
exīstimō (1) *to think, consider*
intercēdō, -ere, -cessī, -cessus *to come between*
occīdō, -ere, -cīdī, -cīsus *to strike down; kill*
pellō, -ere, pepulī, pulsus *to strike, beat; drive*
putō (1) *to think, suppose*
respondeō, -ēre, -spondī, -spōnsus *to respond*
revertor, -ī, -versus sum *to return*
sūmō, -ere, sumpsī, sumptus *to employ; inflict*
temperō (1) *to restrain*
teneō, -ēre, tenuī, tentus *to hold*
volō, velle, voluī *to want*

Adjectives

inimīcus, -a, -um *hostile*

Adverbs and Prepositions

sī *if*
sub [+ abl./acc.] *under*
tamen *nevertheless*

Intereā eā legiōne   1
    quam sēcum habēbat,
mīlitibusque
    quī ex prōvincia convēnerant,
ā lacū Lemannō,   5
    quī in flūmen Rhodanum īnfluit,
ad montem Iūram,
    quī fīnēs Sēquanōrum ab Helvētiīs dīvidit,
mīlia passuum decem novem mūrum in altitūdinem pedum sēdecim fossamque perdūcit.

    Eō opere perfectō   10
praesidia dispōnit,
castella commūnit,
    quō facilius,
        sī
            sē invītō   15
          trānsīre cōnārentur
    prohibēre possit.

Ubi ea diēs
    quam cōnstituerat cum lēgātīs
vēnit,   20
et lēgātī ad eum revertērunt,
negat
    sē mōre et exemplō populī Rōmānī posse iter ūllī per prōvinciam dare
    et,
        sī vim facere cōnentur,   25
      prohibitūrum
    ostendit.

Helvētiī
    eā spē dēiectī,
      nāvibus iūnctīs   30
      ratibusque complūribus factīs,
    aliī vadīs Rhodanī,
        quā minima altitūdō flūminis erat,
    nōnnumquam interdiū, saepius noctū,
      sī perrumpere possent   35
    cōnātī,
    operis mūnītiōne et mīlitum concursū et tēlīs repulsī
hōc cōnātū dēstitērunt.

Notes

9: **Caesar** mīlia passuum … fossamque perdūcit;
  -mīlia passuum decem novem *is the length* ā lacū
  Lemannō ad montem Iūram

13: quō *takes the two previous sentences as its*
  antecedent

16: **Helvētiī** trānsīre cōnārentur

26: **sē** (= **Caesarem**) prohibitūrum **Helvētiōs**

30: **ab aliīs Helvētiīs** nāvibus iūnctīs

32: *some Helvetii are tying boats and rafts together*
  while others (aliī) *are trying to ford the river*

Vocabulary for I.8

Nouns

altitūdō, altitūdinis (f) *height; depth*
castellum, -ī *fortress*
cōnātus, -ūs *attempt*
concursus, -ūs *rush, attack*
exemplum, -ī *example*
flūmen, flūminis (nt) *river*
fossa, -ae *ditch, trench*
lacus, -ūs *lake*
legiō, -ōnis (f) *legion*
mōs, mōris (m) *custom*
mūnītiō, -ōnis (f) *fortification, building*
mūrus, -ī *wall*
nāvis, nāvis (f) *ship*
opus, operis (nt) *work*
pēs, pedis (m) *foot*
praesidium, -ī *guard, support*
ratis, -is (f) *raft*
tēlum, -ī *javelin, missile*
vadum, -ī *ford, shallow*
vīs; (pl.) vīrēs (f) *force, power; (pl.) strength*

Proper Nouns

Iūra, -ae *Jura*
Lemannus, -ī *Lake Geneva*
Rhodanus, -ī *Rhone River*

Verbs

commūniō, -īre, -mūnīvī, -mūnītus *to fortify strongly*
dēiciō, -ere, -iēcī, -iectus *to throw down; disappoint*
dēsistō, -ere, -stitī, -stitus [+ abl.] *to stop*
dispōnō, -ere, -posuī, -positus *to arrange, station*
dīvidō, -ere, -vīsī, -vīsus *to divide, separate*
īnfluō, -ere, -fluxī, -fluxus *to flow into*
iungō, -ere, iūnxī, iūnctus *to join*
negō (1) *to deny, refuse*
ostendō, -ere, -tendī, -tentus *to show*
perdūcō, -ere, -dūxī, -ductus *to lead through; prolong*
perficiō, -ere, -fēcī, -fectus *to complete, accomplish*
perrumpō, -ere, -rūpī, -ruptus *to break through*
repellō, -ere, -pulsī, -pulsus *to move back, repulse*
revertō, -ere, -vertī, -versus *to return*
veniō, -īre, vēnī, ventus *to come*

Adjectives

complūrēs, complūra *several, many*
invītus, -a, -um *unwilling*
minimus, -a, -um *least*

Adverbs and Numerals

decem *ten*
facile *easily*
interdiū *during the day*
intereā *meanwhile*
noctū *by night*
nōnnumquam *sometimes*
novem *nine*
quā *where*
saepe *often*
sēdecim *16*

I.9 HELVĒTIĪ AND SĒQUANĪ MAKE A DEAL

Reliquēbātur ūna per Sēquanōs via,   1
    quā
        Sēquanīs invītīs
    propter angustiās īre nōn poterant.

    Hīs cum suā sponte persuādēre nōn possent,   5
lēgātōs ad Dumnorīgem Aeduum mittunt,
    ut
        eō dēprecātōre
    ā Sēquanīs impetrārent.

Dumnorīx grātiā et largītiōne apud Sēquanōs plūrimum poterat,   10
et Helvētiīs erat amīcus,
    quod ex eā cīvitāte Orgetorīgis fīliam in mātrimōnium dūxerat,
et
    cupiditāte rēgnī adductus
novīs rēbus studēbat   15
et quam plūrimās cīvitātēs suō beneficiō habēre obstrictās volēbat.

Itaque rem suscipit
et ā Sēquanīs impetrat,
    ut
        per fīnēs suōs Helvētiōs īre   20
    patiantur,
    obsidēsque utī inter sēsē dent
perficit:

Sēquanī,
    nē itinere Helvētiōs prohibeant;   25
Helvētiī,
    ut sine maleficiō et iniūriā trānseant.

Notes

4: **Helvētiī** propter angustiās īre nōn poterant

9: **id** (*getting permission to pass through the Sequani land*) ā Sēquanīs impetrārent

10: plūrimum poterat *refers to his influence with the Sequani*

16: *note that a participle phrase* suō beneficiō obstrictās *is intertwined with the verbs of the main clause* habēre volēbat

22: utī = **ut**

24–25: Sequanī *promised* nē itinere Helvētiōs prohibeant

26–27: Helvētiī *promised* ut sine maleficiō et iniūriā trānseant

Vocabulary for I.9

Nouns
amīcus, -ī *friend*
angustiae, -ārum *narrowness*
beneficium, -ī *favor, service*
cupiditās, -tātis (f) *desire*
dēprecātor, -ōris (m) *mediator*
fīlia, -ae *daughter*
grātia, -ae *thanks*
largītiō, -ōnis (f) *giving freely*
maleficium, -ī *mischief, harm*
mātrimōnium, -ī *marriage*
obses, obsidis (m/f) *hostage*
rēgnum, -ī *kingdom*
spōns, spontis (f) *one's accord*
via, -ae *way, road*

Proper Nouns and Adjectives
Aeduus, -a, -um *Aeduan*
Dumnorīx, Dumnorīgis (m) *Dumnorix*
Orgetorīx, Orgetorīgis (m) *Orgetorix*

Verbs
impetrō (1) *to accomplish, obtain*
obstringō, -ere, -strinxī, -strictus *to bind up*
patior, -ī, passus sum *to suffer, endure; permit*
perficiō, -ere, -fēcī, -fectus *to complete,*
                          accomplish
relinquō, -ere, -līquī, -lictus *to leave behind*
studeō, -ēre, studuī [+ dat.] *to be eager for*
suscipiō, -ere, -cēpī, -ceptus *to undertake*

Adjectives
invītus, -a, -um *unwilling*
novus, -a, -um *new*
plūrimus, -a, -um *most*

Adverbs and Prepositions
itaque *therefore*
plūrimum *most; very much*
    plūrimum posse *to be powerful; have*
                               influence
propter [+ acc.] *on account of*
quā *where*

I.10   CAESAR CROSSES THE RHONE

Caesarī renūntiātur   1
     Helvētiīs esse in animō
         per agrum Sēquanōrum et Aeduōrum iter in Santonum fīnes facere,
       quī nōn longē ā Tolōsātium fīnibus absunt,
         quae cīvitās est in prōvinciā.   5

    Id sī fieret,
intellegēbat
     magnō cum perīculō prōvinciae futūrum,
       ut hominēs bellicōsōs, populī Rōmānī inimīcōs,
         locīs patentibus maximēque frūmentāriīs   10
     fīnitimōs habēret.

Ob eās causās eī mūnītiōnī
     quam fēcerat
T. Labiēnum lēgātum praefēcit;

ipse in Ītaliam magnīs itineribus contendit   15
duāsque ibi legiōnēs cōnscrībit
et trēs,
     quae circum Aquilēiam hiemābant,
ex hibernīs ēdūcit
et,   20
     quā proximum iter in ulteriōrem Galliam per Alpēs erat,
cum hīs quīnque legiōnibus īre contendit.

Ibi Ceutrōnēs et Grāiocelī et Caturīgēs
     locīs superiōribus occupātīs
itinere exercitum prohibēre cōnantur.   25

     Complūribus hīs proeliīs pulsīs
ab Ocelō,
     quod est citeriōris prōvinciae extrēmum,
in fīnēs Vocontiōrum ulteriōris prōvinciae diē septimō pervenit;

         30
inde in Allobrogum fīnēs,
ab Allobrogibus in Segusiāvōs exercitum dūcit.

Hī sunt extrā prōvinciam trāns Rhodanum prīmī.

Notes

2: *for this construction, compare* **sibi in animō**, *line 20 of section I.7*
5: cīvitās = *tribe*
6: id *is the subject and refers to line 3*
8: magnō cum perīculō prōvinciae futūrum **esse**

11: **prōvincia** fīnitimōs **bellicōsōs** habēret
15: ipse = Caesar
23: *all three tribes are in the Alps around Savoy and Provence*
28: quod est citeriōris prōvinciae extrēmum **oppidum**

Vocabulary for I.10

Nouns
fīnitimī, -ōrum *neighbors*
hīberna, -ōrum *winter quarters*
legiō, -ōnis (f) *legion*
mūnītiō, -ōnis (f) *fortification, building*

Proper Nouns
Aeduī, -ōrum *Aedui* [between Saone and
Loire]
Allobrogēs, Allobrogum *Allobroges* [between
Rhone and Isere Rivers]
Alpēs, Alpium (f) *Alps*
Aquilēia, -ae *Aquileia* [at head of Adriatic]
Caturīgēs, Caturīgum (m) *Caturiges*
Ceutrōnēs, Ceutrōnum *Ceutrones* [tribe from
Savoy]
Grāiocelī, -ōrum *Graioceli*
Ītalia, -ae *Italy*
Ocelum, -ī *Ocelum* [possibly Grenoble]
Rhodanus, -ī *Rhone River*
Santonēs, Santonum *Santones* [people north of
Garonne River in SW France]
Segusiāvī, -ōrum *Segusiavi*
T(itus) Labiēnus *Titus Labienus*
Tolōsātēs, Tolōsātium *Tolosates* [people of
modern Toulouse]
Vocontiī, -ōrum *Vocontii* [people from the
Durance River to the Isère]

Verbs
cōnscrībō, -ere, -scrīpsī, -scrīptus *to enlist; write*
ēdūcō, -ere, -dūxī, -ductus *to lead out*
fīō, fierī, factus sum *to become; be made*
hiemō (1) *to winter, pass the winter*
intellegō, -ere, -lēxī, -lēctus *to understand*
pateō, -ēre, -uī *to lie, stretch*
pellō, -ere, pepulī, pulsus *to strike, beat; drive*
praeficiō, -ere, -fēcī, -fectus [+ dat.] *to place
in command*
renūntiō (1) *to report back*

Adjectives and Numerals
bellicōsus, -a, -um *warlike*
citerior, citerius *nearer*
complūrēs, complūra *several, many*
extrēmus, -a, -um *outermost, extreme*
frūmentārius, -a, -um *relating to grain*
inimīcus, -a, -um *hostile*
prīmus, -a, -um *first*
quīnque *five*
septimus, -a, -um *seventh*
superior, superius *higher; preceding; victorious*
trēs, tria *three*
ulterior, ulterius *farther*

Adverbs and Prepositions
circum [+ acc.] *around*
extrā [+ acc.] *outside of, beyond*
inde *from there*
longē *far off; by far*
maximē *very much, most, especially*
quā *where*

I.11 IMPLORING CAESAR FOR HELP

Helvētiī iam per angustiās et fīnēs Sēquanōrum suās cōpiās trādūxerant   1
et in Aeduōrum fīnēs pervēnerant
eōrumque agrōs populābantur.

Aeduī,
    cum sē suaque ab eīs dēfendere nōn possent,   5
lēgātōs ad Caesarem mittunt
    rogātum auxilium:

        Ita sē omnī tempore dē populō Rōmānō meritōs esse,
           ut paene in cōnspectū exercitūs nostrī agrī vastārī,
           līberī eōrum in servitūtem abdūcī,   10
           oppida expugnārī nōn dēbuerint.

Eōdem tempore Ambarrī, necessāriī et cōnsanguineī Aeduōrum, Caesarem certiōrem faciunt
    sēsē
        dēpopulātīs agrīs
    nōn facile ab oppidīs vim hostium prohibēre.   15

Item Allobrogēs,
    quī trāns Rhodanum vīcōs possessiōnēsque habēbant,
fugā sē ad Caesarem recipiunt
et dēmōnstrant
    sibi praeter agrī solum nihil esse reliquī.   20

    Quibus rēbus adductus
Caesar
    nōn exspectandum sibi
statuit,
    dum   25
        omnibus fortūnīs sociōrum cōnsūmptīs
    in Santonōs Helvētiī pervenīrent.

Notes

5: sua = *their things*

7: *supine purpose clause*

8: **rogāvērunt** ita sē (**Aeduōs**) omnī tempore dē
   populō Rōmānō meritōs esse

20: reliquī *is gen. sg. depending on* nihil = *nothing
   remaining.* Nihil *is the subject of this dative of
   possession construction.*

23: nōn expectandum sibi (= **Caesarī**) **esse**

Vocabulary for I.11

Nouns

angustiae, -ārum *narrowness*
auxilium, -ī *aid, (pl.) auxiliary troops*
cōnsanguineus, -ī *relative, kinsman*
cōnspectus, -ūs *view, sight*
fortūna, -ae *fortune, fate; property*
fuga, -ae *flight*
hostis, -is (m/f) *enemy*
līberī, -ōrum *children*
necessārius, -ī *kinsman, client*
nihil (nt. indeclinable) *nothing*
oppidum, -ī *town*
possessiō, -ōnis (f) *property*
servitūs, -tūtis (f) *slavery*
socius, -ī *ally*
solum, -ī *ground, soil*
tempus, -oris (nt) *time*
vīcus, -ī *village*
vīs; (pl.) vīrēs (f) *force, power; (pl.) strength*

Proper Nouns

Allobrogēs, Allobrogum *Allobroges* [between
　　　　　　Rhone and Isere Rivers]
Ambarrī, -ōrum *Ambarri* [between the Rhone
　　　　　　　　and Saone]
Rhodanus, -ī *Rhone River*

Verbs

abdūcō, -ere, -dūxī, -ductus *to lead away*
cōnsūmō, -ere, -sūmpsī, -sūmptus *to spend*
dēbeō, -ēre, dēbuī, dēbitus *owe; ought, must*
dēfendō, -ere, -fendī, -fēnsus *to defend*
dēmōnstrō (1) *to show; mention*
dēpopulor (1) *to lay waste, ravage*
expūgnō (1) *to overpower, sack*
exspectō (1) *to wait for*
mereor, -ērī, meritus sum *to deserve*
populor (1) *to ravage, plunder*
recipiō, -ere, -cēpī, -ceptus *to take back; receive*
　　sē recipiō *to retreat*
rogō (1) *to ask*
statuō, -ere, statuī, statūtus *to determine, decide*
trādūcō, -ere, -dūxī, -ductus *to lead across*
vastō (1) *to lay waste*

Adjectives

certus, -a, -um *sure, certain*
　　certiōrem facere *to inform*

Adverbs and Prepositions

facile *easily*
ita *thus, in this way*
paene *almost*
praeter [+ acc.] *besides, past*

I.12   ATTACKING A QUARTER OF THE HELVĒTIĪ

Flūmen est Arar,   1
     quod per fīnēs Aeduōrum et Sēquanōrum in Rhodanum īnfluit,
        incrēdibilī lēnitāte,
           ita ut oculīs,
              in utram partem fluat,   5
            iūdicārī nōn possit.

Id Helvētiī
     ratibus ac lintribus iūnctīs
trānsībant.

          Ubi per explōrātōrēs Caesar certior factus est   10
             trēs iam partēs cōpiārum Helvētiōs id flūmen trādūxisse,
             quartam ferē partem citrā flūmen Ararim reliquam esse,
        dē tertiā vigiliā cum legiōnibus tribus ē castrīs profectus
ad eam partem pervēnit,
     quae nōndum flūmen trānsierat.   15

     Eōs impedītōs et inopīnantēs adgressus
magnam partem eōrum concīdit:

reliquī sēsē fugae mandārunt
atque in proximās silvās abdidērunt.

Is pāgus appellābātur Tigurīnus: 20
nam omnis cīvitās Helvētia in quattuor pāgōs dīvīsa est.

Hic pāgus ūnus,
     cum domō exisset,
patrum nostrōrum memoriā, L. Cassium cōnsulem interfēcerat
et eius exercitum sub iugum mīserat.   25

Ita sīve cāsū sīve cōnsiliō deōrum immortālium,
     quae pars cīvitātis Helvētiae īnsignem calamitātem populō Rōmānō intulerat,
ea prīnceps poenās persolvit.

Notes

9: *note the imperfect* trānsībant *indicates they were still in the process of crossing*

11: *note* id*'s use as an actual demonstrative here,* id flūmen = *this river*

12: Ararim = *accusative sg.*

13: *this is a participial clause modifying the subject of* pervēnit *in line 14, which is* **Caesar**

13: dē tertiā vigiliā *was the third night watch, beginning at midnight.*

17: **Caesar** magnam partem eōrum concīdit

18: mandārunt = **mandāvērunt**

24: *cf. line 29 of I.7*

27–28: **ea** (= **quarta pars Helvētiōrum**), quae īnsignem calamitātem populō Rōmānō intulerat, prīnceps ...

Vocabulary for I.12

Nouns

calamitās, -tātis (f) *disaster; harm*
castra, -ōrum *camp*
cāsus, -ūs *misfortune, emergency; chance*
cōnsul, cōnsulis (m) *consul*
deus, -ī *god*
explōrātor, -ōris (m) *spy, scout*
iugum, -ī *yoke*
lēnitās, -tātis (f) *gentleness*
legiō, -ōnis (f) *legion*
linter, lintris (f) *skiff, boat*
memoria, -ae *memory*
oculus, -ī *eye*
pāgus, -ī *district*
pater, patris (m) *father; (pl.) ancestors*
poena, -ae *punishment, penalty*
ratis, -is (f) *raft*
silva, -ae *forest*
vigilia, -ae *watch* [there were 4 watches
during the night]

Proper Nouns and Adjectives

Arar, Araris (m) *Saone River*
Helvētius, -a, -um *Helvetian*
L(ucius) Cassius *Lucius Cassus*
(consul in 107 BCE)
Rhodanus, -ī *Rhone River*
Tigurīnus, -ī *Tigurine* [around Zurich]

Verbs

abdō, -ere, -didī, -ditus *to withdraw, hide*
adgredior, -ī, -gressus sum *to attack*
concīdō, -ere, -cīdī, -cīsus *to kill; cut to pieces*
dīvidō, -ere, -vīsī, -vīsus *to divide, separate*
exeō, -īre, exīvī /-iī, exitus *to go out, leave*
fluō, -ere, fluxī, fluxus *to flow*
īnfluō, -ere, -fluxī, -fluxus *to flow into*
iūdicō (1) *to judge*
iungō, -ere, iūnxī, iūnctus *to join*
mandō (1) [+ dat.] *to command; commit, entrust*
persolvō, -ere, -solvī, -solūtus *to pay*
trādūcō, -ere, -dūxī, -ductus *to lead across*

Adjectives and Numerals

certus, -a, -um *sure, certain*
certiōrem facere *to inform*
immortālis, -e *immortal*
impedītus, -a, -um *burdened*
incrēdibilis, -e *incredible*
inopīnāns, inopīnantis *unaware*
īnsignis, -e *distinguished, remarkable*
prīnceps, prīncipis *first, chief*
quartus, -a, -um *fourth*
quattuor *four*
trēs, tria *three*
uter, utra, utrum [gen: -īus, dat: -ī]
which (of two)

Adverbs and Prepositions

citrā [+ acc.] *this side of*
ferē *nearly, almost*
nam *for, now*
nōndum *not yet*
sīve *or if*
sīve … sīve *whether ... or*

Quā in rē Caesar nōn sōlum pūblicās
sed etiam prīvātās iniūriās ultus est,   30
    quod eius socerī L. Pīsōnis avum, L. Pīsōnem lēgātum, Tigurīnī eōdem proeliō
        quō Cassium
    interfēcerant.

Notes

32: *the verb of this relative clause is the same as the larger relative clause:* quō Cassium **interfēcerant**

Vocabulary for I.12

Nouns
avus, -ī *grandfather*
socer, socerī *father-in-law*

Proper Nouns
L(ucius) Cassius *Lucius Cassus*
                    (consul in 107 BCE)
L(ucius) Pīsō, -ōnis *Lucius Piso*
                    (consul in 58 BCE)
Tigurīnī, -ōrum *Tigurini*

Verbs
ulcīscor, -ī, ultus sum *to avenge, punish*

Adjectives
prīvātus, -a, -um *private*
pūblicus, -a, -um *public*

Adverbs
sed *but*
sōlum *only, merely*

I.13 DĪVICŌ SENT TO CAESAR TO ASK FOR PEACE

<pre>
         Hōc proeliō factō   1
    reliquās cōpiās Helvētiōrum ut cōnsequī posset,
pontem in Arare faciendum cūrat
atque ita exercitum trādūcit.

Helvētiī   5
    repentīnō eius adventū commōtī,
         cum id,
                   quod ipsī diēbus XX aegerrimē cōnfēcerant,
                        ut flūmen trānsīrent,
                   illum ūnō diē fēcisse   10
              intellegerent,
lēgātōs ad eum mittunt;

cuius lēgātiōnis Dīvicō prīnceps fuit,
    quī bellō Cassiānō dux Helvētiōrum fuerat.

Is ita cum Caesare ēgit: 15
         Sī pācem populus Rōmānus cum Helvētiīs faceret,
    in eam partem itūrōs
    atque ibi futūrōs Helvētiōs,
         ubi eōs Caesar cōnstituisset
         atque esse voluisset;   20

         sīn bellō persequī persevērāret,
    reminīscerētur et veteris incommodī populī Rōmānī et prīstinae virtūtis Helvētiōrum.

         Quod imprōvīsō ūnum pāgum adortus esset,
              cum eī,
                   quī flūmen trānsissent,   25
              suīs auxilium ferre nōn possent,
         nē ob eam rem aut suae magnopere virtūtī tribueret
         aut ipsōs dēspiceret.
</pre>

Notes

2: *note that this purpose clause precedes the clause which introduces it*

4: atque ita exercitum **Caesar** trādūcit

8: XX = **vīgintī**

10: illum = **Caesarem**

15: ēgit *introduces indirect discourse for the remainder of the chapter*

17: in eam partem itūrōs **esse**

18: atque ibi futūrōs Helvētiōs **esse**

22: reminīscerētur *is not an infinitive as in lines 17 and 18 because it is replacing a jussive* subjunctive *from direct statement. The same holds for lines 27, 28, and 32.*

23: **Caesar** adortus esset

24: eī = *the ¾ of the Helvētiī who had already crossed*

26: suīs **cōnsanguineīs** (*kinsmen*) auxilium ferre nōn possent

27: eam rem = *the contents of lines 23–26;* aut **Caesar** suae magnopere virtūtī tribueret

28: ipsōs = **Helvētiōs**

Vocabulary for I.13

Nouns

dux, ducis (m) *leader; guide*
incommodum, -ī *disadvantage*
lēgātiō, -ōnis (f) *mission, embassy*
pāgus, -ī *district*
pōns, pontis (m) *bridge*

Proper Nouns and Adjectives

Arar, Araris (m) *Saone River*
Cassiānus, -a, -um *of/with Cassius*
Dīvicō, Dīvicōnis (m) *Divico*

Verbs

adorior, -īrī, -ortus sum *to attack, rise against*
agō, -ere, ēgī, āctus *to do, drive; discuss*
commoveō, -ēre, -mōvī, -mōtus *to move, agitate*
cōnficiō, -ere, -fēcī, -fectus *to complete, finish up; write up; exhaust*
cōnsequor, -ī, -secūtus sum *to attain, get; follow*
cūrō (1) *to arrange*
dēspiciō, -ere, -spēxī, -spectus *to scorn*
eō, īre, īvī/iī, itus *to go; march*
ferō, ferre, tulī, lātus *to carry, bear; endure; report*
persequor, -ī, -secūtus sum *to pursue*
persevērō (1) *to persist*
reminīscor, -ī [+ gen.] *to remember*
trādūcō, -ere, -dūxī, -ductus *to lead across*
tribuō, -ere, tribuī, tribūtus *to distribute, grant*

Adjectives

imprōvīsus, -a, -um *unexpected*
prīnceps, prīncipis *chief, first*
prīstinus, -a, -um *former*
repentīnus, -a, -um *sudden*
vetus, veteris *old*

Adverbs

aegrē *with difficulty*
magnopere *very much*
sīn *but if*

Sē ita ā patribus māiōribusque suīs didicisse,
    ut magis virtūte quam dolō contenderet   30
    aut īnsidiīs nīterentur.

Quāre nē committeret
    ut is locus,
        ubi cōnstitissent,
    ex calamitāte populī Rōmānī et internecIōne exercitūs nōmen caperet   35
    aut memoriam prōderet.

Notes

29: sē = **Helvētiōs**   32: quāre nē **Caesar** committeret
31: aut **quam** īnsidiīs nīterentur

Nouns

calamitās, -tātis (f) *disaster; harm*
dolus, -ī *deceit, treachery*
īnsidiae, -ārum *treachery, ambush*
internecīō, internecīōnis (f) *annihilation*
māiōrēs, māiōrum (mpl.) *ancestors*
memoria, -ae *memory*
nōmen, nōminis (nt) *name*

Verbs

committō, -ere, -mīsī, -missus *to join;*
engage in; entrust
cōnsistō, -ere, -stitī *to take up a position*
discō, -ere, didicī *to learn*
nītor, nītī, nīsus sum *to strive, exert oneself;*
depend on
prōdō, -ere, -didī, -ditus *to give up; transmit*

Adverbs

magis *more*
quārē *wherefore, on account of which*

I.14 CAESAR'S RESPONSE

Hīs Caesar ita respondit: 1
    Eō sibi minus dubitātiōnis darī,
        quod eās rēs,
            quās lēgātī Helvētiī commemorāssent,
        memoriā tenēret,   5
    atque eō gravius ferre,
        quō minus meritō populī Rōmānī accidissent:

        quī sī alicuius iniūriae sibi cōnscius fuisset,
  nōn fuisse difficile cavēre;
  sed eō dēceptum,   10
    quod neque
        commissum ā sē
    intellegeret
            quārē timēret,
    neque sine causā timendum putāret.   15

    Quod sī veteris contumēliae oblīvīscī vellet,
  num etiam recentium iniūriārum,
    quod
        eō invītō
    iter per prōvinciam per vim temptāssent,   20
    quod Aeduōs,
    quod Ambarrōs,
    quod Allobrogēs vexāssent,
  memoriam dēpōnere posse?

    Quod suā victōriā tam īnsolenter glōriārentur   25
    quodque tam diū
        sē impūne iniūriās tulisse
    admīrārentur,
  eōdem pertinēre.

Notes

2: minus *is functioning as a noun, taking a genitive*; sibi = **Caesarī**; eō *refers to the quod-clause which follows in the next line*

4: commemorāssent = **commemorāvissent**

6: atque **Caesarem** eō gravius **memoriam** ferre; graviter ferre = *to be annoyed*

6–7: eō + *comparative* ... quō + *comparative* = '*the more ... the more*', *though* minus *forces the translation 'the more ... the less'*

7: quō minus meritō populī Rōmānī **eae rēs** accidissent, *the* **eae rēs** *mentioned in line 3*

8: quī = **populus Rōmānus**, *this* quī *is taking the place of* **is** *and hence this is not a relative clause*

10: sed **populum Rōmānum** eō dēceptum **esse**, *with* eō *referring to the following quod-clause*

12: commissum **esse** ā sē

16: quod sī = *but if*; quod sī **Caesar** veteris contumēliae oblīvīscī vellet

18: *this* quod *and the following three are explaining the* **recentium iniūriārum** *and are substantive clauses*

19: eō = **Caesare**

21–22: quod Aeduōs **Helvētiī** vexāssent, quod Ambarrōs **Helvētiī** vexāssent

25–26: *these again are substantive clauses, together being the subject of* pertinēre

Vocabulary for I.14

Nouns
contumēlia, -ae *affront*
dubitātiō, -ōnis (f) *doubt; hesitation*
memoria, -ae *memory*
meritum, -ī *service, merit*
victōria,-ae *victory*
vīs; (pl.) vīrēs (f) *force, power; (pl.) strength*

Proper Nouns and Adjectives
Allobrogēs, Allobrogum *Allobroges* [between
　　　　　　　　　　　Rhone and Isere Rivers]
Ambarrī, -ōrum *Ambarri*
Helvētius, -a, -um *Helvetian*

Verbs
accidō, -ere, -cidī *to happen*
admīror (1) *to be surprised*
caveō, -ēre, cāvī, cautus *to beware*
commemorō (1) *to remind of, speak of*
dēcipiō, -ere, -cipuī, -ceptus *to deceive*
dēpōnō, -ere, -posuī, -positus *to place down,*
　　　　　　　　　　　　　　　　deposit
glōrior (1) [+ abl.] *to boast*
oblīvīscor, -ī, oblītus sum [+ gen.] *to forget*
pertineō, -ēre, -tinuī *to reach to; concern*
putō (1) *to think, suppose*
respondeō, -ēre, -spondī, -spōnsus *to respond*
temptō (1) *to attempt*
timeō, -ēre, timuī *to fear*
vexō (1) *to plunder, agitate*

Adjectives
aliquī, aliqua, aliquod *some, any*
cōnscius, -a, -um *conscious, aware*
difficilis, difficile *difficult*
invītus, -a, -um *unwilling*
minor, minus *less, smaller*
recēns, recentis *recent*
vetus, veteris *old*

Adverbs
diū *for a long time*
eōdem *to the same place*
graviter *heavily; gravely*
　graviter ferre *to be annoyed*
impūne *without punishment*
īnsolenter *arrogantly*
num [indicates a question whose answer is
　　　　　　　　　　　expected to be *no*]
quārē *wherefore, on account of which*
tam *so*

Cōnsuēsse enim deōs immortālēs,   30
    quō gravius hominēs ex commūtātiōne rērum doleant,
        quōs prō scelere eōrum ulcīscī velint,
hīs secundiōrēs interdum rēs et diūturniōrem impūnitātem concēdere.

    Cum ea ita sint, tamen,
        sī obsidēs ab eīs sibi dentur,   35
            utī
                ea
                      quae polliceantur
               factūrōs
            intellegat,   40
        et sī Aeduīs dē iniūriīs
            quās ipsīs sociīsque eōrum intulerint,
        item sī Allobrogibus satisfaciant,
sēsē cum eīs pācem esse factūrum.

Dīvicō respondit: 45
    Ita Helvētiōs ā māiōribus suīs īnstitūtōs esse,
        utī obsidēs accipere,
        nōn dare cōnsuērint:

    eius reī populum Rōmānum esse testem.

    Hōc respōnsō datō   50
discēssit.

Notes

30: cōnsuēsse = **cōnsuēvisse**
31: *a purpose clause with the expected* **ut** *replaced by*
    quō *since it contains a comparative*
35: sibi = **Caesarī**
36–40: utī **Caesar intellegat Helvētiōs** ea factūrōs
    esse, quae polliceantur

41: et sī **Helvētiī** Aeduīs dē iniūriīs **satisfaciant**
43: item sī **Helvētiī** Allobrogibus **dē iniūriīs**
    satisfaciant
48: cōnsuērint = **cōnsuēverint**
49: eius reī = *contents of lines 47 and 48*

Nouns

commūtātiō, -ōnis (f) *change*
deus, -ī *god*
impūnitas, -tātis (f) *freedom from punishment*
māiōrēs, māiōrum (mpl.) *ancestors*
pāx, pācis (f) *peace*
respōnsum, -ī *answer, reply*
scelus, sceleris (nt) *crime, wickedness*
socius, -ī *ally*
testis, testis (m/f) *witness*

Proper Nouns

Allobrogēs, Allobrogum *Allobroges* [between
                      Rhone and Isere Rivers]
Dīvicō, Dīvicōnis (m) *Divico*

Verbs

accipiō, -ere, -cēpī, -ceptus *to accept, receive*
concēdō, -ere, -cessī, -cessus *to grant, allow*
cōnsuēscō, -ere, -suēvī, -suētus *to become*
      accustomed; [perf.] to be accustomed
discēdō, -ere, -cessī, -cessus *to depart*
doleō, -ēre, doluī, dolitus *to be in pain, suffer*
īnstituō, -ere, -stituī, -stitūtus *to undertake*
polliceor, -ērī, pollicitus sum *promise*
respondeō, -ēre, -spondī, -spōnsus *to respond*
satisfaciō, -ere, -fēcī, -factus *to satisfy; make*
                      amends; apologize
ulcīscor, -ī, ultus sum *to avenge, punish*

Adjectives

diūturnus, -a, -um *prolonged*
immortālis, -e *immortal*
secundus, -a, -um *second; next; prosperous*

Adverbs

enim *indeed*
graviter *heavily; gravely*
interdum *occasionally*

I.15 AN INITIAL SKIRMISH

Posterō diē castra ex eō locō movent. 1

Idem facit Caesar,
equitātumque omnem, ad numerum quattuor mīlium,
    quem ex omnī prōvinciā et Aeduīs atque eōrum sociīs coāctum habēbat,
praemittit, 5
    quī videant
        quās in partēs hostēs iter faciant.

Quī
    cupidius novissimum agmen īnsecūtī
aliēnō locō cum equitātū Helvētiōrum proelium committunt; 10

et paucī dē nostrīs cadunt.

    Quō proeliō sublātī
Helvētiī,
        quod quīngentīs equitibus tantam multitūdinem equitum prōpulerant,
audācius subsistere nōnnumquam 15
et novissimō agmine proeliō nostrōs lacessere coepērunt.

Caesar suōs ā proeliō continēbat,
ac satis habēbat
    in praesentiā hostem rapīnīs pābulātiōnibus populātiōnibusque prohibēre.

Ita diēs circiter quīndecim iter fēcērunt, 20
    utī inter novissimum hostium agmen et nostrum prīmum nōn amplius quīnīs aut
    sēnīs mīlibus passuum interesset.

Notes

4: habēre + *a past participle indicates a past action the result of which is still maintained*

7: *this is an indirect question with the interrogative adjective* quās *having moved out of the prepositional phrase* in partēs

9: novissimum agmen = *rearguard*

12: sublātī = *elated*

16: novissimō agmine *is an ablative of means while* proeliō *is an ablative of manner*

18: habēbat = *consider*

21: prīmum (agmen) = *vanguard*

Vocabulary for I.15

Nouns

agmen, agminis (nt) *marching army;*
line (of troops)
    novissimum agmen *rearguard*
eques, equitis (m) *horseman, knight; (pl.)*
cavalry
equitātus, -ūs *cavalry*
pābulātiō, -ōnis (f) *foraging*
populātiō, -ōnis (f) *ravaging*
praesentia, -ae *presence*
rapīna, -ae *pillaging*
socius, -ī *ally*

Verbs

cadō, -ere, cecidī, cāsus *to fall*
---, ---, **coepī, coeptus** *to begin*
contineō, -ēre, -tinuī, -tentus *to restrain; enclose*
īnsequor, -ī, -secūtus sum *to pursue*
intersum, -esse, -fuī, -futūrus *to be engaged in;*
intervene
lacessō, -ere, -īvī/-iī, lacessītus *to provoke, incite*
moveō, -ēre, mōvī, mōtus *to move*
praemittō, -ere, -mīsī, -missus *to send forth*
prōpellō, -ere, -pulī, -pulsus *to drive away*
subsistō, -ere, -stitī *to remain*
tollō, -ere, sustulī, sublātus *to take away,*
remove; carry; raise

Adjectives and Numerals

aliēnus, -a, -um *unfamiliar; belonging to*
another; unsuited
novus, -a, -um *new*
paucus, -a, -um *few*
posterus, -a, -um *next*
quattuor *four*
quīndecim *15*
quīngentī, -ae, -a *500*
quīnī, -ae, -a *5 each*
satis [indeclinable] *enough, sufficient; quite*
sēnī, -ae, -a *6 each*
tantus, -a, -um *so great, so much*

Adverbs

amplē *largely, widely*
audācter *boldly*
circiter *around*
cupidē *eagerly*
nōnnumquam *sometimes*

I.16 CAESAR DEMANDS THE AEDUĪ UPHOLD PROMISES

Interim cotīdiē Caesar Aeduōs frūmentum,   1
    quod essent pūblicē pollicitī,
flāgitāre.

Nam propter frīgora,
    quod Gallia sub septentriōnibus,   5
        ut ante dictum est,
    posita est,
nōn modo frūmenta in agrīs mātūra nōn erant,
sed nē pābulī quidem satis magna cōpia suppetēbat:

eō autem frūmentō,   10
    quod flūmine Arare nāvibus subvexerat,
proptereā minus ūtī poterat
    quod iter ab Arare Helvētiī āverterant,
        ā quibus discēdere nōlēbat.

Diem ex diē dūcere Aeduī: 15
    cōnferrī,
    comportārī,
    adesse
dīcere.

Ubi   20
    sē diūtius dūcī
intellēxit
    et diem īnstāre,
           quō diē frūmentum mīlitibus mētīrī opportēret,
      convocātīs eōrum prīncipibus,   25
        quōrum magnam cōpiam in castrīs habēbat, in hīs Dīviciācō et Liscō,
          quī summō magistrātuī praeerat,
           quem Vergobretum appellant Aeduī,
          quī creātur annuus
          et vītae necisque in suōs habet potestātem,   30
graviter eōs accūsat,
    quod,
        cum neque emī
        neque ex agrīs sūmī posset,
      tam necessāriō tempore,   35

Notes

3: *this is not indirect statement but rather a historical infinitive; the same holds for lines 15 and 19*
16-18: **frūmentum** cōnferrī **et** comportārī **et** adesse

22: **Caesar** intellēxit
27: *one would expect a plural verb* **praeerant**
34: neque ex agrīs **frūmentum** sūmī posset

Vocabulary for I.16

Nouns

castra, -ōrum *camp*
flūmen, flūminis (nt) *river*
frīgora, -um *cold seasons*
magistrātus, -ūs *magistrate*
nex, necis (f) *death*
pābulum, -ī *fodder*
potestās, -tātis (f) *power, authority; chance*
septentriōnēs, -um *Great Bear and Little Bear*
constellations; North

Proper Nouns

Arar, Araris (m) *Saone River*
Dīviciācus, -ī *Diviciacus*
Liscus, -ī *Liscus*
Vergobretus, -ī *Vergobret* (chief Helvetian
magistrate, the *executor of judgment*)

Verbs

accūsō (1) *to accuse*
adsum, -esse, affuī, affutūrus *to be present*
āvertō, -ere, -vertī, -versus *to turn away, avert*
comportō (1) *to collect, bring in*
cōnferō, -ferre, contulī, collātus *to collect;*
compare; ascribe
convocō (1) *to convene*
creō (1) *to create, appoint*
emō, -ere, ēmī, ēmptus *to buy*
flāgitō (1) *to demand*
īnstō, -stāre, -stitī *to be at hand; press on,*
threaten
mētior, -īrī, mēnsus sum *to distribute*
nōlō, -ere, nōluī *to not want*
oportet, -ēre, oportuit *it is necessary*
polliceor, -ērī, pollicitus sum *promise*
pōnō, -ere, posuī, positus *to place, set*
praesum, praeesse, praefuī [+ dat.] *to be in*
command (of)
subvehō, -ere, -vēxī, -vēctus *to bring up*
sūmō, -ere, sumpsī, sumptus *to employ; inflict*
suppetō, -ere, -petīvī/-iī, -petītus *to be on hand;*
be present

Adjectives

annuus, -a, -um *annually*
mātūrus, -a, -um *ripe, mature*
necessārius, -a, -um *necessary*
prīnceps, prīncipis *chief, first*
satis [indeclinable] *enough, sufficient; quite*
summus, -a, -um *highest; greatest*

Adverbs

cotīdiē *daily*
diū *for a long time*
graviter *heavily; gravely*
interim *meanwhile*
modo *only*
pūblicē *publicly*
quidem *indeed*
nē ... quidem *not even*
tam *so*

          tam propinquīs hostibus
        ab eīs nōn sublevētur;

   praesertim cum
         magnā ex parte eōrum precibus adductus
      bellum suscēperit,   40
multō etiam gravius,
     quod sit dēstitūtus
queritur.

Noun

prex, precis (f) *request*

Verbs

dēstituō, -ere, -stituī, -stitūtus *to forsake*
queror, -ī, questus sum *to complain*
sublevō (1) *to support, encourage*
suscipiō, -ere, -cēpī, -ceptus *to undertake*

Adjective

propinquus, -a, -um *near*

Adverbs

graviter *heavily; gravely*
praesertim *especially*

Tum dēmum Liscus   1
    ōrātiōne Caesaris adductus,
        quod anteā tacuerat
prōpōnit:

    Esse nōnnūllōs,   5
        quōrum auctōritās apud plēbem plūrimum valeat,
        quī prīvātim plūs possint quam ipsī magistrātūs.

    Hōs sēditiōsā atque improbā ōrātiōne multitūdinem dēterrēre,
        nē frūmentum cōnferant,
            quod dēbeant: 10

    praestāre,
        sī iam prīncipātum Galliae obtinēre nōn possint,
    Gallōrum quam Rōmānōrum imperia praeferre:

    neque dubitāre
        quīn,   15
            sī Helvētiōs superāverint Rōmānī,
        ūnā cum reliquā Galliā Aeduīs lībertātem sint ēreptūrī.

    Ab eīsdem nostra cōnsilia
        quaeque in castrīs gerantur
    hostibus ēnūntiārī: 20

    hōs ā sē coercērī nōn posse.

    Quīn etiam,
        quod
            neccessāriō rem coāctus
        Caesarī ēnūntiārit,   25
    intellegere sēsē
        quantō id cum perīculō fēcerit,
    et ob eam causam
        quam diū potuerit
    tacuisse.   30

Notes

7: plūs posse = *to have more power*
10: quod **cōnferre** dēbeant
18: nostra = **Rōmāna**
19: *the antecedent of* quaeque *is not expressed, hence*
   '*and that, which ...* '

21: sē = **Liscus**
22: quīn etiam = *in fact*
29: quam diū = *as long as*

Vocabulary for I.17

Nouns

auctōritās, -tātis (f) *power, influence*
lībertās, -tātis (f) *freedom*
magistrātus, -ūs *magistrate*
ōrātiō, -ōnis (f) *speech*
plēbs, plēbis (f) *common people*
prīncipātus, -ūs *chief position*

Proper Nouns

Liscus, -ī *Liscus*

Verbs

coerceō, -ēre, -ercuī, -ercitus *to confine, repress*
cōnferō, -ferre, contulī, collātus *to collect; compare; ascribe*
dēbeō, -ēre, dēbuī, dēbitus *owe; ought, must*
dēfendō, -ere, -fendī, -fēnsus *to defend*
dēterreō, -ēre, -terruī, -territus *to deter; scare away*
dubitō (1) *to doubt; hesitate*
ēnūntiō (1) *to report, express*
ēripiō, -ere, -ripuī, -reptus *to snatch away*
obtineō, -ēre, -tinuī, -tentus *to possess*
praeferō, -ferre, -tulī, -lātus *to prefer*
praestō, -stāre, -stitī, -stitus/-stātus *to excel; to perform, show*
prōpōnō, -ere, -posuī, -positus *to state; promise*
superō (1) *to conquer*
taceō, -ēre, tacuī, tacitus *to be silent*
valeō, -ēre, valuī, valitus *to be strong; prevail*

Adjectives

improbus, -a, -um *bad*
necessārius, -a, -um *necessary*
nōnnūllus, -a, -um [gen: -īus, dat: -ī] *some*
quantus, -a, -um *how great*
sēditiōsus, -a, -um *seditious*

Adverbs

anteā *before, previously*
dēmum *at last*
diū *for a long time*
plūrimum *most; very much*
prīvātim *privately*
tum *then*

Caesar hāc ōrātiōne Liscī   1
    Dumnorīgem, Dīviciācī frātrem, dēsignārī
sentiēbat,
sed,
      quod   5
          plūribus praesentibus
    eās rēs iactārī nōlēbat,
celeriter concilium dīmittit,
Liscum retinet.

Quaerit ex sōlō ea   10
    quae in conventū dīxerat.

Dīcit līberius atque audācius.

Eadem sēcrētō ab aliīs quaerit;

reperit
    esse vēra: 15
    ipsum esse Dumnorīgem,
        summā audāciā, magnā apud plēbem propter līberālitātem grātiā,
    cupidum rērum novārum.

    Complūrēs annōs portōria reliquaque omnia Aeduōrum vectīgalia parvō pretiō
    redempta habēre
        proptereā quod   20
           illō licente
        contrā licērī audeat nēmō.

    Hīs rēbus et suam rem familiārem auxisse
    et facultātēs ad largiendum magnās comparāsse;
    magnum numerum equitātūs suō sūmptū semper alere   25
    et circum sē habēre,
    neque sōlum domī,
    sed etiam apud fīnitimās cīvitātēs largiter posse,
    atque huius potentiae causā mātrem in Biturīgibus hominī illīc nōbilissimō
    ac potentissimō collocāsse,   30
    ipsum ex Helvētiīs uxōrem habēre,
    sorōrem ex mātre et propinquās suās nūptum in aliās cīvitātēs collocāsse.

Notes

10: quaerit ex **Liscō sōlō** ea

19: habēre + *a past participle indicates a past action*
    the result of which is still maintained

24: comparāsse = **comparāvisse**

28 largiter posse = *to have influence*

30 and 32: collocāsse = **collocāvisse**

Vocabulary for I.18

Nouns

audācia, -ae *boldness*
concilium, -ī *gathering, assembly*
conventus, -ūs *meeting, assembly*
facultās, -tātis (f) *ability; opportunity; resources*
līberālitās, -tātis (f) *generosity*
māter, mātris (f) *mother*
nēmō, nēminis (m/f) *no one*
    [in Classical Latin – gen: nūllīus, dat: nūllī]
ōrātiō, -ōnis (f) *speech*
plēbs, plēbis (f) *common people*
portōrium, -ī *tax, tariff*
potentia, -ae *power, authority*
pretium, -ī *price*
soror, sorōris (f) *sister*
sūmptus, -ūs *expense*
uxor, uxōris (f) *wife*
vectīgal, vectīgālis (nt) *tax; revenue*

Proper Nouns

Biturīgēs, Biturīgum *Bituriges* [tribe of
                            Central Gaul]
Dīviciācus, -ī *Diviciacus*
Dumnorīx, Dumnorīgis (m) *Dumnorix*
Liscus, -ī *Liscus*

Verbs

alō, -ere, aluī, alitus/altus *to support*
audeō, -ēre, ausus sum *to dare*
augeō, -ēre, auxī, auctus *to increase*
collocō (1) *to station, arrange; set, settle*
comparō (1) *to prepare; compare; purchase*
dēsīgnō (1) *to indicate*
dīmittō, -ere, -mīsī, -missus *to dismiss; dispatch*
iactō (1) *to shake, throw; mention*
largior, -īrī, largītus sum *to bribe*
liceor, -ērī, licitus sum *to bid*
nōlō, -ere, nōluī *to not want*
nūbō, -ere, nūpsī, nūptus *to marry*
quaerō, -ere, quaesīvī/quaesiī, quaesītum *to
                            inquire, ask*
redimō, -ere, -ēmī, -emptus *to procure,
                            purchase*
reperiō, -īre, repperī, repertus *to find*
retineō, -ēre, -tinuī, -tentus *to restrain; retain*
sentiō, -īre, sēnsī, sēnsus *to feel, perceive*

Adjectives

complūrēs, complūra *several, many*
cupidus, -a, -um [+ gen.] *desirous, eager*
familiāris, -e *personal;* (m/f) *friend*
fīnitimus, -a, -um *bordering*
nōbilis, nōbile *noble, famous*
novus, -a, -um *new*
parvus, -a, -um *small*
plūs, plūris *more; several, many*
potēns, potentis *powerful*
praesēns, praesentis *present*
propinquus, -a, -um *near*
sōlus, -a, -um [gen: -īus, dat: -ī] *alone, only, sole*
vērus, -a, -um *true*

Adverbs and Prepositions

audācter *boldly*
causā [+ preceding genitive] *for the sake of*
celeriter *quickly*
contrā [+ acc.] *against; on the contrary*
illīc *there*
largiter *freely*
līberē *freely*
sēcrētō *in secret*
semper *always*
sōlum *only, merely*

Favēre et cupere Helvētiīs propter eam adfīnitātem,
ōdisse etiam suō nōmine Caesarem et Rōmānōs,
    quod eōrum adventū potentia eius dēminūta   35
    et Dīviciācus frāter in antīquum locum grātiae atque honōris sit restitūtus.

    Sī quid accidat Rōmānīs,
summam in spem per Helvētiōs rēgnī obtinendī venīre;

imperiō populī Rōmānī nōn modo dē rēgnō,
sed etiam dē eā,   40
    quam habeat,
grātiā dēspērāre.

Reperiēbat etiam in quaerendō Caesar,
    quod proelium equestre adversum paucīs ante diēbus esset factum,
initium eius fugae factum ā Dumnorīge atque eius equitibus   45
    (nam equitātuī,
        quem auxiliō Caesarī Aeduī mīserant,
    Dumnorīx praeerat):
eōrum fugā reliquum esse equitātum perterritum.

Notes

34: suō nōmine = *on his own account*

35: quod eōrum adventū potentia eius dēminūta **est**

44: quod *here translates as 'whereas' or 'with regard to'; it has no close syntactic connection to the main clause*

Nouns

adfīnitās, -tātis (f) *alliance*
frāter, frātris (m) *brother*
honor, -ōris (m) *honor*
initium, -ī *beginning*
nōmen, nōminis (nt) *name*
potentia, -ae *power, authority*
rēgnum, -ī *kingdom*

Proper Nouns

Dīviciācus, -ī *Diviciacus*
Dumnorīx, Dumnorīgis (m) *Dumnorix*

Verbs

cupiō, -ere, cupīvī, cupītus [+ dat.] *to be zealous
for*
dēminuō, -ere, -minuī, -minūtus *to lessen*
dēspērō (1) *to despair*
faveō, -ēre, fāvī, fautus *to favor*
obtineō, -ēre, -tinuī, -tentus *to possess*
ōdī, -isse *to hate*
perterreō, -ēre, -terruī, -territus *to frighten
thoroughly*
praesum, praeesse, praefuī [+ dat.] *to be in
command (of)*
quaerō, -ere, quaesīvī/quaesiī, quaesītum
to inquire, ask
reperiō, -īre, repperī, repertus *to find*
restituō, -ere, -stituī, -stitūtus *to rebuild, restore*

Adjectives

adversus, -a, -um *hostile*
aliquis, aliquid *someone, something*
antīquus, -a, -um *ancient*
equester, equestris *equestrian, related to calvary*

Adverbs

modo *only*

I.19   INFORMATION ABOUT DUMNORĪX

Quibus rēbus cognitīs,   1
cum ad hās suspīciōnēs certissimae rēs accēderent,
quod per fīnēs Sēquanōrum Helvētiōs trādūxisset,
quod obsidēs inter eōs dandōs cūrāsset,
quod ea omnia nōn modo iniūssū suō et cīvitātis, sed etiam   5
īnscientibus ipsīs
fēcisset,
quod ā magistrātū Aeduōrum accusārētur,
satis esse causae
arbitrābātur,   10
quārē in eum aut ipse animadverteret,
aut cīvitātem animadvertere iubēret.

Hīs omnibus rēbus ūnum repugnābat,
quod Dīviciācī frātris summum in populum Rōmānum studium, summam in sē
voluntātem, ēgregiam fidem, iūstitiam, temperantiam cognōverat: 15

nam
nē eius suppliciō Dīviciācī animum offenderet
verēbātur.

Itaque
priusquam quicquam cōnārētur,   20
Dīviciācum ad sē vocārī
iubet
et
cotīdiānīs interpretibus remōtīs
per C. Valerium Procillum, prīncipem Galliae prōvinciae, familiārem suum,   25
cui summam omnium rērum fidem habēbat,
cum eō colloquitur.

Notes

3: *this and the following* quod-*clauses are explaining the* certissimae rēs
3: quod **Dumnorīx** per fīnēs Sēquanōrum Helvētiōs accēderent
4: cūrāsset = **cūrāvisset**
5: iniūssū suō = '*without his own orders*' = iniūssū **Caesaris**
6: īnscientibus **Aeduīs**

9: causae *is a partitive genitive dependent on* satis
11: ipse = **Caesar**
13: ūnum = *one thing*
14: *this clause is explaining the* ūnum *from the previous line;* sē = **Caesarem**
15: **Caesar** cognōverat
17: eius = **Dumnorīgis**
25: prīncipem = *a prominent man*

Vocabulary for I.19

Nouns

animus, -ī *mind, thought; soul*
familiāris, -is (m/f) *friend*
fidēs, -eī (f) *faith, trust*
frāter, frātris (m) *brother*
interpres, intepretis (m/f) *interpreter*
iūstitia, -ae *justice*
magistrātus, -ūs *magistrate*
prīnceps, prīncipis (m) *chief, leader*
suspīciō, -ōnis (f) *suspicion*
studium, -ī *enthusiasm, zeal*
supplicium, -ī *sacrifice; punishment*
temperantia, -ae *moderation*
voluntās, -tātis (f) *will; consent*

Proper Nouns

C. [Gāius] Valerius Procillus [a Gallic man who
received citizenship]
Dīviciācus, -ī *Diviciacus*

Verbs

accēdō, -ere, -cessī, -cessus *to approach*
accūsō (1) *to accuse*
animadvertō, -ere, animadvertī, animadversus
to notice
  animadvertere in (+ acc.) *to punish*
cognōscō, -ere, -nōvī, -nitus *to know,
understand*
colloquor, -ī, -locūtus sum *to converse*
cūrō (1) *to arrange, provide*
offendō, -ere, -fendī, -fēnsus *to wound*
removeō, -ēre, -mōvī, -mōtus *to remove*
repūgnō (1) *to fight back*
trādūcō, -ere, -dūxī, -ductus *to lead across*
vereor, verērī, veritus sum *to fear*
vocō (1) *to call, summon*

Adjectives

cotīdiānus, -a, -um *daily; usual*
ēgregius, -a, -um *outstanding*
īnsciēns, īnscientis *unknowing, unaware*
quisquam, quaequam, quidquam/quicquam *any,
anyone, anything*
satis [indeclinable] *enough, sufficient; quite*

Adverbs

iniūssū *without command, without order*
nōn modo ... sed etiam *not only ... but also*
priusquam *before*
quārē *wherefore, on account of which*

Simul commonefacit
　　quae
　　　　ipsō praesente　　　　　　　　　　　　　　　　　　　　30
　　in conciliō Gallōrum dē Dumnorīge sint dicta,
et ostendit,
　　quae sēparātim quisque dē eō apud sē dīxerit.

Petit atque hortātur,
　　ut sine eius offēnsiōne animī vel ipse dē eō　　　　　　　　35
　　　　　causā cognitā
　　statuat,
　　vel cīvitātem statuere iubeat.

Notes

29: **ea** quae = *that which*　　　　　　35: eius = **Dīviciācī**; ipse = **Caesar**; cō = **Dumnorīge**
33: sē = Caesarem

Nouns

animus, -ī *mind, thought; soul*
concilium, -ī *gathering, assembly*
offēnsiō, -ōnis (f) *offense; displeasure*

Proper Nouns

Dumnorīx, Dumnorīgis (m) *Dumnorix*

Verbs

cognōscō, -ere, -nōvī, -nitus *to know,*
understand
commonefaciō, -ere, -fēcī, -factus *to remind*
hortor (1) *to urge*
ostendō, -ere, -tendī, -tentus *to show*
petō, -ere, petīvī/-iī, petītus *to seek, ask*
statuō, -ere, statuī, statūtus *to determine,*
decide

Adjectives

praesēns, praesentis *present*
quisque, quaeque, quodque *each*

Adverbs

sēparātim *separately*
simul *at the same time, likewise, also*
sine [+ abl.] *without*
vel *or*
    vel … vel *either … or*

I.20   DĪVICIĀCUS BEGS FORGIVENESS FOR HIS BROTHER

Dīviciācus   1
    multīs cum lacrimīs Caesarem complexus
obsecrāre coepit,
    nē quid gravius in frātrem statueret:

    scīre sē   5
        illa esse vēra,
    nec quemquam ex eō plūs quam sē dolōris capere,
        proptereā quod,
            cum ipse grātiā plūrimum domī atque in reliquā Galliā,
            ille minimum propter adulēscentiam posset,   10
        per sē crēvisset;

        quibus opibus ac nervīs nōn sōlum ad minuendam grātiam,
        sed paene ad perniciem suam ūterētur.

    Sēsē tamen et amōre frāternō et exīstimātiōne vulgī commovērī.

        Quod sī quid eī ā Caesare gravius accidisset,   15
      cum ipse eum locum amīcitiae apud eum tenēret,
    nēminem exīstimātūrum
        nōn suā voluntāte factum;

        quā ex rē futūrum,
            utī tōtīus Galliae animī ā sē āverterentur.   20

    Haec cum plūribus verbīs flēns ā Caesare peteret,
Caesar eius dextram prendit;
cōnsōlātus rogat,
    fīnem ōrandī faciat;

    tantī eius apud sē grātiam esse   25
ostendit,
    utī et reī pūblicae iniūriam et suum dolōrem eius voluntātī ac precibus condōnet.

Notes

5: sē = **Dīviciācum**; *indirect discourse occurs up through line 20 under an understood* **dīxit**
7: eō *refers to the fact that* illa esse vēra
9: ipse = **Dīviciācus**
10: minimum posse = *to have little influence*
12: quibus opibus ac nervīs *are the objects of* ūterētur
15: quod sī = *now if, and if*

16: ipse = **Dīviciācus**; eum = **Caesarem**
18: suā voluntāte = **Dīviciācī voluntāte**
20: utī = **ut**
22: Caesar eius dextram **manum** prendit
25: tantī **Dīviciācī** apud **Caesarem** grātiam esse
26: **Caesar** ostendit

Vocabulary for I.20

Nouns
adulēscentia, -ae *youth*
amīcitia, -ae *friendship*
amor, amōris (m) *love*
dextra, -ae *right hand*
dolor, dolōris (m) *sorrow; indignation*
exīstimātiō, -ōnis (f) *opinion*
frāter, frātris (m) *brother*
lacrima, -ae *tear*
nēmō, nēminis (m/f) *no one*
   [in Classical Latin – gen: nūllīus, dat: nūllī]
nervus, -ī *sinew; (pl.) energy, power*
ops, opis (f) *power, resource*
perniciēs, -ēī (f) *ruin, destruction*
prex, precis (f) *request*
verbum, -ī *word*
voluntās, -tātis (f) *will; consent*
vulgus, -ī (nt) *crowd, common people*

Proper Nouns
Dīviciācus, -ī *Diviciacus*

Verbs
āvertō, -ere, -vertī, -versus *to turn away, avert*
capiō, -ere, cēpī, captus *to seize; reach*
commoveō, -ēre, -mōvī, -mōtus *to move, agitate*
complector, -ī, -plexus sum *to embrace*
cōnsōlor (1) *to comfort*
crēscō, -ere, crēvī, crētus *to grow, increase*
exīstimō (1) *to think, consider*
fleō, -ēre, flēvī, flētus *to cry*
minuō, -ere, minuī, minūtus *to lessen, diminish*
obsecrō (1) *to implore*
ōrō (1) *to pray, beg*
ostendō, -ere, -tendī, -tentus *to show*
prendō, -ere, prendī, prēnsus *to seize*
rogō (1) *to ask*
sciō, -īre, scīvī, scītus *to know*
statuō, -ere, statuī, statūtus *to determine, decide*

Adjectives
dexter, dext(e)ra, dext(e)rum *right*
frāternus, -a, -um *brotherly*
gravis, grave *harsh, severe*
quisquam, quaequam, quidquam/quicquam *any, anyone, anything*
vērus, -a, -um *true*

Adverbs
minimum *least*
paene *almost*
plūrimum *most; very much*
   plūrimum posse *to be powerful; have influence*
plūs *more*
sōlum *only, merely*

Dumnorīgem ad sē vocat,
frātrem adhibet;
      quae in eō reprehendat   30
ostendit,
      quae ipse intellegat,
      quae cīvitās querātur,
prōpōnit;

monet,   35
      ut in reliquum tempus omnēs suspīciōnēs vītet;

      praeterita sē Dīviciācō frātrī condōnāre
dīcit.

Dumnorīgī custōdēs pōnit,
      ut   40
          quae agat,
          quibuscum loquātur,
     scīre possit.

Notes

30: **ea** quae in **Dumnorīge** reprehendat   37: praeterita = *past things*; Dīviciācō frātrī *is a*
32: **ea** quae ipse intellegat   *dative of reference*
33: **ea** quae cīvitās querātur

Nouns

custōs, custōdis (m/f) *guard*
frāter, frātris (m) *brother*
suspīciō, -ōnis (f) *suspicion*

Proper Nouns

Dīviciācus, -ī *Diviciacus*
Dumnorīx, Dumnorīgis (m) *Dumnorix*

Verbs

adhibeō, -ēre, -hibuī, -itus *to summon*
condōnō (1) *to pardon*
loquor, loquī, locūtus sum *to speak*
moneō, -ēre, monuī, monitus *to warn; instruct*
ostendō, -ere, -tendī, -tentus *to show*
praetereō, -īre, praeterīvī, praeteritus *to go past*
prōpōnō, -ere, -posuī, -positus *to state; promise*
queror, -ī, questus sum *to complain*
reprehendō, -ere, -prehendī, -prehēnsus *to blame, find fault with*
sciō, -īre, scīvī, scītus *to know*
vītō (1) *to avoid*
vocō (1) *to call, summon*

       Eōdem diē ab explōrātōribus certior factus   1
             hostēs sub monte cōnsēdisse mīlia passuum ab ipsīus castrīs octō,
    quālis esset nātūra montis
    et quālis in circuitū ascēnsus,
  quī cognōscerent   5
mīsit.

Renūntiātum est
    facilem esse.

    Dē tertiā vigiliā Titum Labiēnum, lēgātum prō praetōre, cum duābus legiōnibus et
    eīs ducibus
          quī iter cognōverant   10
    summum iugum montis ascendere
iubet;

    quid suī cōnsiliī sit
ostendit.

Ipse dē quartā vigiliā eōdem itinere,   15
    quō hostēs ierant,
ad eōs contendit
equitātumque omnem ante sē mittit.

P. Cōnsidius,
    quī reī mīlitāris perītissimus habēbātur   20
    et in exercitū L. Sullae
    et posteā in M. Crassī fuerat,
cum explōrātōribus praemittitur.

Notes

5: *relative purpose clause*
5–6: Caesar virōs quī cognōscerent mīsit
13: suī cōnsiliī *is a partitive genitive*
15: dē quartā vigiliā = *around 3 am*

21: *Sulla had led the war against Mithridates (88–84)*
    and then been dictator around 82–81.
22: *Crassus had led the war against the slaves in the*
    Third Servile War (73–71)
22: et posteā in **exercitū** M. Crassī fuerat

Vocabulary for I.21

Nouns

ascēnsus, -ūs *ascent*
circuitus, -ūs *going around, circuitous path;*
                              circumference
dux, ducis (m) *leader; guide*
explōrātor, -ōris (m) *spy, scout*
iugum, -ī *height, summit*
legiō, -ōnis (f) *legion*
mōns, montis (m) *mountain*
nātūra, -ae *nature*
praetor, -tōris (m) *commander*
   lēgātus prō praetōre *lieutenant in command*
vigilia, -ae *watch*

Proper Nouns

Lūcius Sulla *L. Sulla*
Marcus Crassus *M. Crassus*
Publius Cōnsidius *P. Cōnsidius*
Titus Labiēnus *Titus Labienus*

Verbs

ascendō, -ere, -ī, -cēnsus *to climb*
cōnsīdō, -ere, -sēdī, -sessus *to settle, take a*
                                 position
eō, īre, īvī/iī, itus *to go; march*
ostendō, -ere, -tendī, -tentus *to show*
praemittō, -ere, -mīsī, -missus *to send forth*
renūntiō (1) *to report back*

Adjectives and Numerals

certus, -a, -um *sure, certain*
   certiōrem facere *to inform*
facilis, facile *easy*
mīlitāris, mīlitāre *relating to the military*
   rēs mīlitāris, reī mīlitāris *war*
octō *eight*
perītus, -a, -um *skilled, experienced*
quālis, quāle *what, what kind of*

Adverbs

posteā *afterwards*
quō *where*

I.22   THE ATTACK IS DELAYED

Prīma lūce,   1
     cum summus mōns ā Labiēnō tenērētur,
     ipse ab hostium castrīs nōn longius mīlle et quīngentīs passibus abesset,
     neque,
         ut posteā ex captīvīs comperit,   5
     aut ipsīus adventus
     aut Labiēnī cognitus esset,
Cōnsidius
    equō admissō
ad eum accurrit,   10
dīcit
    montem
       quem ā Labiēnō occupārī voluerit
    ab hostibus tenērī:

    id sē ā Gallicīs armīs atque īnsignibus cognōvisse.   15

Caesar suās cōpiās in proximum collem subdūcit,
aciem īnstruit.

Labiēnus,
     ut erat eī praeceptum ā Caesare,
       nē proelium committeret,   20
          nisī ipsīus cōpiae prope hostium castra vīsae essent,
            ut undique ūnō tempore in hostēs impetus fieret,
    monte occupātō
nostrōs exspectābat
proeliōque abstinēbat.   25

Multō dēnique diē per explōrātōrēs Caesar cognōvit
     et montem ā suīs tenērī
     et Helvētiōs castra mōvisse
     et Cōnsidium
        timōre perterritum   30
      quod nōn vīdisset
    prō vīsō sibi renūntiāsse.

Eō diē
    quō cōnsuerat
intervallō hostēs sequitur   35
et mīlia passuum tria ab eōrum castrīs castra pōnit.

Notes

2: *the cum-clause extends through line 7*
3: ipse = **Caesar**
5: *when* ut *means 'as' it takes the indicative*
15: sē = **Cōnsidium**
19: *an impersonal passive;* eī = **Labiēnō**
21: ipsīus = **Caesaris**

24: nostrōs = **mīlitēs Caesaris**
26: multō diē = *late in the day*
31: **id** quod nōn vīdisset
32: renūntiāsse = **renūntiāvisse**
34: cōnsuerat = **cōnsuēverat**; quō = **intervallō**

Vocabulary for I.22

Nouns

aciēs, -ēī (f) *line of troops; sharpness*
captīvus, -ī *prisoner of war*
collis, -is (m) *hill*
equus, -ī *horse*
explōrātor, -ōris (m) *spy, scout*
impetus, -ūs *attack, charge*
īnsigne, -is (nt) *decoration; (pl.) insignia*
intervallum, -ī *space, interval*
lūx, lūcis (f) *light*
timor, -ōris (m) *fear*

Proper Nouns

Gallicus, -a, -um *Gallic*
Publius Cōnsidius *P. Considius*
Titus Labiēnus *Titus Labienus*

Verbs

abstineō, -ēre, -tinuī, -tentus *to withhold, abstain*
accurrō, -ere, -ī, -cursus *to hurry to*
admittō, -ere, -mīsī, -missus *admit; to set at a
gallop; commit (a crime)*
comperiō, -īre, -perī, -pertus *to find out, learn*
exspectō (1) *to wait for*
fīō, fierī, factus sum *to become; be made*
īnstruō, -ere, -strūxī, -strūctus *to array*
moveō, -ēre, mōvī, mōtus *to move*
perterreō, -ēre, -terruī, -territus *to frighten
thoroughly*
pōnō, -ere, posuī, positus *to place, set*
praecipiō, -ere, -cēpī, -cēptus *to order*
renūntiō (1) *to report back*
sequor, sequī, secūtus sum *to follow*
subdūcō, -ere, -dūxī, -ductus *to draw up; take
away*

Adjectives and Numerals

longus, -a, -um *long*
quīngentī, -ae, -a *500*
trēs, tria *three*

Adverbs and Prepositions

dēnique *finally*
nisī *unless; except*
posteā *afterwards*
prope [+ acc.] *near*
undique *from all sides, everywhere*

I.23 ROMANS MOVE TOWARD BIBRACTE

Postrīdiē eius diēī,   1
     quod omnīnō biduum supererat,
         cum exercituī frūmentum mētīrī oportēret,
         et quod ā Bibracte, oppidō Aeduōrum longē maximō et cōpiōsissimō, nōn
         amplius mīlibus passuum XVIII aberat,   5
     reī frūmentāriae prōspiciendum
exīstimāvit:

iter ab Helvētiīs āvertit
ac Bibracte īre contendit.

Ea rēs per fugitīvōs L. Aemilī, decuriōnis equitum Gallōrum, hostibus nūntiātur.   10

Helvētiī,
     seu quod timōre,
         perterritōs Rōmānōs discēdere ā sē
     exīstimārent,

eō magis,   15
     quod prīdiē
         superiōribus locīs occupātīs
     proelium nōn commīsissent,

     sīve eō, quod
         rē frūmentāriā interclūdī posse   20
     cōnfīderent,

         commūtātō cōnsiliō
         atque itinere conversō
nostrōs ā novissimō agmine īnsequī ac lacessere coepērunt.

Notes

1: postrīdiē *takes a genitive*

6: reī frūmentāriae **Caesarī** prōspiciendum **esse** – *this is an impersonal passive with its object in the dative* (reī frūmentāriae) *because it is a prefixed verb while the understood agent* (**Caesarī**) *would be a dative of personal agent with the passive periphrastic.*

9: Bibracte *is an accusative of limit of motion.*

15: eō magis **est**; *lines 15–18 are effectively an aside and are not syntactically bound to the sentence around it*

20: **Rōmānōs** rē frūmentāriā interclūdī posse

Vocabulary for I.23

Nouns

agmen, agminis (nt) *marching army; line (of troops)*

    novissimum agmen, novissimī agminis *rearguard*

biduum, -ī *two day period*

decuriō, -ōnis (m) *head of a decuria* [group of 10 soldiers]

fugitīvus, -ī *deserter*

oppidum, -ī *town; stronghold*

rēs frūmentāria, reī frūmentāriae *grain supply*

timor, -ōris (m) *fear*

Proper Nouns

Bibracte, Bibractis (nt) *Bibracte* [modern Mont Beuvray]

Gallus, -a, -um *Gallic*

Lucius Aemilius *Lucius Aemilius*

Verbs

āvertō, -ere, -vertī, -versus *to turn away, avert*

commūtō (1) *to change*

cōnfīdō, -ere, -fīsus sum *to be confident*

convertō, -ere, -vertī, -versus *to change*

eō, īre, īvī/iī, itus *to go; march*

īnsequor, -sequī, -secūtus sum *to pursue*

interclūdō, -ere, -clūsī, -clūsus *to cut off*

lacessō, -ere, -īvī/-iī, lacessītus *to provoke, incite*

mētior, -īrī, mēnsus sum *to measure, estimate*

nūntiō (1) *to announce, report*

oportet, -ēre, oportuit *it is necessary*

perterreō, -ēre, -terruī, -territus *to frighten thoroughly*

prōspiciō, -ere, -spexī, -spectus *to watch; take care of*

supersum, -esse, -fuī, -futūrus *to remain, survive*

Adjectives

cōpiōsus, -a, -um *plentiful, wealthy*

frūmentārius, -a, -um *relating to grain*

    rēs frūmentāria, reī frūmentāriae *grain supply*

novus, -a, -um *new*

superus, -a, -um *higher*

Adverbs

amplius *more (than* [+ number]*)*

longē *far off; by far*

magis *more*

omnīnō *altogether*

postrīdiē *the next day*

prīdiē *the day before*

seu = sīve *or*

    seu ... seu (sīve ... sīve) *either ... or*

I.24 MILITARY UNITS ARE FORMED

1

      Postquam id animum advertit,
cōpiās suās Caesar in proximum collem subdūcit
equitātumque
      quī sustinēret hostium impetum
mīsit.

5

Ipse interim in colle mediō triplicem aciem īnstrūxit legiōnum quattuor veterānōrum;

      sed in summō iugō duās legiōnēs,
            quās in Galliā citeriōre proximē cōnscrīpserat,
      et omnia auxilia collocārī
      ac tōtum montem hominibus complērī

10

      et intereā sarcinās in ūnum locum cōnferrī
      et eum ab hīs
            quī in superiōre aciē cōnstiterant
      mūnīrī
iussit.

15

Helvētiī
      cum omnibus suīs carrīs secūtī
impedīmenta in ūnum locum contulērunt;

ipsī
      cōnfertissimā aciē

20

      rēiectō nostrō equitātū
      phalange factā
sub prīmam nostram aciem successērunt.

Notes

1: animum *forms an idiom with* advertere = *'to notice'; the object of this idiom is* id

6: aciēs triplex *consisted of ten cohorts organized into three rows. The front row consisted of four cohorts with a cohort's space between each. The second and third rows consisted of three cohorts each, positioned in the spaces between the cohorts of the preceding line. Each cohort consisted of approximately 480 men. Below is the structure of an* aciēs triplex.

Front Row:	1	2	3	4
Second Row:	5	6	7	
Third Row:	8	9	10	

8: **Gallia citerior** *is 'nearer Gaul' or 'Cisalpine Gaul' and refers to the region on the Italian side of the Alps as opposed to* **Gallia Trānsalpīna** *'Transalpine Gaul' which was on the modern-day French side of the Alps.*

22: *a Celtic* phalanx *appears to be more akin to the Roman* **testūdō** *than to a phalanx proper, with rows of soldiers bunched together with the ones in front holding their shields out normally (i.e. vertically in front of them) while those not in front held them over their heads (i.e. horizontally) producing a roof of sorts.*

Vocabulary for I. 24

Nouns

animus, -ī *mind, thought; soul*
    animum advertere *to notice*
carrus, -ī *cart, wagon*
collis, -is (m) *hill*
impedīmentum, -ī *obstacle; (pl.) baggage*
iugum, -ī *height, summit*
legiō, -ōnis (f) *legion*
phalanx, phalangis (f) *phalanx, troops in
                compact array*
sarcina, -ae *pack (of a soldier)*

Verbs

advertō, -ere, -ī, -versus *to turn toward*
colloco (1) *to station, arrange; set, settle*
compleō, -ēre, -plēvī, -plētus *to fill up*
cōnferō, -ferre, contulī, collātus *to collect;
                compare; ascribe*
cōnscrībō, -ere, -scrīpsī, -scrīptus *to enlist; write*
cōnsistō, -ere, -stitī *to take up a position*
īnstruō, -ere, -strūxī, -strūctus *to array*
mūniō, -īre, mūnīvī/mūniī, mūnītus *to fortify*
rēiciō, -ere, -iēcī, -iectus *to throw back, repel*
sequor, sequī, secūtus sum *to follow*
subdūcō, -ere, -dūxī, -ductus *to draw up; take
                away*
succēdō, -ere, -cessī, -cessus *to climb up, go up;
                go under; relieve*
    sub [+ acc.] succēdere *to advance to*
sustineō, -ēre, -tinuī, -tentus *to check, control;
                endure; withhold*

Adjectives and Numerals

citerior, citerius *nearer*
    Gallia citerior *Cisalpine Gaul*
cōnfertus, -a, -um *crowded*
medius, -a, -um *middle (of)*
quattuor *four*
triplex, triplicis *triple*
veterānus, -a, -um *veteran*

Adverbs

intereā *meanwhile*
interim *meanwhile*
postquam *after*
proximē *last; most recent*

I.25   ENGAGEMENT AND RETREAT

Caesar   1
      prīmum suō, deinde omnium ex cōnspectū remōtīs equīs,
        ut
           aequātō omnium perīculō
         spem fugae tolleret,   5
    cohortātus suōs
proelium commīsit.

Mīlitēs ē locō superiōre
    pīlīs missīs
facile hostium phalangem perfrēgērunt.   10

    Eā disiectā
    gladiīs dēstrictīs
in eōs impetum fēcērunt.

Gallīs magnō ad pugnam erat impedīmentō,
    quod   15
        plūribus eōrum scūtīs ūnō ictū pīlōrum trānsfīxīs et colligātīs,
      cum ferrum sē īnflexisset,
   neque ēvellere
   neque
      sinistrā impedītā   20
satis commodē pugnāre poterant,
    multī ut
      diū iactātō bracchiō
    praeoptārent
      scūtum manū ēmittere   25
      et nūdō corpore pugnāre.

Notes

2: prīmum suō **equō remōtō**
6: cohortātus suōs **hominēs**
13: **Rōmānī** in eōs (= **Helvētiōs**) impetum fēcērunt
14: *this is a double dative.* Gallīs *is a dative of reference and* magnō impedīmentō *a dative of purpose.*

15: *this quod-clause explains the reason for the* magnō impedīmentō *of line 14*
18: neque **ferrum** ēvellere **poterant**
20: neque sinistrā **manū** impedītā
22: multī *stands before* ut *for emphasis*

Vocabulary for I.25

Nouns

bracchium, -ī *arm*
cōnspectus, -ūs *view, sight*
corpus, corporis (nt) *body*
equus, -ī *horse*
ferrum, -ī *iron; sword*
gladius, -ī *sword*
ictus, -ūs *thrust*
impedīmentum, -ī *obstacle; (pl.) baggage*
manus, -ūs (f) *hand; force*
phalanx, phalangis (f) *phalanx, troops in
                              compact array*
pīlum, -ī *heavy javelin*
pugna, -ae *battle*
scūtum, -ī *shield*

Verbs

aequō (1) *to make equal, level*
cohortor (1) *to encourage*
colligō (1) *to bind together*
dēstringō, -ere, -strinxī, -strictus *to draw
                                       [sword]*
disiciō, -ere, -iēcī, -iectus *to scatter*
ēmittō, -ere, -mīsī, -missus *to let go*
ēvellō, -ere, -vulsī, -vulsus *to pull out*
iactō (1) *to shake, throw; mention*
impediō, -īre, -pedīvī, -pedītus *to hinder*
īnflectō, -ere, -flēxī, -flexus *to bend in*
perfringō, -ere, -frēgī, -frāctus *to break through*
praeoptō (1) *to prefer*
pugnō (1) *to fight*
removeō, -ēre, -mōvī, -mōtus *to remove*
tollō, -ere, sustulī, sublātus *to take away,
                                remove; carry; raise*
trānsfīgō, -ere, -fīxī, -fīxus *to pierce through*

Adjectives

nūdus, -a, -um *naked; unprotected*
plūs, plūris *more; several, many*
satis [indeclinable] *enough, sufficient; quite*
sinister, sinistra, sinistrum *left*

Adverbs

commodē *easily*
deinde *then*
diū *for a long time*
facile *easily*
neque ... neque *neither ... nor*
prīmum *at first*

Tandem vulneribus dēfessī
    et pedem referre
    et,
        quod mōns suberat circiter mīlle passuum,   30
    eō sē recipere
coepērunt.

    Captō monte
    et succēdentibus nostrīs
Bōiī et Tulingī,   35
        quī hominum mīlibus circiter XV agmen hostium claudēbant
        et novissimīs praesidiō erant,
ex itinere nostrōs
    latere apertō
adgressī circumvēnēre,   40
et
    id cōnspicātī
Helvētiī,
        quī in montem sēsē recēperant,
rūrsus īnstāre   45
et proelium redintegrāre coepērunt.

Rōmānī conversa signa bipertītō intulērunt:
prīma et secunda aciēs,
    ut victīs ac summōtīs resisteret,
tertia,   50
    ut venientēs sustinēret.

Notes

30: *the* mōns *was one mile below the current position;
    this relative clause is modifying the eō *of the*
    following clause. Since eō *is an adverb, the neuter*
    sg. form of the relative pronoun is used.
32: **Helvētiī** coepērunt
36: XV = **quīndecim**
37: *a double dative*, et novissimīs **agminibus**
    praesidiō erant

39: *the* **latus apertum** *was the right side, the*
    unshielded side.
40: circumvēnēre = **circumvēnērunt**
47: **signa inferre** = *to attack*
49: ut victīs ac summōtīs **hostibus** resisteret
51: ut venientēs **hostēs** sustinēret

Nouns

agmen, agminis (nt) *marching army; line (of troops)*
   novissimum agmen, novissimī agminis *rearguard*
latus, lateris (nt) *side, flank*
pēs, pedis (m) *foot*
   pedem referre *to retreat*
praesidium, -ī *guard, support*
signum, -ī *military standard*
   signa īnferre *to attack*
vulnus, vulneris (nt) *wound*

Proper Nouns

Bōiī, -ōrum *Boii* [in Central Gaul]
Tulingī, -ōrum *Tulingi* [German tribe on Rhine]

Verbs

adgredior, -ī, -gressus sum *to attack*
aperiō, -īre, aperuī, apertus *to open, uncover*
circumveniō, -īre, -vēnī, -ventus *to surround*
claudō, -ere, clausī, clausus *to close*
cōnspicor (1) *to observe*
convertō, -ere, -vertī, -versus *to turn, wheel*
īnstō, -stāre, -stitī *to be at hand; press on, threaten*
redintegrō (1) *to renew*
referō, referre, rettulī, relātus *to carry back*
 pedem referre *to retreat*
resistō, -ere, -stitī [+ dat.] *to stop, oppose*
subsum, subesse, subfuī, subfutūrus *to be near*
succēdō, -ere, -cessī, -cessus *to climb up, go up; go under; relieve*
summoveō, -ēre, -mōvī, -mōtus *to drive off*
vincō, -ere, vīcī, victus *to conquer*

Adjectives

dēfessus, -a, -um *tired*
secundus, -a, -um *second; next; prosperous*

Adverbs

bipertītō *in two parts*
eō *to there*
rūrsus *again*
tandem *finally; just*

I.26   A ROMAN VICTORY

Ita   1
        ancipitī proeliō
diū atque ācriter pugnātum est.

        Diūtius cum sustinēre nostrōrum impetūs nōn possent,
alterī sē,   5
        ut coeperant,
in montem recēpērunt,
alterī ad impedīmenta et carrōs suōs sē contulērunt.

Nam hōc tōtō proeliō,
        cum ab hōrā septimā ad vesperum pugnātum sit,   10
āversum hostem vidēre nēmō potuit.

Ad multam noctem etiam ad impedīmenta pugnātum est,
        proptereā quod prō vallō carrōs obiēcerant
et ē locō superiōre in nostrōs venientēs tēla coniciēbant,
et nōnnūllī inter carrōs rotāsque matarās ac trāgulās subiciēbant   15
nostrōsque vulnerābant.

        Diū cum esset pugnātum,
impedīmentīs castrīsque nostrī potītī sunt.

Ibi Orgetorīgis fīlia atque ūnus ē fīliīs captus est.

Ex eō proeliō circiter hominum mīlia CXXX superfuērunt   20
eāque tōtā nocte continenter iērunt:

        nūllam partem noctis itinere intermissō
in fīnēs Lingonum diē quartō pervēnērunt,
        cum et propter vulnera mīlitum et propter sepultūram occīsōrum nostrī
                triduum morātī   25

Notes

3: *an impersonal passive, the first of many in this chapter*

4: Diūtius cum **Helvētiī** sustinēre nostrōrum impetūs nōn possent

5: alterī = **Helvētiī**; *this is the first member of an* alterī ... alterī = *'some ... others' construction which is continued in line 8 ...*

6: ut = *'as' when it takes the indicative*

8: alterī = **Bōiī et Tulingī**, *this is the second member of the* alterī ... alterī = *'some ... others' construction started in line 5*

10: ab hōrā septimā *would have been around 1 pm. The Romans divided daylight into twelve hours, whose duration would vary depending on the time of the year.*

13: proptereā quod **hostēs** prō vallō carrōs obiēcerant

18: impedīmentīs castrīsque nostrī **hominēs** potītī sunt

19: *note the verb only agrees with the closer of both subjects here*

20: CXXX = **centum trīgintā**; ex eō proeliō hominum **hostium** mīlia CXXX superfuērunt

Vocabulary for I.26

Nouns

carrus, -ī *cart, wagon*
fīlia, -ae *daughter*
fīlius, -ī *son*
hōra, -ae *hour*
impedīmentum, -ī *obstacle; (pl.) baggage*
matara, -ae *Celtic javelin*
nēmō, nēminis (m/f) *no one*
　　[in Classical Latin – gen: nūllīus, dat: nūllī]
nox, noctis (f) *night*
rota, -ae *wheel*
sepultūra, -ae *burial*
tēlum, -ī *javelin, missile*
trāgula, -ae *light javelin, dart*
triduum, -ī *three days*
vallum, -ī *rampart*
vesper, -ī *evening*
vulnus, vulneris (nt) *wound*

Proper Nouns

Lingonēs, Lingonum *Lingones* [Gallic tribe
　　　　　　　　　　　　in Vosges Mts.]
Orgetorīx, Orgetorīgis *Orgetorix*

Verbs

āvertō, -ere, -vertī, -versus *to turn away*
cōnferō, -ferre, contulī, collātus *to collect;
　　　　　　　　　　compare; ascribe*
coniciō, -ere, -iēcī, -iectus *to hurl, throw*
eō, īre, īvī/iī, itus *to go; march*
intermittō, -ere, -mīsī, -missus *to interrupt*
moror (1) *to delay*
obiciō, -ere, -iēcī, -iectus *to throw in the way*
occīdō, -ere, -cīdī, -cīsus *to strike down; kill*
perveniō, -īre, -vēnī, -ventus *to arrive*
potior, -īrī, potītus sum [+ abl.] *to acquire*
subiciō, -ere, -iēcī, -iectus *to throw from below;
　　　　　　　　　　subject*
supersum, -esse, -fuī, -futūrus *to remain,
　　　　　　　　　　survive*
vulnerō (1) *to wound*

Adjectives

anceps, ancipitis *with two fronts, two-headed*
nōnnūllus, -a, -um [gen: -īus, dat: -ī] *some*
quartus, -a, -um *fourth*
septimus, -a, -um *seventh*

Adverbs

ācriter *sharply, fiercely*
continenter *continuously*
diū *for a long time*
diūtius *longer, any longer*
ibi *there, then*
quō *where*

eōs sequī nōn potuissent.
Caesar ad Lingonas litterās nūntiōsque mīsit,
    nē eōs frūmentō nēve aliā rē iuvārent:
        quī sī iūvissent,
      sē eōdem locō   30
        quō Helvētiōs
      habitūrum.

Ipse
    triduō intermissō
cum omnibus cōpiīs eōs sequī coepit.   35

Notes

27: Lingonas *is a Greek accusative plural*

29–32: **Caesar dīxit** sī **Longonēs** iūvissent, **Caesar dīxit** sē eōdem locō, quō Helvētiōs, habitūrum **esse**.

Nouns

littera, -ae *letter of alphabet; (pl.) letter, epistle*
nūntius, -ī *messenger*
triduum, -ī *three days*

Proper Noun

Lingonēs, Lingonum *Lingones* [Gallic tribe
in Vosges Mts.]

Verbs

intermittō, -ere, -mīsī, -missus *to interrupt*
iuvō, -āre, iūvī, iūtus *to help*
sequor, sequī, secūtus sum *to follow*

Adverb

nēve *and not; neither*

I.27   PRISONERS ESCAPE

Helvētiī   1
    omnium rērum inopiā adductī
lēgātōs dē dēditiōne ad eum mīsērunt.

    Quī cum eum in itinere convēnissent
    sēque ad pedēs prōiēcissent   5
    suppliciterque locūtī flentēs pācem petissent,
    atque eōs in eō locō
        quō tum essent
    suum adventum exspectāre iussisset,
pāruērunt.   10

    Eō postquam Caesar pervēnit,
obsidēs, arma, servōs
    quī ad eōs perfūgissent
poposcit.

    Dum ea conquīruntur et cōnferuntur,   15
      nocte intermissā
circiter hominum mīlia VI pāgī,
      quī Verbigēnus appellātur,
    sīve timōre perterritī,
      nē   20
        armīs trāditīs
      suppliciō adficerentur,
    sīve spē salūtis inductī,
      quod
        in tantā multitūdine dēditīciōrum suam fugam aut occultārī   25
        aut omnīnō ignōrārī posse
      exīstimārent,
    prīmā nocte ē castrīs Helvētiōrum ēgressī
ad Rhēnum fīnēsque Germānōrum contendērunt.

Notes

4: eum = **Caesarem**

7 and 9: *note the change of subject to* **Caesar** *in these lines*

17: VI = **sex**

24: *this* quod-*clause indicates the alleged reason, hence its verb* (exīstimārent) *is in the subjunctive*

28: prīma nox = *nightfall*

Vocabulary for I.27

Nouns

dēditiō, -ōnis (f) *surrender*
dēditīcius, -ī *prisoner; someone who has
                                surrendered*
inopia, -ae *lack, scarcity*
pāgus, -ī *district*
pāx, pācis (f) *peace*
pēs, pedis (m) *foot*
salūs, salūtis (f) *safety, welfare*
servus, -ī *slave*
supplicium, -ī *sacrifice; punishment*
  suppliciō afficere *to execute*
timor, -ōris (m) *fear*

Proper Nouns

Verbigēnus, -ī *Verbigene*

Verbs

afficiō, -ere, -fēcī, -fectus *to affect; afflict with*
  suppliciō afficere *to execute*
cōnferō, -ferre, contulī, collātus *to collect;*
                                compare; ascribe
conquīrō, -ere, -quīsīvī, -quīsītus *to search (for)*
ēgredior, -ī, -gressus sum *to go out; leave*
exspectō (1) *to wait for*
fleō, -ēre, flēvī, flētus *to cry*
ignōrō (1) *to not know; overlook*
indūcō, -ere, -dūxī, -ductus *to lead on; induce*
intermittō, -ere, -mīsī, -missus *to interrupt*
loquor, loquī, locūtus sum *to speak*
occultō (1) *to conceal*
pāreō, -ēre, pāruī, pāritus [+ dat.] *to obey*
perfugiō, -ere, -fūgī *to desert*
perterreō, -ēre, -terruī, -territus *to frighten*
                                thoroughly
poscō, -ere, poposcī *to ask; demand*
prōiciō, -ere, -iēcī, -iectus *to throw forward*
trādō, -ere, trādidī, trāditus *to hand over*

Adjectives

omnis, omne *all, every*
prīmus, -a, -um *first*
  prīma nox *nightfall*
tantus, -a, -um *so great, so much*

Adverbs

eō *to there*
omnīnō *altogether*
postquam *after*
suppliciter *humbly, in supplication*
quō *where*
seu = sīve *or*
  seu ... seu (sīve ... sīve) *either ... or*

I.28 TERMS OF SURRENDER

Quod ubi Caesar resciit,   1
       quōrum per fīnēs ierant,
hīs
      utī conquīrerent
      et redūcerent,   5
       sī sibi pūrgātī esse vellent,
imperāvit:

reductōs in hostium numerō habuit;
reliquōs omnēs
       obsidibus, armīs perfugīs trāditīs   10
in dēditiōnem accēpit.

      Helvētiōs, Tulingōs, Latobrīgōs in fīnēs suōs,
       unde erant profectī,
      revertī
iussit,   15
et
       quod
         omnibus frūctibus āmissīs
       domī nihil erat,
         quō famem tolerāret,   20
Allobrogibus imperāvit
      ut hīs frūmentī cōpiam facerent:

      ipsōs oppida vīcōsque,
       quōs incenderant,
      restituere   25
iussit.

Notes

1: quod *refers to the escaping of several prisoners*
2: *the relative clause precedes its antecendent* hīs
1–7: Ubi Caesar **id** resciit, imperāvit hīs, quōrum per fīnēs **dēditīciī** (*prisoners*) ierant, ut **dēditīciōs** conquīrerent et **eōs** redūcerent, sī vellent (*referring to the* **hīs**) **Caesarī** pūrgātī esse.

8: habuit = *Caesar considered*
11: *this act of surrender made them Roman subjects*
14: revertī **esse**
19: domī *is a locative*

Vocabulary for I.28

Nouns

dēditiō, -ōnis (f) *surrender*
famēs, famis (f) *hunger*
frūctus, -ūs *fruit; profit*
oppidum, -ī *town; stronghold*
perfuga, -ae *deserter*
vīcus, -ī *village*

Proper Nouns

Allobrogēs, Allobrogum *Allobroges* [between
                Rhone and Isere Rivers]
Latobrīgī, -ōrum *Latobrigi* [German tribe]
Tulingī, -ōrum *Tulingi* [German tribe on Rhine]

Verbs

āmittō, -ere, -mīsī, -missus *to lose*
conquīrō, -ere, -quīsīvī, -quīsītus *to search (for)*
eō, īre, īvī/iī, itus *to go; march*
incendō, -ere, -cendī, -cēnsus *to burn, set fire to*
pūrgō (1) *to cleanse, clear*
redūcō, -ere, -dūxī, -ductus *to bring back*
rescīscō, -ere, -scīvī/-iī, -scītus *to learn*
restituō, -ere, -stituī, -stitūtus *to rebuild, restore*
revertor, -ī, -versus sum *to return*
tolerō (1) *to sustain, bear*
trādō, -ere, trādidī, trāditus *to hand over*

Adverbs

ubi *where, when*
unde *from where*

Id
    eā maximē ratiōne
fēcit,
        quod nōluit eum locum,   30
            unde Helvētiī discēsserant,
      vacāre,
            nē propter bonitātem agrōrum Germānī,
                quī trāns Rhēnum incolunt,
            ē suīs fīnibus in Helvētiōrum fīnēs trānsīrent   35
            et fīnitimī Galliae prōvinciae Allobrogibusque essent.

Bōiōs petentibus Aeduīs,
            quod ēgregiā virtūte erant cognitī,
      ut fīnibus suīs collocārent,
concessit;   40

quibus illī agrōs dedērunt
quōsque posteā in parem iūris lībertātisque condiciōnem
      atque ipsī erant
recēpērunt.

Notes

27: id *refers to the contents of lines 23–26*
38: quod **Bōiī** ēgregiā virtūte erant cognitī
39: suīs = **Aeduōrum**

41: quibus = **Bōiīs**; illī = **Aeduī**
43: atque = *'as' after words of comparison* (parem)

Nouns
bonitās, -tātis (f) *goodness*
condiciō, -ōnis (f) *condition, state*
fīnitimī, -ōrum *neighbors*
iūs, iūris (nt) *law; right*
lībertās, -tātis (f) *freedom*
ratiō, -ōnis (f) *reason; account; stratagem;*
                                        condition
virtūs, -tūtis (f) *courage*

Proper Nouns
Allobrogēs, Allobrogum *Allobroges* [between
                       Rhone and Isere Rivers]
Bōiī, -ōrum *Boii* [in Central Gaul]

Verbs
collocō (1) *to station, arrange; set, settle*
concēdō, -ere, -cessī, -cessus *to grant, allow*
incolō, -ere, -coluī *to inhabit*
nōlō, -ere, nōluī *to not want*
trādō, -ere, trādidī, trāditus *to hand over*
vacō (1) *to be empty*

Adjectives
ēgregius, -a, -um *outstanding*
pār, paris *equal*

Adverbs
posteā *afterwards*
unde *from where*

I.29   NUMBERS OF THE HELVĒTIĪ AND ALLIES

In castrīs Helvētiōrum tabulae repertae sunt   1
      litterīs Graecīs cōnfectae
et ad Caesarem relātae,
       quibus in tabulīs nōminātim ratiō cōnfecta erat,
          quī numerus domō exisset eōrum,   5
             quī arma ferre possent,
        et item sēparātim puerī, senēs mulierēsque.

Quārum omnium rērum summa erat capitum Helvētiōrum mīlia CCLXIII, Tulingōrum mīlia XXXVI, Latobrīgōrum XIV, Rauracōrum XXIII, Bōiōrum XXXII;

ex hīs,   10
       quī arma ferre possent,
ad mīlia nōnāgintā duo.

Summa omnium fuērunt ad mīlia CCCLXVIII.

Eōrum
       quī domum reddiērunt   15
          cēnsū habitō,
             ut Caesar imperāverat,
repertus est numerus mīlium C et X.

Notes

4: tabulīs *is superfluous, simply repeating its occurrence from line 1*
5: *this is an indirect question*
6: *relative clause of characteristic which describes a generic representative of a group and not a specific representative*
7: *indirect question –* et **quī** item sēparātim puerī, senēs, mulierēsque **essent**

8: CCLXIII = **ducenta sexāgintā trēs**; XXXVI = **trīgintā sex**
9: XIV = **quattuordecim**; XXIII = **vīgintī trēs**; XXXII = **trīgintā duo**
13: CCCLXVIII = **trecenta sexāgintā octō**
18: C = **centum**; X = **decem**

Vocabulary for I.29

Nouns

caput, capitis (nt) *head*
cēnsus, -ūs *census*
littera, -ae *letter of alphabet; (pl.) letter, epistle*
mulier, mulieris (f) *woman*
numerus, -ī *number*
puer, -ī *boy; (pl.) children*
ratiō, -ōnis (f) *reason; account; stratagem;
                                            condition*
senex, senis (m/f) *old person*
summa, -ae *sum, total; supreme power*
tabula, -ae *board; document*

Proper Nouns and Adjectives

Bōiī, -ōrum *Boii* [in Central Gaul]
Graecus, -a, -um *Greek*
Latobrīgī, -ōrum *Latobrigi* [German tribe]
Rauracī, -ōrum *Rauraci* [Celtic tribe from
                                            Upper Rhine]
Tulingī, -ōrum *Tulingi* [German tribe on
                                            Rhine]

Verbs

cōnficiō, -ere, -fēcī, -fectus *to complete, finish
                                            up; write up; exhaust*
exeō, -īre, exīvī/-iī, exitus *to go out, leave*
redeō, -īre, redīvī/-iī, reditus *to return;
                                            be reduced to*
referō, referre, rettulī, relātus *to carry back*
reperiō, -īre, repperī, repertus *to find*

Adverbs and Numerals

nōminātim *by name*
nōnāgintā *ninety*
sēparātim *separately*

I.30   A MEETING IS PLANNED

Bellō Helvētiōrum cōnfectō   1
tōtīus ferē Galliae lēgātī prīncipēs cīvitātum ad Caesarem grātulātum convēnērunt:

     Intellegere sēsē,
         tametsī prō veteribus Helvētiōrum iniūriīs populī Rōmānī ab hīs poenās
         bellō repetisset,   5
       tamen eam rem nōn minus ex ūsū terrae Galliae quam populī Rōmānī accidisse,
         proptereā quod eō cōnsiliō
            flōrentissimīs rēbus
       domōs suās Helvētiī reliquissent,
         utī tōtī Galliae bellum īnferrent   10
         imperiōsque potīrentur
         locumque domiciliō ex magnā cōpiā dēligerent,
            quem ex omnī Galliā opportūnissimum ac frūctuōsissimum
            iūdicāssent,
         reliquāsque cīvitātēs stīpendiāriās habērent.   15

Petiērunt
   utī
       sibi concilium tōtīus Galliae in diem certam indīcere
       idque Caesaris voluntāte facere
   licēret: 20

     sēsē habēre quāsdam rēs
       quās ex commūnī cōnsēnsū ab eō petere vellent.

     Eā rē permissā
diem conciliō cōnstituērunt
et iūre iūrandō,   25
     nē quis ēnūntiāret,
       nisī quibus commūnī cōnsiliō mandātum esset,
inter sē sanxērunt.

Notes

3: **Lēgātī prīncipēs dīxērunt …**; sēsē = **lēgātī
  prīncipēs**
4: hīs = **Helvētiīs**
5: **Caesar** repetisset
6: ex ūsū = *'for the advantage of'*
18: *observe that* diem *is feminine here*

20: **licet** *introduces clauses with dative subjects* (sibi)
  and infinitives (indīcere *and* facere)
21: **Dīxērunt** sēsē habēre quāsdam rēs
27: nisī **eīs** quibus commūnī cōnsiliō mandātum esset
  with an impersonal passive

Vocabulary for I.30

Nouns

concilium, -ī *gathering, assembly*
cōnsēnsus, -ūs *agreement, consent*
domicilium, -ī *home, residence*
iūs, iūris (nt) *law; right*
   iūs iūrandum *oath*
poena, -ae *punishment, penalty*
prīnceps, prīncipis (m) *chief, leader*
terra, -ae *land, ground*
ūsus, -ūs *use; experience; necessity*
voluntās, -tātis (f) *will; consent*

Verbs

cōnficiō, -ere, -fēcī, -fectus *to complete, finish up; write up; exhaust*
dēligō, -ere, -lēgī, -lēctus *to select*
ēnūntiō (1) *to report, express*
floreō, -ēre, floruī *to flower, flourish*
grātulor (1) *to congratulate*
indīcō, -ere, -dīxī, -dictus *to appoint*
iūdicō (1) *to judge*
iūrō (1) *to swear an oath*
   iūs iūrandum *oath*
mandō (1) [+ dat.] *to command; commit, entrust*
permittō, -ere, -mīsī, -missus *to permit, grant*
potior, -īrī, potītus sum [+ abl.] *to acquire*
repetō, -ere, -petīvī/-iī, -petītus *to demand back, exact*
sanciō, -īre, sanxī, sanctus *to sanction*

Adjectives

commūnis, commūne *common*
frūctuōsus, -a, -um *productive*
opportūnus, -a, -um *suitable, convenient*
quīdam, quaedam, quoddam *certain*
stīpendiārius, -a, -um *paying tribute; (pl. as noun) tributaries*
vetus, veteris *old*

Adverbs

ferē *nearly, almost*
tametsī *although*

I.31 DĪVICIĀCUS SPEAKS TO CAESAR

       Eō conciliō dīmissō   1
īdem prīncipēs cīvitātum
      quī ante fuerant
ad Caesarem revertērunt
petiēruntque,   5
      utī
           sibi sēcrētō in occultō dē suā omniumque salūte cum eō agere
           licēret.

      Eā rē impetrātā
sēsē omnēs flentēs Caesarī ad pedēs prōiēcērunt: 10

      Nōn minus sē id contendere
      et labōrāre,
         nē ea,
             quae dīxissent,
         ēnūntiārentur,   15
    quam
        utī ea
           quae vellent
        impetrārent,
              proptereā quod,   20
                 sī ēnūniātum esset,
             summum in cruciātum sē ventūrōs
             vidērent.

Locūtus est prō hīs Dīviciācus Aeduus:
      Galliae tōtīus factiōnēs esse duās: 25
      hārum alterīus prīncipātum tenēre Aeduōs,
      alterīus Arvernōs.

          Hī cum tantopere dē potentātū inter sē multōs annōs contenderent,
    factum esse,
        utī ab Arvernīs Sēquanīsque Germānī mercēde arcesserentur.   30

      Hōrum prīmō circiter mīlia XV Rhēnum trānsisse:
        posteāquam agrōs et cultum et cōpiās Gallōrum hominēs ferī ac barbarī adamāssent,
    trāductōs plūrēs:
    nunc esse in Galliā ad centum et XX mīlium numerum.

Notes

7: sibi sēcrētō in occultō **locō**; sibi, suā = *the chiefs of the various tribes*; eō = **Caesare**

11: **dīxērunt** nōn minus sē id contendere

25: Galliae tōtīus *refers roughly only to Eastern Gaul and not all of Gaul*

31: XV = **quīndecim**

34: XX = **vīgintī**

Vocabulary for I.31

Nouns

concilium, -ī *gathering, assembly*
cruciātus, -ūs *torture*
cultus, -ūs *culture*
factiō, -ōnis (f) *group, faction*
mercēs, mercēdis (f) *pay*
pēs, pedis (m) *foot*
potentātus, -ūs *power*
prīnceps, prīncipis (m) *chief, leader*
prīncipātus, -ūs *leadership*

Proper Nouns and Adjectives

Aeduus, -a, -um *Aeduan*
Arvernī, -ōrum *Arverni* [tribe from modern
                                    Auvergne]
Dīviciācus, -ī *Diviciacus*

Verbs

adamō (1) *to fall in love with*
arcessō, -ere, arcessīvī, arcessītus *to approach;*
                                    summon
dīmittō, -ere, -mīsī, -missus *to dismiss; dispatch*
ēnūntiō (1) *to report, express*
fleō, -ēre, flēvī, flētus *to cry*
impetrō (1) *to accomplish, obtain*
labōrō (1) *to work; be in distress*
loquor, loquī, locūtus sum *to speak*
prōiciō, -ere, -iēcī, -iectus *to throw forward*
revertō, -ere, -vertī, -versus *to return*
trāducō, -ere, -dūxī, -ductus *to bring across*

Adjectives and Numerals

barbarus, -a, -um *barbarous*
centum *100*
ferus, -a, -um *wild, uncivilized*
occultus, -a, -um *concealed, secret*
plūs, plūris *more; several, many*

Adverbs

nunc *now*
posteāquam *after (that)*
prīmō *at first*
quam *than; how*
sēcrētō *in secret*
tantopere *so greatly*

Cum hīs Aeduōs eōrumque clientēs semel atque iterum armīs contendisse;   35
magnam calamitātem pulsōs accēpisse,
omnem nōbilitātem, omnem senātum, omnem equitātum āmīsisse.

Quibus proeliīs calamitātibusque frāctōs,
    quī et suā virtūte et populī Rōmānī hospitiō atque amīcitiā plūrimum ante in Galliā
    potuissent,   40
coāctōs esse
    Sēquanīs obsidēs dare nōbilissimōs cīvitātis
    et iūre iūrandō cīvitātem obstringere,
        sēsē neque obsidēs repetītūrōs
        neque auxilium ā populō Rōmānō implōrātūrōs   45
        neque recūsātūrōs,
            quō minus perpetuō sub illōrum diciōne atque imperiō essent.

Ūnum sē esse ex omnī cīvitāte Aeduōrum,
    quī addūcī nōn potuerit,
        ut iūrāret   50
        aut līberōs suōs obsidēs daret.

Ob eam rem sē ex cīvitāte profūgisse
et Rōmam ad senātum vēnisse auxilium postulātum,
    quod sōlus neque iūre iūrandō neque obsidibus tenērētur.

Sed pēius victōribus Sēquanīs quam Aeduīs victīs accidisse,   55
    proptereā quod Ariovistus, rēx Germānōrum, in eōrum fīnibus cōnsēdisset
    tertiamque partem agrī Sēquanī,
        quī esset optimus tōtīus Galliae,
    occupāvisset
    et nunc dē alterā parte tertiā Sēquanōs dēcēdere iubēret,   60
        proptereā quod paucīs mēnsibus ante Harūdum mīlia hominum XXIV ad eum
        vēnissent,
            quibus locus ac sēdēs parārentur.

Futūrum esse paucīs annīs,
    utī omnēs ex Galliae fīnibus pellerentur,   65
    atque omnēs Germānī Rhēnum trānsīrent:

neque enim cōnferendum esse Gallicum cum Germānōrum agrō,
neque hanc cōnsuētūdinem vīctūs cum illā comparandam.

Notes

36: pulsōs **Aeduōs**
47: **quō minus** *follows verbs of 'refusing'*
61: XXIV = **vīgintī quattuor**

67: neque enim cōnferendum esse Gallicum **agrum**
    cum Germānōrum agrō

Nouns

amīcitia, -ae *friendship*
calamitās, -tātis (f) *disaster; harm*
cliēns, clientis (m/f) *vassal, dependent*
cōnsuētūdō, -inis (f) *custom, habit*
diciō, -ōnis (f) *authority*
hospitium, -ī *friendship*
iūs, iūris (nt) *law; right*
   iūs iūrandum *oath*
līberī, -ōrum *children*
mēnsis, mēnsis (m) *month*
nōbititās, -tātis (f) *nobility*
rēx, rēgis (m) *king*
sēdēs, sēdis (f) *seat; abode*
senātus, -ūs *senate*
victor, victōris (m) *victor*
vīctus, -ūs *living*

Proper Nouns and Adjectives

Ariovistus, -ī *Ariovistus*
Gallicus, -a, -um *Gallic*
Harūdēs, Harūdum *Harudes* [Germanic tribe
                from Jutland]
Rōma, -ae *Rome*

Verbs

āmittō, -ere, -mīsī, -missus *to lose*
comparō (1) *to prepare; compare; purchase*
cōnferō, -ferre, contulī, collātus *to collect;*
                   compare; ascribe
cōnsīdō, -ere, -sēdī, -sessus *to settle, take a*
                          position
dēcēdō, -ere, -cessī, -cessus *to withdraw; die*
frangō, -ere, frēgī, frāctus *to break*
implōrō (1) *to implore*
iūrō (1) *to swear an oath*
 iūs iūrandum *oath*
obstringō, -ere, -strinxī, -strictus *to bind up*
parō (1) *to prepare*
pellō, -ere, pepulī, pulsus *to strike, beat; drive*
postulō (1) *to request, ask; demand*
profugiō, -ere, -fūgī *to flee*
recūsō (1) *to refuse*
repetō, -ere, -petīvī/-iī, -petītus *to demand back;*
                         exact
vincō, -ere, vīcī, victus *to conquer*

Adjectives

nōbilis, nōbile *noble, famous*
optimus, -a, -um *best*
perpetuus, -a, -um *permanent, perpetual*
sōlus, -a, -um [gen: -īus, dat: -ī] *alone, only, sole*

Adverbs

enim *indeed*
iterum *again*
   semel atque iterum *again and again*
nunc *now*
pēius *worse*
plūrimum *most; very much*
   plūrimum posse *to be powerful; have*
                       influence
quō minus *from* [conjunction]
semel *once*
   semel atque iterum *again and again*

Ariovistum autem,
    ut semel Gallōrum cōpiās proeliō vīcerit,   70
        quod proelium factum sit ad Magetobrigam,
superbē et crūdēliter imperāre,
    obsidēs nōbilissimī cuiusque līberōs poscere
    et in eōs omnia exempla cruciātūsque ēdere,
        sī qua rēs nōn ad nūtum aut ad voluntātem eius facta sit.   75

Hominem esse barbarum, īrācundum, temerārium:
nōn posse eius imperia diūtius sustinēre.
    Nisī
        sī quid in Caesare populōque Rōmānō sit auxilī,
    omnibus Gallīs idem esse faciendum   80
        quod Helvētiī fēcerint,
        ut domō ēmigrent,
        aliud domicilium, aliās sēdēs,
            remōtās ā Germānīs,
        petant fortūnamque,   85
            quaecumque accidat,
        experiantur.

        Haec sī ēnūntiāta Ariovistō sint,
nōn dubitāre
    quīn dē omnibus obsidibus,   90
        quī apud eum sint,
    gravissimum supplicium sūmat.

Caesarem vel auctōritāte suā atque exercitūs vel recentī victōriā vel nōmine populī
Rōmānī dēterrēre posse,
    nē māior multitūdō Germānōrum Rhēnum trādūcātur,   95
Galliamque omnem ab Ariovistī iniūriā posse dēfendere.

Notes

70: ut semel = *once*

71: *this was in 61 BCE*

77: eius = **Ariovistī**; *the subject of this indirect statement is an understood* **Aeduōs**

79: auxilī *is a partitive genitive off of* quid = *any (of) aid*

82: ut *best translates as 'namely', explaining the* idem *from line 80*

89: sē (= **Dīviciācum**) nōn dubitāre

91: eum = **Ariovistum**

Nouns

auctōritās, -tātis (f) *power, influence*
cruciātus, -ūs *torture*
domicilium, -ī *home, residence*
exemplum, -ī *example*
līberī, -ōrum *children*
nōmen, nōminis (nt) *name*
nūtus, -ūs *nod, sign*
sēdēs, sēdis (f) *seat; abode*
supplicium, -ī *sacrifice; punishment*
voluntās, -tātis (f) *will; consent*

Proper Nouns

Ariovistus, -ī *Ariovistus*
Magetobriga, -ae *Magetobriga*

Verbs

dēfendō, -ere, -fendī, -fēnsus *to defend*
dēterreō, -ēre, -terruī, -territus *to deter; scare away*
dubitō (1) *to doubt; hesitate*
ēdō, -ere, -didī, -ditus *to give forth*
ēmigrō (1) *to leave, depart*
ēnūntiō (1) *to report, express*
experior, -īrī, -pertus sum *to experience*
poscō, -ere, poposcī *to ask; demand*
removeō, -ēre, -mōvī, -mōtus *to remove*
sūmō, -ere, sumpsī, sumptus *to employ; inflict*
trāducō, -ere, -dūxī, -ductus *to bring across*
vincō, -ere, vīcī, victus *to conquer*

Adjectives

barbarus, -a, -um *barbarous*
īrācundus, -a, -um *quick to anger*
māior, māius *greater*
nōbilis, nōbile *noble, famous*
quīcumque, quaecumque, quodcumque *whoever, whatever*
quisque, quaeque, quodque *each*
recēns, recentis *recent*
temerārius, -a, -um *rash*

Adverbs

crūdēliter *cruelly*
diūtius *longer, any longer*
semel *once*
   ut semel *as soon as*
superbē *haughtily*
vel *or*
   vel … vel *either … or*

I.32 THE SAD LOT OF THE SĒQUANĪ

Hāc ōrātiōne ab Dīviciācō habitā   1
omnēs
    quī aderant
magnō flētū auxilium ā Caesare petere coepērunt.

Animadvertit Caesar   5
    ūnōs ex omnibus Sēquanōs nihil eārum rērum facere
        quās cēterī facerent,
    sed tristēs
        capite dēmissō
    terram intuērī.   10

        Eius reī quae causa esset,
    mīrātus
ex ipsīs quaesiit.

    Nihil Sēquanī respondēre,
    sed in eādem tristitiā tacitī permanēre.   15

    Cum ab hīs saepius quaeret
    neque ūllam omnīnō vōcem exprimere posset,
idem Dīviciācus Aeduus respondit:

    Hōc esse miseriōrem et graviōrem fortūnam Sēquanōrum quam reliquōrum,
        quod sōlī nē in occultō quidem querī   20
        neque auxilium implōrāre audērent
        absentisque Ariovistī crūdēlitātem,
            velut sī cōram adesset,
        horrērent,
            proptereā quod reliquīs tamen fugae facultās darētur,   25
        Sēquanīs vērō,
                quī intrā fīnēs suōs Ariovistum recēpissent,
                quōrum oppida omnia in potestāte eius essent,
        omnēs cruciātūs essent perferendī.

Notes

14–15: *these are historical infinitives in place of expected* **respondērunt, permānsērunt**

16: Cum ab hīs saepius **Caesar** quaeret

19: hōc *is an ablative of degree of difference which refers to the contents of lines 20–29*

Vocabulary for I.32

Nouns
caput, capitis (nt) *head*
cruciātus, -ūs *torture*
crūdēlitās, -tātis (f) *cruelty*
facultās, -tātis (f) *ability; opportunity; resources*
flētus, -ūs *weeping*
oppidum, -ī *town; stronghold*
ōrātiō, -ōnis (f) *speech*
　　ōrātiōnem habēre *to deliver a speech*
potestās, -tātis (f) *power, authority; chance*
terra, -ae *land, ground*
tristitia, -ae *sadness*
vōx, vōcis (f) *voice; word*

Proper Nouns and Adjectives
Aeduus, -a, -um *Aeduan*
Dīviciācus, -ī *Diviciacus*

Verbs
adsum, -esse, affuī, affutūrus *to be present*
animadvertō, -ere, animadvertī, animadversus
　　　　　　　　　　　　　　　　to notice
audeo, -ēre, ausus sum *to dare*
dēmittō, -ere, -mīsī, -missus *to cast down*
exprimō, -ere, -pressī, -pressus *to press out*
horreō, -ēre, horruī *to dread*
implōrō (1) *to implore*
intueor, -ērī, -tuitus *to look upon*
mīror (1) *to wonder*
perferō, -ferre, pertulī, perlātus *to endure; bring*
permaneō, -ēre, -mānsī, -mānsus *to remain,*
　　　　　　　　　　　　　　　　　persist
quaerō, -ere, quaesīvī/quaesiī, quaesītum
　　　　　　　　　　　　　to inquire, ask
queror, -ī, questus sum *to complain*
respondeō, -ēre, -spondī, -spōnsus *to respond*
taceō, -ēre, tacuī, tacitus *to be silent*

Adjectives
absēns, absentis *absent*
cēterī, -ae, -a *the rest, others*
miser, misera, miserum *wretched*
occultus, -a, -um *concealed, secret*
sōlus, -a, -um [gen: -īus, dat: -ī] *alone, only, sole*
tristis, triste *sad*

Adverbs and Prepositions
cōram *in person*
intrā [+ acc.] *within*
nē ... quidem *not ... even*
omnīnō *altogether*
quam *than; how*
saepius *often, frequently*
velut *as, just as*
vērō *truly*

I.33   CAESAR UNDERSTANDS THE GERMANIC THREAT

His rēbus cognitīs   1
Caesar Gallōrum animōs verbīs cōnfirmāvit
pollicitusque est
    sibi eam rem cūrae futūram:
    magnam sē habēre spem   5
        et beneficiō suō et auctōritāte adductum
      Ariovistum fīnem iniūriīs factūrum.

    Hāc ōrātiōne habitā
concilium dīmīsit.

Et secundum ea multae rēs eum hortābantur   10
    quārē
      sibi eam rem cōgitandam et suscipiendam
    putāret,

    in prīmīs, quod
      Aeduōs,   15
        frātrēs cōnsanguineōsque saepe numerō ā senātū appellātōs,
      in servitūte atque in diciōne
    vidēbat
      Germānōrum tenērī
      eōrumque obsidēs esse apud Ariovistum ac Sēquanōs   20
    intellegēbat;

    quod in tantō imperiō populī Rōmānī turpissimum sibi et reī pūblicae esse
arbitrābātur.

Paulātim autem
    Germānōs cōnsuēscere Rhēnum trānsīre   25
    et in Galliam magnam eōrum multitūdinem venīre
    populō Rōmānō perīculōsum
vidēbat;

    neque sibi hominēs ferōs ac barbarōs temperātūrōs
exīstimābat   30

Notes

6: suō = **Caesaris**; beneficiō suō *possibly refers to the Senate's acknowledgment of Ariovistus as* rēx *and* amīcus *during the consulship of Caesar*

7: **Caesarem** Ariovistum fīnem iniūriīs factūrum

10: ea = *the statement of Diviciacus from the previous chapter*

14: in prīmīs = *in the first place, especially*

16: numerō = *estimation*

22: quod = *'this' referring to the reasons given in lines 14–21*

27: **hoc** (*referring to the two previous lines*) populō Rōmānō perīculōsum **esse**

29: *the object of* temperō *is in the dative*

Vocabulary for I.33

Nouns

animus, -ī *mind, thought; soul*
auctōritās, -tātis (f) *power, influence*
beneficium, -ī *favor, service*
concilium, -ī *gathering, assembly*
cōnsanguineus, -ī *relative, kinsman*
cūra, -ae *care, concern*
diciō, -ōnis (f) *authority*
frāter, frātris (m) *brother*
ōrātiō, -ōnis (f) *speech*
   ōrātiōnem habēre *to deliver a speech*
senātus, -ūs *senate*
servitūs, -tūtis (f) *slavery*
verbum, -ī *word*

Verbs

arbitror (1) *to think, judge*
cōnfirmō (1) *to confirm; encourage*
dīmittō, -ere, -mīsī, -missus *to dismiss; dispatch*
hortor (1) *to urge*
polliceor, -ērī, pollicitus sum *to promise*
putō (1) *to think, suppose*
suscipiō, -ere, -cēpī, -ceptus *to undertake*
temperō (1) *to refrain*

Adjectives

barbarus, -a, -um *barbarous*
ferus, -a, -um *wild, uncivilized*
perīculōsus, -a, -um *dangerous*
turpis, turpe *shameful*

Adverbs and Prepositions

paulātim *gradually, little by little*
quārē *wherefore, on account of which*
saepe *often*
secundum [+ acc.] *in accordance with*

quīn,
      cum omnem Galliam occupāvissent,
         ut ante Cimbrī Teutonīque fēcissent,
    in prōvinciam exīrent
    atque inde in Ītaliam contenderent,   35
        praesertim cum Sēquanōs ā prōvinciā nostrā Rhodanus dīvideret;

   quibus rēbus quam mātūrrimē occurrendum
putābat.

Ipse autem Ariovistus tantōs sibi spīritūs, tantam arrogantiam sūmpserat,
   ut ferendus nōn vidērētur.   40

Notes

31: *a prevention clause introduced by the negative verb* neque … temperātūrōs

33: ut = *'as'; the verb* fēcissent *is subjunctive by attraction, being in a subordinate clause which depends on a subjunctive verb in another clause, both clauses themselves being in indirect discourse*

33: *In 113 BCE the Cimbrī and Teutonī overran Gaul. They were subsequently defeated in 102 at Aquae Sextiae.*

37: **Caesarem** quibus rēbus quam mātūrrimē occurrendum

Nouns

arrogantia, -ae *arrogance*

spīritus, -ūs *spirit; pride*

Proper Nouns

Cimbrī, -ōrum *Cimbri* [Germanic tribe from Jutland]

Ītalia, -ae *Italy*

Rhodanus, -ī *Rhone River*

Teutonī, -ōrum *Teutoni* [Germanic tribe from Jutland]

Verbs

dīvidō, -ere, -vīsī, -vīsus *to divide, separate*

exeō, -īre, exīvī/-iī, exitus *to go out, leave*

occurrō, -ere, occurrī, occursus *to encounter*

putō (1) *to think, suppose*

sūmō, -ere, sumpsī, sumptus *to employ; inflict*

Adverbs

inde *from there*

mātūrē *promptly, quickly*

praesertim *especially*

I.34 ARIOVISTUS IS SURPRISED BY CAESAR'S REQUEST

Quam ob rem placuit eī, 1
    ut ad Ariovistum lēgātōs mitteret,
        quī ab eō postulārent,
            utī aliquem locum medium utrīusque colloquiō dēligeret:

    velle sēsē dē rē pūblicā et summīs utrīusque rēbus cum eō agere. 5

Eī lēgātiōnī Ariovistus respondit:
        Sī quid ipsī ā Caesare opus esset,
    sēsē ad eum ventūrum fuisse;
        sī quid ille sē velit,
    illum ad sē venīre oportēre. 10

    Praetereā sē neque sine exercitū in eās partēs Galliae venīre audēre
        quās Caesar possidēret,
    neque exercitum sine magnō commeātū atque mōlīmentō in ūnum locum contrahere
    posse.

    Sibi autem mīrum vidērī,
        quid in suā Galliā, 15
            quam bellō vīcisset,
        aut Caesarī aut omnīnō populō Rōmānō negōtī esset.

Notes

1: eī = **Caesarī**

5: **Lēgātī postulāvērunt Caesarem** velle dē rē pūblicā et summīs utrīusque rēbus cum eō agere

8: sēsē = **Ariovistum**; eum = **Caesarem**; *throughout the rest of this chapter the reflexive pronouns refer to Ariovistus while other demonstratives refer to Caesar*

9: velit *governs two accusatives here:* (**ali**)**quid** *and* sē

15: *indirect question*

16: quam **Ariovistus** bellō vīcisset

17: negōtī *is a partitive genitive dependent on* quid *from line 15 = 'what (of) business'*

Vocabulary for I.34

Nouns

colloquium, -ī *conversation, meeting*
commeātus, -ūs *lines of supplies*
lēgātiō, -ōnis (f) *mission, embassy*
mōlīmentum, -ī *exertion, difficulty*
negōtium, -ī *business, task*
opus, operis (nt) *work*
  opus est *there is need of*

Verbs

audeō, -ēre, ausus sum *to dare*
contrahō, -ere, -traxī, -tractus *to assemble*
dēligō, -ere, -lēgī, -lēctus *to select*
oportet, -ēre, oportuit *it is necessary*
placeō, -ēre, placuī, placitus *to please*
  placet, placēre, placuit [+ dat.] *to seem good,*
                                  be resolved
possideō, -ēre, -sēdī, -sessus *to possess, occupy*
postulō (1) *to request, ask; demand*
respondeō, -ēre, -spondī, -spōnsus *to respond*
vincō, -ere, vīcī, victus *to conquer*

Adjectives

medius, -a, -um *middle (of)*
mīrus, -a, -um *strange; extraordinary*
uterque, utraque, utrumque [gen: -īus, dat: -ī]
                                both, each (of two)

Adverbs

omnīnō *altogether*
praetereā *moreover, besides*

His respōnsīs ad Caesarem relātīs   1
iterum ad eum Caesar lēgātōs cum hīs mandātīs mittit:

    Quoniam
           tantō suō populīque Rōmānī beneficiō affectus,
        cum in cōnsulātū suō rēx atque amīcus ā senātū appellātus esset,   5
    hanc sibi populōque Rōmānō grātiam referret,
        ut in colloquium venīre invītātus gravārētur
        neque
           dē commūnī rē dīcendum sibi
           et cognōscendum   10
        putāret,
  haec esse,
    quae ab eō postulāret:
      prīmum,
          nē quam multitūdinem hominum amplius trāns Rhēnum in   15
          Galliam trādūceret;
      deinde obsidēs
        quōs habēret ab Aeduīs
      redderet
      Sēquanīsque permitteret,   20
        ut
              quōs illī habērent
           voluntāte eius reddere illīs
        licēret;   25
      nēve Aeduōs iniūriā lacesseret,
      nēve hīs sociīsque eōrum bellum īnferret.

    Sī id ita fēcisset,
  sibi populōque Rōmānō perpetuam grātiam atque amīcitiam cum eō futūram:
    sī nōn impetrāret,
  sēsē,   30
    quoniam
      M. Messālā M. Pīsōne cōnsulibus
    senātus cēnsuisset,
      utī,
        quīcumque Galliam prōvinciam obtinēret,   35
        quod commodō reī pūblicae facere posset,
      Aeduōs cēterōsque amīcōs populī Rōmānī dēfenderet,
  sē Aeduōrum iniūriās nōn neglēctūrum.

Notes

4: affectus = *endowed with*; suō *and subsequent
   reflexives up through line 6 refer to Caesar*
9: dē commūnī rē dīcendum **esse** sibi (= **Ariovistō**)
10: et cognōscendum **esse Ariovistō**
12–13: **lēgātī dīxērunt** haec esse, quae ab **Ariovistō
    Caesar** postulāret
21–22: **obsidēs** quōs **Sēquanī** habērent

23: illīs = **Sēquanīs**; *the verb* licēret *introduces a
   clause whose subject is dative* (**illīs**) *and whose
   verb is an infinitive* (**reddere**)
23: eius = **Ariovistī**
28: sibi = **Caesarī**; eō = **Ariovistō**
36: quod = *so far as*
38: sē (= **Caesarem**) *is repeated from line 30, now
   that its verb* (neglēctūrum **esse**) *is finally stated*

Vocabulary for I.35

Nouns

amīcitia, -ae *friendship*
amīcus, -ī *friend*
beneficium, -ī *favor, service*
colloquium, -ī *conversation, meeting*
commodum, -ī *advantage*
cōnsul, cōnsulis (m) *consul*
cōnsulātus, -ūs *consulship*
grātia, -ae *thanks*
mandātum, -ī *command*
respōnsum, -ī *answer, reply*
rēx, rēgis (m) *king*
senātus, -ūs *senate*
socius, -ī *ally*
voluntās, -tātis (f) *will; consent*

Proper Nouns

M(arcus) Messāla *Marcus Messala* (consul
in 61 BCE)
M(arcus) Pīsō, -ōnis *Marcus Piso* (consul
in 61 BCE)

Verbs

afficiō, -ere, -fēcī, -fectus *to affect, afflict with*
cēnseō, -ēre, cēnsuī, census *to decide, decree*
dēfendō, -ere, -fendī, -fēnsus *to defend*
gravor (1) *to be unwilling*
impetrō (1) *to accomplish, obtain*
invītō (1) *to invite*
lacessō, -ere, -īvī/-iī, lacessītus *to provoke, incite*
neglegō, -ere, neglēxī, neglēctus *to neglect,
                                   ignore*
obtineō, -ēre, -tinuī, -tentus *to possess*
permittō, -ere, -mīsī, -missus *to permit, grant*
putō (1) *to think, suppose*
reddō, -ere, reddidī, redditus *to give back*
referō, referre, rettulī, relātus *to carry back*
trādūcō, -ere, -dūxī, -ductus *to lead across*

Adjectives

cēterī, -ae, -a *the rest, others*
commūnis, commūne *common*
perpetuus, -a, -um *permanent, perpetual*
quīcumque, quaecumque, quodcumque
                          whoever, whatever

Adverbs

amplius *more (than [+ number])*
deinde *then*
iterum *again*
nēve *and not; neither*
    nēve ... nēve *neither ... nor*
prīmum *at first*
quoniam *since*

I.36 ARIOVISTUS CALLS CAESAR A HYPOCRITE

Ad haec Ariovistus respondit: 1
  iūs esse bellī,
     ut
          quī vīcissent
      eīs,   5
          quōs vīcissent,
        quem ad modum vellent
      imperārent:
  item populum Rōmānum victīs nōn ad alterīus praescrīptum,
  sed ad suum arbitrium imperāre cōnsuēsse.   10

      Sī ipse populō Rōmānō nōn praescrīberet,
        quem ad modum suō iūre ūterētur,
  nōn oportēre
      sēsē ā populō Rōmānō in suō iūre impedīrī.

  Aeduōs sibi,   15
      quoniam bellī fortūnam temptāssent
      et armīs congressī ac superātī essent,
  stīpendiāriōs esse factōs.

  Magnam Caesarem iniūriam facere,
      quī suō adventū vectīgālia sibi dēteriōra faceret.   20

  Aeduīs sē obsidēs redditūrum nōn esse,
  neque eīs neque eōrum sociīs iniūriā bellum illātūrum,
      sī in eō manērent,
        quod convēnisset,
      stīpendiumque quotannīs penderent;   25
      sī id nōn fēcissent,
  longē eīs frāternum nōmen populī Rōmānī āfutūrum.

      Quod sibi Caesar dēnūntiāret
        sē Aeduōrum iniūriās nōn neglēctūrum,
  nēminem sēcum sine suā perniciē contendisse.   30

      Cum vellet,
    congrederētur:
  intellēctūrum,
      quid invictī Germānī, exercitātissimī in armīs,
        quī inter annōs XIV tēctum nōn subissent,   35
      virtūte possent.

Notes

3–4: ut **eī**, quī vīcissent
7: *an indirect question*
10: cōnsuēsse = **cōnsuēvisse**
11: ipse = **Ariovistus**
20: suō = **Caesaris**; sibi = **Ariovistō**
27: āfutūrum = *be of no value to*

28: sibi = **Ariovistō**
29: sē = **Caesarem**
30: sē = **Ariovistum**; suā *refers to* nēminem
32: congrederētur *is a jussive subjunctive*
35: XIV = **quattuordecim**

Vocabulary for I.36

Nouns

arbitrium, -ī *decision, discretion*

iūs, iūris (nt) *law; right*

modus, -ī *way, method*

nēmō, nēminis (m/f) *no one*
   [in Classical Latin – gen: nūllīus, dat: nūllī]

nōmen, nōminis (nt) *name*

perniciēs, -ēī (f) *ruin, destruction*

praescrīptum, -ī *order*

socius, -ī *ally*

stīpendium, -ī *tax, tribute*

tēctum, -ī *roof*

vectīgal, vectīgālis (nt) *tax; revenue*

Verbs

congredior, -gredī, -gressus sum *to engage*
                              [in conflict]

dēnūntiō (1) *to declare*

impediō, -īre, -pedīvī/-iī, -pedītus *to hinder*

imperō (1) *to command*

maneō, -ēre, mānsī, mānsus *to remain*
   manēre in *to abide by*

neglegō, -ere, neglēxī, neglēctus *to neglect,*
                              ignore

oportet, -ēre, oportuit *it is necessary*

pendō, -ere, pependī, pēnsus *to pay out*

praescrībō, -ere, -scrīpsī, -scrīptus *to order,*
                              dictate

reddō, -ere, reddidī, redditus *to give back*

respondeō, -ēre, -spondī, -spōnsus *to respond*

subeō, subīre, subīvī/subiī, subitus *to go under;*
                              approach

temptō (1) *to attempt*

vincō, -ere, vīcī, victus *to conquer*

Adjectives

dēterior, dēterius *worse*

exercitātus, -a, -um *well-trained*

frāternus, -a, -um *brotherly*

invictus, -a, -um *unconquerable, invincible*

stīpendiārius, -a, -um *paying tribute; (pl. as*
                              noun) tributaries

Adverbs

longē *far off; by far*

quoniam *since*

quotannīs *yearly*

I. 37   AEDUĪ AND TRĒVERĪ BRING COMPLAINTS TO CAESAR

Haec eōdem tempōre Caesarī mandāta referēbantur,   1
et lēgātī ab Aeduīs et ā Trēverīs veniēbant:

Aeduī questum,
        quod Harūdēs,
                quī nūper in Galliam trānsportātī essent,   5
        fīnēs eōrum populārentur;
    sēsē
        nē obsidibus quidem datīs
        pācem Ariovistī redimere potuisse;

Trēverī autem   10
        pāgōs centum Suēbōrum ad rīpam Rhēnī cōnsēdisse,
                quī Rhēnum trānsīre cōnārentur;
    hīs praeesse Nasuam et Cimberium frātrēs.

Quibus rēbus Caesar vehementer commōtus
        mātūrandum sibi   15
exīstimāvit,
        nē
                sī nova manus Suēbōrum cum veteribus cōpiīs Ariovistī sēsē
                coniūnxisset,
        minus facile resistī posset.

Itaque   20
    rē frūmentāriā
        quam celerrimē potuit
    comparātā
magnīs itineribus ad Ariovistum contendit.

Notes

3: questum *is an accusative supine indicating the reason for the Aedui coming*: Aeduī questum **veniēbant**

10: Trēverī autem **questum veniēbant**

15: *an impersonal passive of a gerundive whose agent is the dative* sibi

17–19: *a fearing clause*

19: *another impersonal passive*

24: magnīs itineribus = *by forced marches*

I.37

Nouns

mandātum, -ī *command*
pāgus, -ī *district*
pāx, pācis (f) *peace*
rīpa, -ae *bank (of a river)*

Proper Nouns

Cimberius, -ī *Cimberius*
Harūdēs, Harūdum *Harudes* [Germanic tribe
from Jutland]
Nasua, -ae *Nasua*
Suēbī, -ōrum *Suebi* [from central Germany]
Trēverī, -ōrum *Treveri* [Celtic tribe from around
the Moselle River]

Verbs

commoveō, -ēre, -mōvī, -mōtus *to move, agitate*
comparō (1) *to prepare; compare; purchase*
coniungō, -ere, -iūnxī, -iūnctus *to join together*
cōnsīdō, -ere, -sēdī, -sessus *to settle, take a
position*
mātūrō (1) *to hasten*
populor (1) *to ravage, plunder*
praesum, praeesse, praefuī [+ dat.] *to be in
command (of)*
queror, -ī, questus sum *to complain*
redimō, -ere, -ēmī, -emptus *to procure,
purchase*
referō, referre, rettulī, relātus *to carry back*
resistō, -ere, -stitī [+ dat.] *to stop, oppose*
trānsportō (1) *to carry across*

Adjectives and Numerals

celer, celeris, celere *quick, fast*
centum *100*
facilis, facile *easy*
frūmentārius, -a, -um *relating to grain*
rēs frūmentāria, reī frūmentāriae *grain
supply*
novus, -a, -um *new*
vetus, veteris *old*

Adverbs

itaque *therefore*
nē ... quidem *not ... even*
nūper *recently*
vehementer *strongly*

I.38 ARIOVISTUS MOVES TOWARDS VESONTIŌ

Cum triduī viam prōcessisset,   1
nūntiātum est eī
   Ariovistum cum suīs omnibus cōpiīs ad occupandum Vesontiōnem,
      quod est oppidum maximum Sēquanōrum,
   contendere   5
   triduīque viam ā suīs fīnibus prōcessisse.

   Id ne accideret,
   magnopere sibi praecavendum
Caesar exīstimābat.

Namque omnium rērum   10
   quae ad bellum ūsuī erant
summa erat in eō oppidō facultās,
idque nātūrā locī sīc mūniēbātur,
   ut magnam ad dūcendum bellum daret facultātem,
      proptereā quod flūmen Dūbis   15
        ut circinō circumductum
      paene tōtum oppidum cingit;
      reliquum spatium,
        quod est nōn amplius pedum MDC,
          quā flūmen intermittit,   20
      mōns continet magnā altitūdine,
        ita ut rādīcēs montis ex utrāque parte rīpae flūminis contingant.

Hunc mūrus
   circumdatus
arcem efficit   25
et cum oppidō coniungit.

Hūc Caesar magnīs nocturnīs diurnīsque itineribus contendit
   occupātōque oppidō
ibi praesidium collocat.

Notes

7: id = **ad occupandum Vesontiōnum**

13: id = **Vesontiō**

16: ut = *as*; circinō circumductum *indicates that it was nearly a perfect circle*

19: MDC = mīlle sēscentīs

23–25: hunc **montem** mūrus circumdatus arcem efficit = *a surrounded wall makes this mountain into a fortress*

I.38

Nouns

altitūdō, altitūdinis (f) *height; depth*
arx, arcis (f) *fortress, stronghold*
circinus, -ī *pair of compasses*
facultās, -tātis (f) *ability; opportunity; resources*
flūmen, flūminis (nt) *river*
mūrus, -ī *wall*
nātūra, -ae *nature*
oppidum, -ī *town; stronghold*
pēs, pedis (m) *foot*
praesidium, -ī *guard, support*
rādīx, rādīcis (f) *root; (pl.) foot (of mountain)*
rīpa, -ae *bank (of a river)*
spatium, -ī *space; period (of time)*
triduum, -ī *three days*
via, -ae *way, road*

Proper Nouns

Dūbis, -is (m) *Doubs River*
Vesontiō, -ōnis (m) *Vesontio* [modern
Besançon]

Verbs

cingō, -ere, cinxī, cinctus *to surround*
circumdō, -dare, -dedī, -datus *to give around;*
surround
circumdūcō, -ere, -dūxī, -ductus *to lead around;*
draw around
collocō (1) *to station, arrange; set, settle*
coniungō, -ere, -iūnxī, -iūnctus *to join together*
contineō, -ēre, -tinuī, -tentus *to restrain; enclose*
contingō, -ere, -tigī, -tāctus *to touch*
efficiō, -ere, -fēcī, -fectus *to make; enable*
intermittō, -ere, -mīsī, -missus *to interrupt*
mūniō, -īre, mūnīvī/mūniī, mūnītus *to fortify*
nūntiō (1) *to announce, report*
praecaveō, -ēre, -cāvī, -cautus *to take*
precautions
prōcēdō, -ere, -cessī, -cessus *to proceed,*
advance

Adjectives

diurnus, -a, -um *by day, daily*
nocturnus, -a, -um *nocturnal*

Adverbs

amplius *more (than [+ number])*
hūc *to here*
magnopere *very much*
namque *for indeed*
paene *almost*
quā *where*
sīc *thus, in this way*

I.39   FEAR ENCROACHES INTO THE ROMAN CAMP

Dum paucōs diēs ad Vesontiōnem reī frūmentāriae commeātūsque causā morātur,   1
ex percontātiōne nostrōrum vōcibusque Gallōrum ac mercātōrum,
    quī
        ingentī magnitūdine corpōrum Germānōs, incrēdibilī virtūte atque
        exercitātiōne in armīs esse   5
    praedicābant
        (saepe numerō sēsē
            cum hīs congressōs
        nē vultum quidem atque aciem oculōrum
    dīcēbant   10
        ferre potuisse),
tantus subitō timor omnem exercitum occupāvit,
    ut nōn mediocriter omnium mentēs animōsque perturbāret.

Hic prīmum ortus est ā tribūnīs mīlitum praefectīs reliquīsque,
    quī   15
        ex urbe amīcitiae causā Caesarem secūtī
    nōn magnum in rē mīlitārī ūsum habēbant:

    quōrum alius
        aliā causā illātā,
            quam   20
                sibi ad proficīscendum necessārium esse
            dīceret,
    petēbat,
        ut eius voluntāte discēdere licēret;

    nōnnūllī   25
        pudōre adductī,
            ut timōris suscipiōnem vītārent,
    remanēbant.

Hī neque vultum fingere neque interdum lacrimās tenēre poterant:
    abditī tabernāculīs   30
aut suum fātum querēbantur,
aut cum familiāribus suīs commūne perīculum miserābantur.

Vulgō tōtīs castrīs testāmenta obsignābantur.

Hōrum vōcibus ac timōre paulātim etiam eī,
    quī magnum in castrīs ūsum habēbant,   35
mīlitēs centuriōnēsque
    quīque equitātuī praeerant,
perturbābantur.

Notes

7: sēsē = **Gallōs**; hīs = **Germānīs**
7: saepe numerō = *repeatedly*
14: hic = **timor**
16: urbe = **Rōmā**

24: eius = **Caesaris**
25: **quōrum** nōnnūllī
37: **et eī quī** equitātuī praeerant

Vocabulary for I.39

Nouns

amīcitia, -ae *friendship*
animus, -ī *mind, thought; soul*
centuriō, -ōnis (m) *centurion*
commeātus, -ūs *provisions, supplies*
corpus, corporis (nt) *body*
exercitātiō, -ōnis (f) *experience*
familiāris, -is (m/f) *friend*
fātum, -ī *fate*
lacrima, -ae *tear*
magnitūdō, -inis (f) *size*
mēns, mentis (f) *mind*
mercātor, mercātōris (m) *merchant*
oculus, -ī *eye*
percontātiō, -ōnis (f) *inquiry*
praefectus, -ī *commander*
pudor, pudōris (m) *shame*
suspīciō, -ōnis (f) *suspicion*
tabernāculum, -ī *tent*
testāmentum, -ī *will*
timor, -ōris (m) *fear*
tribūnus, -ī *tribune*
urbs, urbis *city*
voluntās, -tātis (f) *will; consent*
vōx, vōcis (f) *voice; word*
vultus, -ūs *face*

Proper Nouns

Vesontiō, -ōnis (m) *Vesontio* [modern
Besançon]

Verbs

abdō, -ere, -didī, -ditus *to withdraw, hide*
audiō, -īre, audīvī/-iī, audītus *to hear*
congredior, -gredī, -gressus sum *to engage
[in conflict]*
discēdō, -ere, -cessī, -cessus *to depart*
fingō, -ere, finxī, fictus *to mold, contrive*
miseror (1) *to lament*
moror (1) *to delay*
obsignō (1) *to sign*
orior, orīrī, ortus sum *to rise*
perturbō (1) *to upset, throw into confusion*
praedicō (1) *to proclaim*
praesum, praeesse, praefuī [+ dat.] *to be in
command (of)*
queror, -ī, questus sum *to complain*
remaneō, -ēre, -mānsī, -mānsus *to remain*
sequor, sequī, secūtus sum *to follow*
vītō (1) *to avoid*

Adjectives

commūnis, commūne *common*
frūmentārius, -a, -um *relating to grain*
   rēs frūmentāria, reī frūmentāriae *grain
supply*
incrēdibilis, -e *incredible*
ingēns, ingentis *huge*
mīlitāris, mīlitāre *relating to the military*
   rēs mīlitāris, reī mīlitāris *war*
necessārius, -a, -um *necessary*
nōnnūllus, -a, -um [gen: -īus, dat: -ī] *some*

Adverbs

interdum *occasionally*
mediocriter *moderately, to small degree*
nē ... quidem *not ... even*
paulātim *gradually, little by little*
prīmum *at first*
saepe *often*
   saepe numerō *repeatedly*
subitō *suddenly*
vulgō *everywhere*

Quī sē ex hīs minus timidōs exīstimārī volēbant,
    nōn sē hostem verērī,   40
        sed angustiās itineris et magnitūdinem silvārum,
                quae intercēderent inter ipsōs atque Ariovistum,
    aut rem frūmentāriam,
           ut satis commodē supportārī posset,
    timēre   45
dīcēbant.

Nōnnūllī etiam Caesarī nūntiābant,
        cum castra movērī ac signa ferrī iussisset,
    nōn fore dictō audientēs mīlitēs neque propter timōrem signā lātūrōs.

Notes

39: quī = **eī**

49: nōn dictō audientēs mīlitēs **futūrōs esse**

49: dictō *is a dative of purpose; the literal meaning of the idiom* dictō audiēns esse *is 'to be hearing for the command'*

Nouns

angustiae, -ārum *narrowness*

dictum, -ī *command*
    dictō audiēns esse *to be obedient*

magnitūdō, -inis (f) *size*

signum, -ī *military standard*
    signa īnferre *to attack*

silva, -ae *forest*

timor, -ōris (m) *fear*

Verbs

audiō, -īre, audīvī/-iī, audītus *to hear*
    dictō audiēns esse *to be obedient*

intercēdō, -ere, -cessī, -cessus *to come between*

moveō, -ēre, mōvī, mōtus *to move*

nūntiō (1) *to announce, report*

supportō (1) *to bring to*

timeō, -ēre, timuī *to fear*

vereor, verērī, veritus sum *to fear*

Adjectives

frūmentārius, -a, -um *relating to grain*
    rēs frūmentāria, reī frūmentāriae *grain supply*

nōnnūllus, -a, -um [gen: -īus, dat: -ī] *some*

satis [indeclinable] *enough, sufficient; quite*

timidus, -a, -um *afraid*

Adverbs

commodē *easily*

I.40 CAESAR REPRIMANDS HIS MEN FOR THEIR FEAR

Haec cum animadvertisset,   1
convocātō cōnsiliō
omniumque ōrdinum ad id cōnsilium adhibitīs centuriōnibus
vehementer eōs incūsāvit:
    prīmum, quod   5
        aut quam in partem
        aut quō cōnsiliō dūcerentur
      sibi quaerendum aut cōgitandum
putārent.

Ariovistum   10
    sē cōnsule
cupidissimē populī Rōmānī amīcitiam appetisse:

cūr
    hunc tam temerē
quisquam   15
    ab officiō discēssūrum
iūdicāret?

Sibi quidem persuādērī
      cōgnitīs suīs postulātīs
      atque aequitāte condiciōnum perspectā   20
    eum neque suam neque populī Rōmānī grātiam repudiātūrum.

Quod
    sī
      furōre atque āmentiā impulsus
    bellum intulisset,   25
quid tandem verērentur?

Aut cūr dē suā virtūte aud dē ipsīus dīligentiā dēspērārent?

Factum eius hostis perīculum patrum nostrōrum memoriā,
    cum   30
      Cimbrīs et Teutonīs ā Gāiō Mariō pulsīs

Notes

6: aut quam in partem **dūcerentur**

11: sē = **Caesarem**

13: *indirect question*

14: hunc = **Ariovistum**

25: **Ariovistus** bellum intulisset

27: suā = *the soldiers who are afraid*; ipsīus = **Caesaris**

28: factum **esse** eius hostis perīculum patrum nostrōrum memoriā

30: *this took place around 102–101* BCE

Vocabulary for I.40

Nouns

aequitās, -tātis (f) *fairness*
āmentia, -ae *madness*
amīcitia, -ae *friendship*
centuriō, -ōnis (m) *centurion*
condiciō, -ōnis (f) *condition, state*
cōnsul, cōnsulis (m) *consul*
dīligentia, -ae *diligence*
furor, furōris (m) *rage*
grātia, -ae *thanks*
memoria, -ae *memory*
officium, -ī *duty, allegiance*
ōrdō, -inis (m) *order, rank*
postulātum, -ī *demand*

Proper Nouns

Cimbrī, -ōrum *Cimbri* [Germanic tribe from
Jutland]
Gāius Marius *Gaius Marius*
Teutonī, -ōrum *Teutoni* [Germanic tribe from
Jutland]

Verbs

adhibeō, -ēre, -hibuī, -itus *to summon*
animadvertō, -ere, animadvertī, animadversus
to notice
appetō, -ere, -petīvī/-iī, -petītus *to aim at; desire*
cōgitō (1) *to think*
convocō (1) *to convene*
dēspērō (1) *to despair*
discēdō, -ere, -cessī, -cessus *to depart*
impellō, -ere, -pulī, -pulsus *to urge on*
incūsō (1) *to reprimand*
iūdicō (1) *to judge*
pellō, -ere, pepulī, pulsus *to strike, beat; drive*
perspiciō, -ere, -spēxī, -spectus *to perceive*
putō (1) *to think, suppose*
quaerō, -ere, quaesīvī/quaesiī, quaesītum
to inquire, ask
repudiō (1) *to reject*
vereor, verērī, veritus sum *to fear*

Adjectives

quisquam, quaequam, quidquam/quicquam *any,
anyone, anything*

Adverbs

cupidē *eagerly*
cūr *why*
prīmum *at first*
quidem *indeed*
tam *so*
tandem *finally; just*
temerē *rashly*
vehementer *strongly*

nōn minōrem laudem exercitus
      quam ipse imperātor meritus
vidēbātur;

factum etiam nūper in Ītaliā servīlī tumultū,
      quōs tamen aliquid ūsus ac disciplīna,   35
            quae ā nōbīs accēpissent,
      sublevārent.

Ex quō iūdicārī posse,
      quantum habēret in sē bonī cōnstantia,
            proptereā quod,   40
                  quōs aliquamdiū inermōs sine causā timuissent,
            hōs posteā armātōs ac victōrēs superāssent.

Dēnique hōs esse eōsdem,
      quibuscum saepe numerō Helvētiī congressī nōn sōlum in suīs,
      sed etiam in illōrum fīnibus plērumque superārint,   45
            quī tamen parēs esse nostrō exercituī nōn potuerint.

      Sī quōs adversum proelium et fuga Gallōrum commovēret,
hōs,
      sī quaererent,
reperīre posse   50
            diūturnitāte bellī dēfatīgātīs Gallīs
      Ariovistum,
            cum multōs mēnsēs castrīs sē ac palūdibus tenuisset
            neque suī potestātem fēcisset,
      dēsperantēs iam de pugnā et dispersōs subitō adortum   55
magis ratiōne et cōnsiliō quam virtūte vīcisse.

      Cui ratiōnī contrā hominēs barbarōs atque imperītōs locus fuisset,
hāc nē ipsum quidem spērāre
      nostrōs exercitūs capī posse.

Notes

32: quam ipse imperātor meritus **esset**
33: vidēbātur *is in the indicative to emphasize the reality of what it states*
34: factum **esse** nūper **perīculum** in Ītaliā servīlī tumultū
34: *this reference is to the Third Servile War (73–71 BCE)*
35: quōs *refers to an understood* **servōs** *'slaves'*
35: aliquid *is an adverbial accusative = 'somewhat, to some degree'*

36: quae *is neuter pl., its two antecedents* (ūsus *and* disciplīna) *being inanimate*
39: quantum ... bonī = *how (much of) good*
44: saepe numerō = *repeatedly*
45: superārint = **superāverint**
47: *the two inanimate subjects take a singular verb*
55: et dēsperantēs ... subitō adortum **esse**
57: ratiōnī *has been attracted from the main clause into the relative clause and taken on the case of the relative pronoun*
58: hāc **ratiōne** nē **Ariovistum** quidem spērāre

Nouns

cōnstantia, -ae *steadfastness, firmness*
disciplīna, -ae *discipline; instruction*
diūturnitās, -tātis (f) *long duration*
imperātor, -tōris (m) *commander-in-chief,*
                              general
laus, laudis (f) *praise*
mēnsis, mēnsis (m) *month*
palūs, -ūdis (f) *marsh*
pater, patris (m) *father; (pl.) ancestors*
potestās, -tātis (f) *power, authority; chance*
    suī potestātem facere *to allow access to*
                              oneself
pugna, -ae *battle*
ratiō, -ōnis (f) *reason; account; stratagem;*
                              condition
tumultus, -ūs *revolt*
victor, victōris (m) *victor*

Proper Noun

Ītalia, -ae *Italy*

Verbs

adorior, -īrī, -ortus sum *to attack, rise against*
armō (1) *to arm, equip*
commoveō, -ēre, -mōvī, -mōtus *to move, agitate*
congredior, -gredī, -gressus sum *to engage*
                            [in conflict]
dēfatīgō (1) *to tire out, exhaust*
dēspērō (1) *to despair*
dispergō, -ere, -spersī, -spersus *to scatter*
iūdicō (1) *to judge*
mereor, -ērī, meritus sum *to deserve*
quaerō, -ere, quaesīvī/quaesiī, quaesītum
                          to inquire, ask
reperiō, -īre, repperī, repertus *to find*
spērō (1) *to hope, expect*
sublevō (1) *to support, encourage*
timeō, -ēre, timuī *to fear*
vincō, -ere, vīcī, victus *to conquer*

Adjectives

adversus, -a, -um *hostile*
barbarus, -a, -um *barbarous*
bonus, -a, -um *good*
imperītus, -a, -um *unskilled; ignorant*
inermus, -a, -um *unarmed*
minor, minus *less, smaller*
pār, paris *equal*
servīlis, -e *servile*

Adverbs

aliquamdiū *for a while*
dēnique *finally*
magis *more*
nē ... quidem *not ... even*
nūper *recently*
plērumque *frequently*
posteā *afterwards*
quam *than; how*
quantum *how much*
saepe *often*
    saepe numerō *very often*
sōlum *only, merely*
subitō *suddenly*

Quī suum timōrem in reī frūmentāriae simulātiōnem angustiāsque itineris cōnferrent,   60
facere arroganter,
        cum aut dē officiō imperātōris dēsperāre
        aut praescrībere vidērentur.

Haec sibi esse cūrae:
        frūmentum Sēquanōs, Leucōs, Lingonēs sumministrāre,   65
        iamque esse in agrīs frūmenta mātūra;
        dē itinere ipsōs brevī tempōre iūdicātūrōs.

    Quod
        nōn fore dictō audientēs neque signā lātūrī
    dīcantur,   70
nihil sē eā rē commovērī:

scīre enim,
        quibuscumque exercitus dictō audiēns nōn fuerit,
    aut
        male rē gestā   75
    fortūnam dēfuisse,
    aut
        aliquō facinore compertō
    avāritiam esse convictam:

suam innocentiam perpetuā vītā,   80
fēlīcitātem Helvētiōrum bellō esse perspectam.

Itaque sē
        quod in longiōrem diem collātūrus fuisset
repraesentātūrum

Notes

60: quī = **eī**
64: sibi = **Caesarī**
67: ipsōs = *the soldiers of Caesar's army, to whom he
    was speaking*
68: quod = *so far as*

74–79: *these refer to reasons why a general might
    lose command of his soldiers*
80: suam = **Caesaris**
83: **id** quod; longiōrem diem = *a more distant day*

Nouns

angustiae, -ārum *narrowness*
avāritia, -ae *avarice*
cūra, -ae *care, concern*
dictum, -ī *command*
   dictō audiēns esse *to be obedient*
facinus, -oris (nt) *crime*
fēlīcitās, -tātis (f) *happiness, good fortune*
innocentia, -ae *integrity*
officium, -ī *duty, allegiance*
signum, -ī *military standard*
   signa īnferre *to attack*
simulātiō, -ōnis (f) *pretense, deceit*
timor, -ōris (m) *fear*
vīta, -ae *life*

Proper Nouns

Leucī, -ōrum *Leuci* [Gallic tribe on
                Moselle River]
Lingonēs, Lingonum *Lingones* [Gallic tribe
               in Vosges Mts.]

Verbs

audiō, -īre, audīvī/-iī, audītus *to hear*
   dictō audiēns esse *to be obedient*
collocō (1) *to station, arrange; set, settle*
commoveō, -ēre, -mōvī, -mōtus *to move, agitate*
comperiō, -īre, -perī, -pertus *to find out, learn*
cōnferō, -ferre, contulī, collātus *to collect;*
                  compare; ascribe
cōnfīdō, -ere, -fīsus sum *to be confident*
convincō, -ere, -vīcī, -victus *to prove (a charge)*
dēsum, deesse, dēfuī, dēfutūrus *to fail; be*
                    lacking
iūdicō (1) *to judge*
perspiciō, -ere, -spēxī, -spectus *to perceive*
praescrībō, -ere, -scrīpsī, -scrīptus *to order,*
                    dictate
repraesentō (1) *to do at once*
sciō, -īre, scīvī, scītus *to know*
sumministrō (1) *to supply*

Adjectives

brevis, breve *short*
frūmentārius, -a, -um *relating to grain*
   rēs frūmentāria, reī frūmentāriae *grain*
                    supply
longus, -a, -um *long*
mātūrus, -a, -um *ripe, mature*
perpetuus, -a, -um *permanent, perpetual*
quīcumque, quaecumque, quodcumque
             whoever, whatever

Adverbs

arroganter *presumptuously*
enim *indeed*
itaque *therefore*
male *badly*

et proximā nocte dē quartā vigiliā castra mōtūrum,   85
    ut quam prīmum intellegere posset,
        utrum apud eōs pudor atque officium
        an timor valēret.

Quod
    sī praetereā nēmō sequātur,   90
  tamen sē cum sōlā decimā legiōne itūrum,
    dē quā nōn dubitāret,
  sibique eam praetōriam cohortem futūram.

Huic legiōnī Caesar indulserat praecipuē
et propter virtūtem cōnfīdēbat maximē.   95

Notes

91: tamen sē cum sōlā decimā legiōne itūrum **esse**   93: sibique eam praetōriam cohortem futūram **esse**

Nouns

cohors, cohortis (f) *cohort*
legiō, -ōnis (f) *legion*
nēmō, nēminis (m/f) *no one*
    [in Classical Latin – gen: nūllīus, dat: nūllī]
officium, -ī *duty, allegiance*
pudor, pudōris (m) *shame*
timor, -ōris (m) *fear*
vigilia, -ae *watch*

Verbs

cōnfīdō, -ere, -fīsus sum *to be confident*
dubitō (1) *to doubt; hesitate*
eō, īre, īvī/iī, itus *to go; march*
indulgeō, -ēre, -dulsī, -dultus *to show favor*
moveō, -ēre, mōvī, mōtus *to move*
sequor, sequī, secūtus sum *to follow*
valeō, -ēre, valuī, valitus *to be strong; prevail*

Adjectives

decimus, -a, -um *tenth*
praetōrius, -a, -um *praetorian*
quartus, -a, -um *fourth*
sōlus, -a, -um [gen: -īus, dat: -ī] *alone, only, sole*

Adverbs

maximē *very much, most, especially*
praecipuē *especially*
praetereā *moreover, besides*
prīmum *at first*
    quam prīmum *as soon as possible*
utrum … an *whether … or*

I.41   THE SOLDIERS PRAISE CAESAR AND MOVE OUT

Hāc orātiōne habitā   1
mīrum in modum conversae sunt omnium mentēs,
summaque alacritās et cupiditās bellī gerendī innāta est,
prīncepsque decima legiō per tribūnōs mīlitum eī grātiās ēgit,
      quod dē sē optimum iūdicium fēcisset,   5
          sēque esse ad bellum gerendum parātissimam
cōnfirmāvit.

Deinde reliquae legiōnēs cum tribūnīs mīlitum et prīmōrum ōrdinum centuriōnibus ēgērunt,
    utī Caesarī satisfacerent:

      Sē neque umquam dubitāsse   10
      neque timuisse
      neque
          dē summā bellī suum iūdicium sed imperātōris esse
      exīstimāvisse.

      Eōrum satisfactiōne acceptā   15
      et itinere exquisitō per Dīviciācum,
          quod ex aliīs eī maximam fidem habēbat,
          ut mīlium amplius quīnquāginta circuitū locīs apertīs exercitum dūceret,
dē quartā vigiliā,
      ut dīxerat,   20
profectus est.

Septimō diē,
      cum iter nōn intermitteret,
ab explōrātōribus certior factus est
      Ariovistī cōpiās ā nostrīs mīlibus passuum quattuor et XX abesse.   25

Notes

3: innāta est *agrees with the closer subject rather
   than with both*
3: **bellum gerere** = *to wage war*
4: eī = **Caesarī**

5: sē = **decimā legiōne**
10: dubitāsse = **dubitāvisse**
18: ut mīlium **passuum** amplius quīnquāgintā circuitū
25: XX = **vīgintī**

Vocabulary for I.41

Nouns

alacritās, -tātis (f) *eagerness*

centuriō, -ōnis (m) *centurion*

circuitus, -ūs *going around, circuitous path; circumference*

cupiditās, -tātis (f) *desire*

explōrātor, -ōris (m) *spy, scout*

fidēs, -eī (f) *faith, trust*

grātia, -ae *thanks*

grātiās agere [+ dat.] *to thank someone*

imperātor, -tōris (m) *commander-in-chief, general*

iūdicium, -ī *judgment, opinion*

legiō, -ōnis (f) *legion*

mēns, mentis (f) *mind*

modus, -ī *way, manner*

ōrātiō, -ōnis (f) *speech*

ōrātiōnem habēre *to deliver a speech*

satisfactiō, -ōnis (f) *amends, apology*

summa, -ae *sum, total; chief command*

tribūnus, -ī *tribune*

vigilia, -ae *watch*

Proper Nouns

Dīviciācus, -ī *Diviciacus*

Verbs

aperiō, -īre, aperuī, apertus *to open, uncover*

cōnfirmō (1) *to confirm; encourage*

convertō, -ere, -vertī, -versus *to change*

dubitō (1) *to doubt; hesitate*

exquīrō, -ere, -quīsīvī, -quīsītus *to inquire, investigate*

innāscor, -ī, -nātus sum *to be born in, spring up, arise*

intermittō, -ere, -mīsī, -missus *to interrupt*

satisfaciō, -ere, -fēcī, -factus *to satisfy; make amends; apologize*

timeō, -ēre, timuī *to fear*

Adjectives and Numerals

certus, -a, -um *sure, certain*

certiōrem facere *to inform*

decimus, -a, -um *tenth*

mīrus, -a, -um *strange; extraordinary*

optimus, -a, -um *best*

parātus, -a, -um *prepared*

prīnceps, prīncipis *first, chief*

quartus, -a, -um *fourth*

quattuor *four*

quīnquāgintā *50*

septimus, -a, -um *seventh*

Adverbs

amplius *more (than* [+ number]*)*

deinde *then*

umquam *ever*

I.42   A MEETING DATE IS DETERMINED

Cognitō Caesaris adventū   1
Ariovistus lēgātōs ad eum mittit:

      Quod anteā dē colloquiō postulāsset,
    id per sē fierī licēre,
            quoniam propius accessisset,   5
   sēque
      id sine perīculō facere posse
   exīstimāre.

Nōn respuit condiciōnem Caesar
iamque   10
   eum ad sānitātem revertī
arbitrābātur,
     cum id
       quod anteā petentī dēnegāsset
     ultrō pollicerētur.   15

Magnamque in spem veniēbat
   prō suīs tantīs populīque Rōmānī in eum beneficiīs
         cognitīs suīs postulātīs
  fore
     utī pertinācia dēsisteret.   20

Diēs colloquiō dictus est ex eō diē quīntus.

     Interim saepe ultrō citrōque cum lēgātī inter eōs mitterentur,
Ariovistus postulāvit,
   nē quem peditem ad colloquium Caesar addūceret:

Verērī sē,   25
    nē per īnsidiās ab eō circumvenīrētur:
  Uterque cum equitātū venīret:
  Aliā ratiōne sēsē nōn esse ventūrum.

Notes

3: postulāsset = **postulāvisset**; **Caesar** postulāsset;
this relative clause explains the id *of the following
line*

4: per sē = *as far as he (Ariovistus) is concerned*

5: **Caesar** accessisset

6: sē = **Ariovistum**

11: eum = **Ariovistum**

14: dēnegāsset = **dēnegāvisset**; petentī **Caesarī**

16: *representing the action of 'hoping' this introduces
the following indirect statement in lines 17–19*

17 and 18: suīs = **Caesaris**

17: tantīs *indicates that the* ut-*clause in line 20 is a
result clause*

19: fore, *being an infinitive, completes the indirect
statement clause started in line 17*

25: *this indirect statement depends on* postulāvit *of
line 23;* sē = **Ariovistum**

27: venīret *is a jussive subjunctive standing for what
would have been a hortatory subjunctive in direct
speech.*

Vocabulary for I.42

Nouns

beneficium, -ī *favor, service*
colloquium, -ī *conversation, meeting*
condiciō, -ōnis (f) *condition, state*
īnsidiae, -ārum *treachery, ambush*
pedes, peditis (m) *foot soldier; infantry*
pertinācia, -ae *stubbornness, obstinacy*
postulātum, -ī *demand*
ratiō, -ōnis (f) *reason; account; stratagem;*
                                    condition
sānitās, -tātis (f) *soundness of mind, sanity*

Verbs

accēdō, -ere, -cessī, -cessus *to approach*
circumveniō, -īre, -vēnī, -ventus *to surround*
dēnegō (1) *to deny, refuse*
dēsistō, -ere, -stitī, -stitus [+ abl.] *to stop*
fīō, fierī, factus sum *to become; be made*
polliceor, -ērī, pollicitus sum *to promise*
postulō (1) *to request, ask; demand*
respuō, -ere, -spuī *to spit out; refuse*
revertor, -ī, -versus sum *to return*
vereor, verērī, veritus sum *to fear*

Adjectives

quīntus, -a, -um *fifth*

Adverbs

anteā *before, previously*
citrō *to here*
    ultrō citrōque *back and forth*
interim *meanwhile*
propius *nearer*
quoniam *since*
saepe *often*
ultrō *of one's own accord, willingly; besides*

Caesar,
        quod neque   30
            colloquium
                interpositā causā
            tollī
        volēbat neque
            salūtem suam Gallōrum equitātuī committere   35
        audēbat,
    commodissimum esse
statuit
                omnibus equīs Gallīs equitibus dētractīs
        eō legiōnāriōs mīlitēs legiōnis decimae,   40
            cui quam maximē cōnfīdēbat,
        impōnere,
            ut praesidium quam amīcissimum,
                sī quid opus factō esset,
            habēret.   45
        Quod cum fieret,
nōn irrīdiculē quīdam ex mīlitibus decimae legiōnis dīxit:
        Plūs
            quam pollicitus esset
    Caesarem facere: 50

    Pollicitum
        sē in cohortis praetōriae locō decimam legiōnem habitūrum
        ad equum rescrībere.

Notes

44: opus + *a dative past participle = 'must be X'; in this instance,* **opus factō** = *must be done*

46: quod = *refers to the placing of the soldiers of the tenth legion on the Gallic horses*

53: **et Caesarem eōs** ad equum rescrībere

51–53: *The joke is that he was* not *making the tenth legion into knights, who held a honorable position in Rome. Rather he was making them into a cavalry force, which was a lower position in an army usually filled by foreign auxiliary troops.*

Nouns

cohors, cohortis (f) *cohort*
colloquium, -ī *conversation, meeting*
equus, -ī *horse*
legiō, -ōnis (f) *legion*
opus, operis (nt) *work*
   opus est *there is need of*
praesidium, -ī *guard, support*

Verbs

audeō, -ēre, ausus sum *to dare*
cōnfīdō, -ere, -fīsus sum *to be confident*
dētrahō, -ere, -trāxī, -tractus *to withdraw*
fīō, fierī, factus sum *to become; be made*
impōnō, -ere, -posuī, -positus *to place upon*
interpōnō, -ere, -posuī, -positus *to insert*
polliceor, -ērī, pollicitus sum *to promise*
rescrībō, -ere, -scrīpsī, -scrīptus *to transfer*
statuō, -ere, statuī, statūtus *to determine, decide*
tollō, -ere, sustulī, sublātus *to take away,*
                     remove; carry; raise

Adjectives

amīcus, -a, -um *friendly*
commodus, -a, -um *convenient, suitable*
decimus, -a, -um *tenth*
legiōnārius, -a, -um *relating to a legion*
plūs, plūris *more; several, many*
praetōrius, -a, -um *praetorian*
quīdam, quaedam, quoddam *certain*

Adverbs

eō *to there*
irrīdiculē *without humor*
maximē *very much, most, especially*

I.43 CAESAR SPEAKS WITH ARIOVISTUS

Plānitiēs erat magna   1
et in eā tumulus terrēnus satis grandis.

Hic locus aequō ferē spatiō ab castrīs Ariovistī et Caesaris aberat.

Eō,
     ut erat dictum,   5
ad colloquium vēnērunt.

Legiōnem Caesar,
     quam equīs dēvēxerat,
passibus ducentīs ab eō tumulō cōnstituit.

Item equitēs Ariovistī parī intervallō cōnstitērunt.   10

Ariovistus,
     ex equīs ut colloquerentur
     et praeter sē dēnōs ut ad colloquium addūcerent,
postulāvit.

     Ubi eō ventum est,   15
Caesar initiō ōrātiōnis sua senātūsque in eum beneficia commemorāvit,
     quod rēx appellātus esset ā senātū,
     quod amīcus,
     quod mūnera amplissimē missa;

     Quam rem et paucīs contigisse   20
     et prō magnīs hominum officiīs cōnsuēsse tribuī
docēbat;

     Illum,
          cum neque aditum
          neque causam postulandī iūstam habēret,   25
beneficiō ac līberālitāte suā ac senātūs ea praemia cōnsecūtum.

Notes

15: *an impersonal passive*

17–19: *these three clauses describe the* beneficia
    which had been given to Ariovistus

18: quod amīcus **appellātus esset**

19: quod mūnera amplissimē missa **essent**

20: quam = **hanc**

21: cōnsuēsse = **cōnsuēvisse**

23: illum = **Ariovistum**

Vocabulary for I.43

Nouns
aditus, -ūs *approach; access*
amīcus, -ī *friend*
beneficium, -ī *favor, service*
colloquium, -ī *conversation, meeting*
equus, -ī *horse*
initium, -ī *beginning*
intervallum, -ī *space, interval*
legiō, -ōnis (f) *legion*
līberālitās, -tātis (f) *generosity*
mūnus, mūneris (nt) *gift, present; duty*
officium, -ī *duty, allegiance*
ōrātiō, -ōnis (f) *speech*
plānitiēs, -ēī (f) *plain*
praemium, -ī *prize; honor*
rēx, rēgis (m) *king*
senātus, -ūs *senate*
spatium, -ī *space; period (of time)*
tumulus, -ī *mound, hill*

Verbs
colloquor, -ī, -locūtus sum *to converse*
commemorō (1) *to remind of, speak of*
cōnsequor, -ī, -secūtus sum *to attain, get; follow*
contingō, -ere, -tigī, -tāctus *to touch*
dēvehō, -ere, -vēxī, -vectus *to bring down*
doceō, -ēre, docuī, doctus *to teach; show*
postulō (1) *to request, ask; demand*
tribuō, -ere, tribuī, tribūtus *to distribute, grant*

Adjectives and Numerals
aequus, -a, -um *equal*
dēnī, -ae, -a *ten each*
ducentī, -ōrum *200*
grandis, -e *great, large*
iūstus, -a, -um *lawful; regular*
pār, paris *equal*
satis [indeclinable] *enough, sufficient; quite*
terrēnus, -a, -um *of earth*

Adverbs
amplē *largely, widely*
eō *to there*
ferē *nearly, almost*
praeter [+ acc.] *besides, past*

Docēbat etiam,
>   quam veterēs quamque iūstae causae necessitūdinis ipsīs cum Aeduīs intercēderent,
>   quae senātūs cōnsulta quotiēns
>   quamque honōrifica in eōs facta essent,   30
>   ut omnī tempore tōtīus Galliae prīncipātum Aeduī tenuissent,
>>   prius etiam quam nostram amīcitiam appetissent.

>   Populī Rōmānī hanc esse cōnsuētūdinem,
>>   ut sociōs atque amīcōs nōn modō suī nihil dēperdere,
>>   sed grātiā, dignitāte, honōre auctiōrēs velit esse: 35

>>>   Quod vērō ad amīcitiam populī Rōmānī attulissent,
>>   id eīs ēripī
>   quis patī posset?

Postulāvit deinde eadem
>>   quae lēgātīs in mandātīs dederat: 40
>   Nē aut Aeduīs aut eōrum sociīs bellum īnferret;
>   Obsidēs redderet;

>>   Sī nūllam partem Germānōrum domum remittere posset,
>   at nē
>>   quōs amplius Rhēnum trānsīre   45
>   paterētur.

Notes

28: quam = *'how' is the first of four successive indirect questions, the next three being introduced by* quae *'which'* quam *'how' and* ut *'how'*

29: quae senātūs cōnsulta quotiēns **facta essent**

30: eōs = **Aeduōs**

31: ut = *'how' is the last of the four successive indirect questions*

34: suī *is a partitive genitive depending on* nihil = *nothing of theirs*

34: ... suī nihil dēperdere **populus Rōmānus velit**

37: eīs *is an ablative of separation*

41: **Ariovistus** bellum īnferret

45: quōs = **aliquōs**

Nouns

amīcitia, -ae *friendship*
amīcus, -ī *friend*
cōnsuētūdō, cōnsuētūdinis (f) *custom, habit*
cōnsultum, -ī *decree*
dignitās, -tātis (f) *dignity*
grātia, -ae *thanks*
honor, honōris (m) *honor*
mandātum, -ī *command*
necessitūdō, -inis (f) *close connection*
prīncipātus, -ūs *leadership*
senātus, -ūs *senate*
socius, -ī *ally*

Verbs

afferō, afferre, attulī, allātus *to bring to; present*
appetō, -ere, -petīvī/-iī, -petītus *to aim at; desire*
dēperdō, -ere, -perdidī, -perditus *to lose entirely*
doceō, -ēre, docuī, doctus *to teach; show*
ēripiō, -ere, -ripuī, -reptus *to snatch away*
intercēdō, -ere, -cessī, -cessus *to come between*
patior, -ī, passus sum *to suffer, endure; permit*
reddō, -ere, reddidī, redditus *to give back*
remittō, -ere, -mīsī, -missus *to send back; relax*

Adjectives

auctus, -a, -um *enlarged*
honōrificus, -a, -um *giving honor*
iūstus, -a, -um *lawful; regular*
vetus, veteris *old*

Adverbs

amplius *more (than [+ number])*
at *but, at least*
deinde *then*
modo *only*
    nōn modo *not only*
prius … quam *before*
quam *than; how*
quotiēns *how often*
vērō *truly*

I.44   ARIOVISTUS REMAINS DEFIANT

Ariovistus ad postulāta Caesaris pauca respondit,   1
dē suīs virtūtibus multa praedicāvit:

    Trānsisse Rhēnum sēsē nōn suā sponte,
    sed rogātum et arcessītum ā Gallīs;

    Nōn sine magnā spē magnīsque praemiīs domum propinquōsque reliquisse: 5
    Sēdēs habēre in Galliā
        ab ipsīs concessās,
    obsidēs ipsōrum voluntāte datōs;
    Stīpendium capere iūre bellī,
        quod victōrēs victīs impōnere cōnsuērint.   10

    Nōn sēsē Gallīs, sed Gallōs sibi bellum intulisse:
    Omnēs Galliae cīvitātēs ad sē oppugnandum vēnisse
    ac contrā sē castra habuisse;
    Eās omnēs cōpiās ā sē ūnō proeliō pulsās ac superātās esse.

        Sī iterum experīrī velint,   15
    sē iterum parātum esse dēcertāre:
        Sī pāce utī velint,
    inīquum esse dē stīpendiō recūsāre,
        quod suā voluntāte ad id tempus pependerint.

    Amīcitiam populī Rōmānī sibi ōrnāmentō et praesidiō,   20
    nōn dētrīmentō esse oportēre,
    idque sē eā spē petisse.

        Sī per populum Rōmānum stīpendium remittātur
        et dēditīciī subtrahantur,
    nōn minus libenter sēsē recūsātūrum populī Rōmānī amīcitiam,   25
        quam appetierit.

        Quod multitūdinem Germānōrum in Galliam trādūcat,
    id sē suī mūniendī, nōn Galliae impugnandae causā facere:
    Eius reī testimōnium esse,
        quod   30
            nisī rogātus
    nōn vēnerit
    et quod bellum nōn intulerit,
        sed dēfenderit.

Notes

1: pauca **verba** respondit
2: multa **verba** praedicāvit
4: sed rogātum **esse** et arcessītum **esse** ā Gallīs
7: ipsīs = **Gallīs**
10: cōnsuērint = **cōnsuēverint**
19: suā = **Gallōrum**

20: *a double dative*, a dative of reference and a dative
    of purpose (sibi = **Ariovistō** and ōrnāmentō/
    praesidiō)
22: id *refers to the phrase* **amīcitiam populī Rōmānī**
28: id *is explained by the preceding* quod-*clause*
31: nisī **Ariovistus** rogātus **fuerit**

Vocabulary for I.44

Nouns

amīcitia, -ae *friendship*
dēditīcius, -ī *prisoner; someone who has surrendered*
dētrīmentum, -ī *harm*
iūs, iūris (nt) *law; right*
ōrnāmentum, -ī *mark of honor*
postulātum, -ī *demand*
praemium, -ī *prize; honor*
praesidium, -ī *guard, support*
propinquī, -ōrum *relatives*
sēdēs, sēdis (f) *seat; abode*
stīpendium, -ī *tax, tribute*
testimōnium, -ī *proof*
victor, victōris (m) *victor*
voluntās, -tātis (f) *will; consent*

Verbs

appetō, -ere, -petīvī/-iī, -petītus *to aim at; desire*
arcessō, -ere, arcessīvī, arcessītus *to approach; summon*
concēdō, -ere, -cessī, -cessus *to grant, allow*
dēcertō (1) *to fight to the end*
dēfendō, -ere, -fendī, -fēnsus *to defend*
experior, -īrī, -pertus sum *to experience*
impōnō, -ere, -posuī, -positus *to place upon*
impugnō (1) *to attack*
mūniō, -īre, mūnīvī/mūniī, mūnītus *to fortify*
oportet, -ēre, oportuit *it is necessary*
oppugnō (1) *to attack*
parō (1) *to prepare*
pellō, -ere, pepulī, pulsus *to strike, beat; drive*
pendō, -ere, pependī, pēnsus *to pay out*
praedicō (1) *to proclaim*
recūsō (1) *to refuse*
remittō, -ere, -mīsī, -missus *to send back; relax*
respondeō, -ēre, -spondī, -spōnsus *to respond*
rogō (1) *to ask*
subtrahō, -ere, -trāxī, -tractus *to take away*
trādūcō, -ere, -dūxī, -ductus *to lead across*
vincō, -ere, vīcī, victus *to conquer*

Adjectives

inīquus, -a, -um *unjust*

Adverbs

iterum *again*
libenter *willingly, gladly*
sponte *voluntarily*
    suā sponte *on one's own accord*

Sē prius in Galliam vēnisse quam populum Rōmānum.   35
Numquam ante hoc tempus exercitum populī Rōmānī Galliae prōvinciae fīnibus ēgressum.

Quid sibi vellet?
Cur in suās possessiōnēs venīret?

Prōvinciam suam hanc esse Galliam,
sīcut illam nostram.   40

    Ut ipsī concēdī nōn oportēret,
        sī in nostrōs fīnēs impetum faceret,
sīc item nōs esse inīquōs,
    quod in suō iūre sē interpellārēmus.

        Quod frātrēs Aeduōs appellātōs dīceret,   45
nōn sē tam barbarum neque tam imperītum esse rērum,
    ut nōn scīret
        neque bellō Allobrogum proximō Aeduōs Rōmānīs auxilium tulisse
        neque ipsōs in hīs contentiōnibus,
           quās Aeduī sēcum et cum Sēquanīs habuissent,   50
        auxiliō populī Rōmānī ūsōs esse.

Dēbēre sē suspicārī
        simulātā
Caesarem
      amīcitiā,   55
    quod exercitum in Galliā habeat,
suī opprimendī causā habēre.

    Quī nisī dēcēdat
    atque exercitum dēdūcat ex hīs regiōnibus,
sēsē illum nōn prō amīcō,   60
sed hoste habitūrum.

Notes

35: **Ariovistum** in Galliam vēnisse **prius**quam populum Rōmānum

37: Quid **Caesar Ariovistō dīcere** vellet?

49: ipsōs = **Aeduōs**; sē = **Ariovistum**

54–57: Caesarem **exercitum,** quod in Galliā habeat, **Ariovistī** opprimendī causā habēre

58: quī = **Caesar**

60: sēsē = **Ariovistum**; illum = **Caesarem**

Nouns

amīcitia, -ae *friendship*
amīcus, -ī *friend*
contentiō, -ōnis (f) *dispute*
frāter, frātris (m) *brother*
iūs, iūris (nt) *law; right*
possessiō, -ōnis (f) *occupation; property*
regiō, -ōnis (f) *region, country*

Proper Nouns

Allobrogēs, Allobrogum *Allobroges* [between
  Rhone and Isere Rivers]

Verbs

concēdō, -ere, -cessī, -cessus *to grant, allow*
dēbeō, -ēre, dēbuī, dēbitus *owe; ought, must*
dēcēdō, -ere, -cessī, -cessus *to withdraw; die*
dēdūcō, -ere, -dūxī, -ductus *to withdraw*
ēgredior, -ī, -gressus sum *to go out; leave*
ferō, ferre, tulī, lātus *to carry, bear; endure;
                            report*
interpellō (1) *to interfere*
oportet, -ēre, oportuit *it is necessary*
opprimō, -ere, -pressī, -pressus *to overpower*
sciō, -īre, scīvī, scītus *to know*
simulō (1) *to pretend, feign*
suspicor (1) *to be suspect*

Adjectives

barbarus, -a, -um *barbarous*
imperītus, -a, -um *unskilled; ignorant*
inīquus, -a, -um *unjust*

Adverbs

cūr *why*
numquam *never*
prius … quam *before*
sīc *thus, in this way*
sīcut *just as; as if*
tam *so*

Quod sī eum interfēcerit,
multīs sēsē nōbilibus prīncipibusque populī Rōmānī grātum esse factūrum:

Id sē ab ipsīs per eōrum nūntiōs compertum habēre,
    quōrum omnium grātiam atque amīcitiam eius morte redimere posset.   65

Quod sī discessisset
    et līberam possessiōnem Galliae sibi trādidisset,
magnō sē illum praemiō remūnerātūrum
et
    quaecumque bella gerī vellet   70
sine ūllō eius labōre et perīculō cōnfectūrum.

Notes

64: ipsīs = **nōbilibus prīncipibusque** *mentioned in*
    the previous line; **eōrum** *refers to them as well*
65 eius = **Caesaris**

67: sibi = **Ariovistō**
68: sē = **Ariovistum**; illum = **Caesarem**

Nouns

amīcitia, -ae *friendship*
grātia, -ae *thanks*
labor, labōris (m) *effort, striving*
mors, mortis (f) *death*
nūntius, -ī *messenger*
possessiō, -ōnis (f) *occupation; property*
praemium, -ī *prize; honor*
prīnceps, prīncipis (m) *chief, leader*

Verbs

comperiō, -īre, -perī, -pertus *to find out, learn*
cōnficiō, -ere, -fēcī, -fectus *to complete,
                finish up; write up; exhaust*
discēdō, -ere, -cessī, -cessus *to depart*
interficiō, -ere, -fēcī, -fectus *to kill*
redimō, -ere, -ēmī, -emptus *to procure,
                    purchase*
remūneror (1) *to repay*
trādō, -ere, trādidī, trāditus *to hand over*

Adjectives

grātus, -a, -um *pleasing, grateful*
    grātum facere *to do a favor*
līber, lībera, līberum *free, undisturbed*
nōbilis, nōbile *noble, famous*
quīcumque, quaecumque, quodcumque
                whoever, whatever

I.45   CAESAR STATES ROME HAS A LEGITIMATE CLAIM

Multa ab Caesare in eam sententiam dicta sunt   1
    quārē negōtiō dēsistere nōn posset:

Neque suam neque populī Rōmānī cōnsuētūdinem patī
    utī optimē merentēs sociōs dēsereret,
neque sē iūdicāre   5
    Galliam potius esse Ariovistī quam populī Rōmānī.

Bellō superātōs esse Arvernōs et Rutenōs ab Quīntō Fabiō Maximō,
    quibus populus Rōmānus ignōvisset
    neque in prōvinciam redēgisset
    neque stīpendium imposuisset.   10

    Quod sī antīquissimum quodque tempus spectārī oportēret,
populī Rōmānī iūstissimum esse in Galliā imperium.

    Sī iūdicium senātūs observārī oportēret,
līberam dēbēre esse Galliam,
    quam   15
        bellō victam
    suīs lēgibus ūtī voluisset.

Notes

7: *this battle was in 121 BCE*

17: **senātus** suīs (Arvernōrum et Rutenōrum) lēgibus ūtī voluisset

Vocabulary for I.45

Nouns

cōnsuētūdō, -inis (f) *custom, habit*
iūdicium, -ī *judgment, opinion*
lēx, lēgis (f) *law*
negōtium, -ī *business, task*
senātus, -ūs *senate*
sententia, -ae *opinion; purpose*
   in eam sententiam *to this purpose*
socius, -ī *ally*
stīpendium, -ī *tax, tribute*

Proper Nouns

Arvernī, -ōrum *Arverni* [tribe from modern Auvergne]
Quīntus Fabius Maximus *Quintus Fabius Maximus*
Rutēnī, -ōrum *Ruteni* [tribe from modern Aveyron]

Verbs

dēbeō, -ēre, dēbuī, dēbitus *owe; ought, must*
dēserō, -ere, -seruī, -sertus *to abandon, desert*
dēsistō, -ere, -stitī, -stitus [+ abl.] *to stop*
ignōscō, -ere, -nōvī, -nōtus [+ dat.] *to pardon*
impōnō, -ere, -posuī, -positus *to place upon*
iūdicō (1) *to judge*
mereor, -ērī, meritus sum *to deserve*
observō (1) *to observe*
oportet, -ēre, oportuit *it is necessary*
patior, -ī, passus sum *to suffer, endure; permit*
redigō, -ere, redēgī, redāctus *to collect*
spectō (1) *to observe*
vincō, -ere, vīcī, victus *to conquer*

Adjectives

antīquus, -a, -um *ancient*
iūstus, -a, -um *lawful; regular*
līber, lībera, līberum *free, undisturbed*

Adverbs

optimē *best, very well*
potius *rather*
quam *than; how*
quārē *wherefore, on account of which*
quodque *even* [postpositive conjunction]

I.46   THE MEETING IS BROKEN OFF

Dum haec in colloquiō geruntur,   1
Caesarī nūntiātum est
    equitēs Ariovistī propius tumulum accēdere
    et ad nostrōs adequitāre,
    lapidēs tēlaque in nostrōs conicere.   5

Caesar loquendī fīnem fēcit
sēque ad suōs recēpit
suīsque imperāvit
    nē quod omnīnō tēlum in hostēs rēicerent,

    Nam etsī   10
        sine ūllō perīculō legiōnis dēlēctae cum equitātū proelium fore
    vidēbat,
tamen committendum nōn putābat
    ut
           pulsīs hostibus   15
    dīcī posset
        eōs ab sē per fidem in colloquiō circumventōs.

    Posteāquam in vulgus mīlitum ēlātum est
        quā arrogantiā in colloquiō Ariovistus ūsus omnī Galliā Rōmānīs interdīxisset,
        impetumque in nostrōs eius equitēs fēcissent,   20
        eaque rēs colloquium ut dirēmisset,
multō māior alacritās studiumque pugnandī māius exercituī iniectum est.

Notes

13: committendum *is a gerund and is the direct object of the verb* pūtābat

14: *result clause*

19: ūsus *is a participle modifying* Ariovistus *and taking the ablative object* quā arrogantiā

21: ut = *'how' and introduces an indirect question*

22: iniectum est *agrees only with the closer subject* (studium)

Vocabulary for I.46

Nouns

alacritās, -tātis (f) *eagerness*
arrogantia, -ae *arrogance*
colloquium, -ī *conversation, meeting*
fidēs, -eī (f) *faith, trust*
lapis, lapidis (m) *stone*
legiō, -ōnis (f) *legion*
studium, -ī *enthusiasm, zeal*
tumulus, -ī *mound, hill*
vulgus, -ī (nt) *crowd, common people*

Verbs

accēdō, -ere, -cessī, -cessus *to approach*
adequitō (1) *to ride up to*
circumveniō, -īre, -vēnī, -ventus *to surround*
dēligō, -ere, -lēgī, -lēctus *to select*
dirimō, -ere, dirēmī, diremptus *to break off,
                                    interrupt*
efferō, efferre, extulī, ēlātus *to carry out;
                                    spread; raise*
iniciō, -ere, -iēcī, -iectus *to infuse*
interdīcō, -dīcere, -dīxī, -dictus *to exclude*
loquor, loquī, locūtus sum *to speak*
nūntiō (1) *to announce, report*
pellō, -ere, pepulī, pulsus *to strike, beat; drive*
putō (1) *to think, suppose*
rēiciō, -ere, -iēcī, -iectus *to throw back, repel*

Adjectives

māior, māius *greater*

Adverbs

etsī *although*
omnīnō *altogether*
posteāquam *after (that)*
propius *nearer*

I.47   CAESAR SENDS TWO MESSENGERS

Biduō post Ariovistus ad Caesarem lēgātōs mittit: 1

    Velle sē dē hīs rēbus,
        quae inter eōs agī coeptae neque perfectae essent,
    agere cum eō:

        Utī aut iterum colloquiō diem cōnstitueret aut,   5
            sī id minus vellet,
    ē suīs lēgātīs aliquem ad sē mitteret.

Colloquendī Caesarī causa vīsa nōn est,
et eō magis,
    quod prīdiē eius diēī Germānī retinērī nōn poterant   10
        quīn in nostrōs tēla conicerent.

    Lēgātum ē suīs sēsē magnō cum perīculō ad eum missūrum
    et hominibus ferīs obiectūrum
exīstimābat.

Commodissimum vīsum est   15
    Gāium Valerium Procillum, C. Valerī Cabūrī fīlium, summā virtūte et hūmānitāte
adulēscentem,
        cuius pater ā Gāiō Valeriō Flaccō cīvitāte dōnātus erat,
    et propter fidem et propter linguae Gallicae scientiam,
        quā multā iam Ariovistus longinquā cōnsuētūdine ūtēbātur,
    et   20
            quod in eō peccandī Germānīs causa nōn esset,
    ad eum mittere,
    et Marcum Mētium,
        quī hospitiō Ariovistī ūtēbātur.

Hīs mandāvit   25
    ut
        quae dīceret Ariovistus
    cognōscerent
    et ad sē referrent.

Notes

5: *this* ut-*clause depends on the* velle *of line 2, stating something else that Ariovistus wishes*

11: *this is a prevention clause*

12: **Caesarem** lēgātum ē **mīlitibus Caesaris** magnō cum perīculō ad **Ariovistum** missūrum esse

16–17: Flaccus *was governor of Gaul in 83* BCE *and had granted Cabūrus, a Celt, citizenship*

19: *Ariovistus being a German, this Celtic language would not have been his mother tongue but something he had learned.*

21: eō = **Procillō**

22: eum = **Ariovistum**

27: **ea** quae dīceret Ariovistus

29: sē = **Caesarem**

Vocabulary for I.47

Nouns

biduum, -ī *two day period*
colloquium, -ī *conversation, meeting*
cōnsuētūdō, -inis (f) *custom, habit*
fidēs, -eī (f) *faith, trust*
fīlius, -ī *son*
hospitium, -ī *friendship*
hūmānitās, -tātis (f) *civilization; refinement*
lingua, -ae *language*
pater, patris (m) *father; (pl.) ancestors*
scientia, -ae *knowledge*
tēlum, -ī *javelin, missile*

Proper Nouns and Adjectives

Gāius Valerius Cabūrus *Gaius Valerius Caburus*
Gāius Valerius Flaccus *Gaius Valerius Flaccus*
Gāius Valerius Procillus *Gaius Valerius*
                                    Procillus
Gallicus, -a, -um *Gallic*
Marcus Mētius *Marcus Metius*

Verbs

colloquor, -ī, -locūtus sum *to converse*
conició, -ere, -iēcī, -iectus *to hurl, throw*
dōnō (1) *to present, bestow*
mandō (1) [+ dat.] *to command; commit, entrust*
obició, -ere, -iēcī, -iectus *to throw in the way*
peccō (1) *to do wrong*
perfició, -ere, -fēcī, -fectus *to complete,*
                                    accomplish
referō, referre, rettulī, relātus *to carry back*
retineō, -ēre, -tinuī, -tentus *to restrain; retain*

Adjectives

commodus, -a, -um *convenient, suitable*
ferus, -a, -um *wild, uncivilized*
longinquus, -a, -um *long, continued*

Adverbs

iterum *again*
magis *more*
prīdiē *the day before*

Quōs cum apud sē in castrīs Ariovistus cōnspēxisset,   30
    exercitū suō praesente
conclāmāvit:

Quid ad sē venīrent?
An speculandī causā?

Cōnantēs dīcere   35
prohibuit
et in catēnās coniēcit.

Notes

30: quōs = eōs   36: **Ariovistus eōs** prohibuit

Noun

catēna, -ae *chain*

Verbs

conclāmō (1) *to shout out*

coniciō, -ere, -iēcī, -iectus *to hurl, throw*

cōnspiciō, -ere, -spēxī, -spectus *to observe,
                                        perceive*

speculor (1) *to spy*

Adjective

praesēns, praesentis *present*

Adverb

an *or* [introduces a 2nd question]

I.48   HORSEMEN AND FOOTMEN

Eōdem diē castra prōmōvit   1
et mīlibus passuum sex ā Caesaris castrīs sub monte cōnsēdit.

Postrīdiē eius diēī praeter castra Caesaris suās cōpiās trādūxit
et mīlibus passuum duōbus ultrā eum castra fēcit,
       eō cōnsiliō utī frūmentō commeātūque   5
            quī ex Sēquanīs et Aeduīs supportārētur
       Caesarem interclūderet.

Ex eō diē diēs continuōs quīnque Caesar prō castrīs suās cōpiās prōdūxit
et aciem īnstrūctam habuit,
       ut,   10
            sī vellet Ariovistus proeliō contendere,
       eī potestās nōn dēesset.

Ariovistus hīs omnibus diēbus exercitum castrīs continuit,
equestrī proeliō cotīdiē contendit.

Genus hoc erat pugnae,   15
       quō sē Germānī exercuerant.

Equitum mīlia erant sex,
totidem numerō peditēs vēlōcissimī ac fortissimī,
       quōs ex omnī cōpiā singulī singulōs suae salūtis causā dēlēgerant:
Cum hīs in proeliīs versābantur.   20

Ad eōs sē equitēs recipiēbant:
Hī,
       sī quid erat dūrius,
concurrēbant,
       sī quī   25
            graviōre vulnere acceptō
       equō dēciderat,
circumsistēbant;
       Sī quō erat longius prōdeundum aut celerius recipiendum,
tanta erat hōrum exercitātiōne celeritās,   30
          ut
            iubīs equōrum sublevātī
       cursum adaequārent.

Notes

2: **Ariovistus** cōnsēdit
12: eī = **Ariovistō**
15: pugnae *is a genitive of characteristic*
19: cōpia *here is 'army'*

19: **singulī equitēs singulōs peditēs** dēlēgerant
20: hīs = **peditibus**
22: hī = **peditēs**
25: **aliquī eques**

Vocabulary for I.48

Nouns

celeritās, -tātis (f) *speed*
commeātus, -ūs *provisions, supplies*
cursus, -ūs *running; course*
equus, -ī *horse*
exercitātiō, -ōnis (f) *experience*
genus, generis (nt) *type, kind*
iuba, -ae *mane (of a horse)*
pedes, peditis (m) *foot soldier; infantry*
potestās, -tātis (f) *power, authority; chance*
pugna, -ae *battle*
vulnus, vulneris (nt) *wound*

Verbs

adaequō (1) *to keep up with*
circumsistō, -ere, -stetī *to stand around, surround*
concurrō, -ere, -currī, -cursus *to rush together*
cōnsīdō, -ere, -sēdī, -sessus *to settle, take a position*
contineō, -ēre, -tinuī, -tentus *to contain; control*
dēcidō, -ere, -cidī *to fall down*
dēligō, -ere, -lēgī, -lēctus *to select*
dēsum, deesse, dēfuī, dēfutūrus *to fail; be lacking*
exerceō, -ēre, -ercuī, -ercitus *to practice, train*
īnstruō, -ere, -strūxī, -strūctus *to array*
interclūdō, -ere, -clūsī, -clūsus *to cut off*
prōdeō, prōdīre, prōdiī, prōditus *to advance; hand down*
prōdūcō, -ere, -dūxī, -ductus *to lead out*
prōmoveō, -ēre, -mōvī, -mōtus *to advance*
sublevō (1) *to support, encourage*
supportō (1) *to bring to*
trādūcō, -ere, -dūxī, -ductus *to lead across*
versor (1) *to be engaged in*

Adjectives and Numerals

continuus, -a, -um *continuous*
dūrus, -a, -um *severe*
equester, equestris *equestrian, related to cavalry*
fortis, forte *strong, brave*
quīnque *five*
sex *six*
singulī, -ae, -a *each, single*
vēlōx, vēlōcis *swift*

Adverbs

aliquō *to some place*
celerius *more swiftly*
cotīdiē *daily*
longius *longer, farther*
postrīdiē *the next day*
praeter [+ acc.] *besides, past*
totidem *just as many*
ultrā [+ acc.] *beyond*

I.49   FORTIFYING A SECOND CAMP

Ubi   1
       eum castrīs sē tenēre
    Caesar intellēxit,
   nē diūtius commeātū prohibērētur,
ultrā eum locum,   5
    quō in locō Germānī cōnsēderant, circiter passūs sescentōs ab hīs,
castrīs idōneum locum dēlēgit
        aciēque triplicī īnstrūctā
ad eum locum vēnit.

    Prīmam et secundam aciem in armīs esse,   10
    tertiam castra mūnīre
iussit.

Hic locus ab hoste circiter passūs sescentōs,
    utī dictum est,
aberat.   15

Eō circiter hominum numerō sēdecim mīlia expedīta cum omnī equitātū Ariovistus mīsit,
    quae cōpiae nostrōs perterrērent
    et mūnītiōne prohibērent.

Nihilō sētius Caesar,
      ut ante cōnstituerat,   20
    duās aciēs hostem prōpulsāre,
    tertiam opus perficere
iussit.

    Mūnītīs castrīs
duās ibi legiōnēs relīquit et partem auxiliōrum,   25
quattuor reliquās in castra māiōra redūxit.

Notes

2: eum *and* sē = **Ariovistum**   18: mūnītiōne *is the ablative object of* **prohibēre**
17: **ut hae** cōpiae nostrōs perterrērent

Vocabulary for I.49

Nouns

commeātus, -ūs *provisions, supplies*
legiō, -ōnis (f) *legion*
mūnītiō, -ōnis (f) *fortification, building*
nihilum, -ī *nothing*
   nihilō sētius *nonetheless*
opus, operis (nt) *work*

Verbs

cōnsīdō, -ere, -sēdī, -sessus *to settle, take a position*
dēligō, -ere, -lēgī, -lēctus *to select*
īnstruō, -ere, -strūxī, -strūctus *to array*
mūniō, -īre, mūnīvī/mūniī, mūnītus *to fortify*
perficiō, -ere, -fēcī, -fectus *to complete, accomplish*
perterreō, -ēre, -terruī, -territus *to frighten thoroughly*
prōpulsō (1) *to drive back*
redūcō, -ere, -dūxī, -ductus *to bring back*

Adjectives and Numerals

expedītus, -a, -um *light-armed; unobstructed*
idōneus, -a, -um *suitable*
māior, māius *greater*
quattuor *four*
secundus, -a, -um *second; next; prosperous*
sēdecim *16*
sescentī, -ōrum *600*
triplex, triplicis *triple*

Adverbs

diūtius *longer, any longer*
eō *to there*
sētius *less*
   nihilō sētius *nonetheless*
ultrā [+ acc.] *beyond*

I.50 A FIRST ENGAGEMENT

Proximō diē   1
      īnstitūtō suō
Caesar ē castrīs utrīsque cōpiās suās ēdūxit
     paulumque ā māiōribus castrīs prōgressus
aciem īnstruxit,   5

Hostibus pugnandī potestātem fēcit.

   Ubi
        nē tum quidem eōs prōdīre
     intellēxit,
circiter merīdiem exercitum in castra redūxit.   10

Tum dēmum Ariovistus partem suārum cōpiārum,
     quae castra minōra oppugnārent,
mīsit.

Ācriter utrimque usque ad vesperum pugnātum est.

Sōlis occāsū suās cōpiās Ariovistus   15
     multīs et illātīs et acceptīs vulneribus
in castra redūxit.

      Cum ex captīvīs quaereret
Caesar
     quam ob rem Ariovistus proeliō nōn dēcertāret,   20
hanc reperiēbat causam;

    quod apud Germānōs ea cōnsuētūdō esset,
       ut mātrēs familiae eōrum sortibus et vāticinātiōnibus declārārent,
        utrum proelium committī ex ūsū esset necne.

Eās ita dīcere: 25
     nōn esse fās
        Germānōs superāre,
          sī ante novam lūnam proeliō contendissent.

Notes

8: eōs = **Germānōs**
23: *the* **sortēs** *were bundles of leaves or twigs,*
   marked with signs, from which one was chosen by
   chance

24: ex ūsū = *advantageous*
25: **Caesar audīvit** eās ita dīcere
25: eās = **mātrēs familiae**

Vocabulary for I.50

Nouns

captīvus, -ī *prisoner of war*
cōnsuētūdō, -inis (f) *custom, habit*
familia, -ae *family; dependents, retinue*
   māter familiae *matron*
fās (nt) [indeclinable] *divine law, right*
īnstitūtum, -ī *habit, custom*
lūna, -ae *moon*
māter, mātris (f) *mother*
merīdiēs, -ēī (m) *midday*
occāsus, -ūs *setting*
potestās, -tātis (f) *power, authority; chance*
sōl, sōlis (m) *sun*
sors, sortis (f) *lot; fate*
vāticinātiō, -ōnis (f) *divination*
vesper, -ī *evening*
vulnus, vulneris (nt) *wound*

Verbs

committō, -ere, -mīsī, -missus *to join; engage in; entrust*
dēcertō (1) *to fight to the end*
dēclārō (1) *to declare, make clear*
ēdūcō, -ere, -dūxī, -ductus *to lead out*
īnstruō, -ere, -strūxī, -strūctus *to array*
oppugnō (1) *to attack*
prōdeō, prōdīre, prōdiī, prōditus *to advance; hand down*
prōgredior, -ī, -gressus sum *to advance, go forward*
quaerō, -ere, quaesīvī/quaesiī, quaesītum *to inquire, ask*
redūcō, -ere, -dūxī, -ductus *to bring back*
reperiō, -īre, repperī, repertus *to find*

Adjectives

māior, māius *greater*
minor, minus *less, smaller*
novus, -a, -um *new*

Adverbs

ācriter *sharply, fiercely*
dēmum *at last*
nē ... quidem *not ... even*
paulum *a little, somewhat*
quam ob rem *accordingly; why*
usque *up till*
utrimque *on both sides*
utrum ... necne *whether ... or not*

I.51   THE GERMANS PREPARE FOR WAR

Postrīdiē eius diēī Caesar praesidium utrīsque castrīs,   1
    quod satis esse vīsum est,
relīquit;

Omnēs ālāriōs in cōnspectū hostium prō castrīs minōribus cōnstituit,
      quod minus multitūdine mīlitum legiōnāriōrum prō hostium numerō valēbat,   5
  ut ad speciem ālāriīs ūterētur;

Ipse
    triplicī īnstrūctā aciē
usque ad castra hostium accessit.

Tum dēmum necessāriō Germānī suās cōpiās castrīs ēdūxērunt   10
generātimque cōnstituērunt
      paribus intervallīs,
Harūdēs, Marcomanōs, Tribocēs, Vangiōnēs, Nemetēs, Sedusiōs, Suēbōs,
omnemque aciem suam raedīs et carrīs circumdedērunt,
    nē qua spēs in fugā relinquerētur.   15

Eō mulierēs imposuērunt,
    quae in proelium proficīscentēs
        passīs manibus
    flentēs implōrābant,
      nē sē in servitūtem Rōmānīs trāderent.   20

Notes

5: minus **Caesar** valēbat
16: **in carrīs Germānī** mulierēs **imposuērunt**

17–19: **mulierēs** flentēs implōrābant **virōs** in
    proelium proficīscentēs
20: sē = **mulierēs**

Vocabulary for I.51

Nouns

āliārī, -ōrum *allies, auxiliaries*
carrus, -ī *cart, wagon*
cōnspectus, -ūs *view, sight*
intervallum, -ī *space, interval*
mulier, mulieris (f) *woman*
praesidium, -ī *guard, support*
raeda, -ae *4-wheeled cart*
servitūs, -tūtis (f) *slavery*
speciēs, -ēī (f) *appearance*

Proper Nouns

Harūdēs, Harūdum *Harudes* [Germanic tribe from Jutland]
Marcomanī, -ōrum *Marcomani* [on upper Main]
Nemetēs, Nemetum *Nemetes* [from near Speyer]
Sedusiī, -ōrum *Sedusii* [from between Main and Neckar]
Suēbī, -ōrum *Suebi* [from central Germany]
Tribocēs, Tribocum *Triboces* [from Strasburg]
Vangiōnēs, Vangionum *Vangiones* [from Worms]

Verbs

accēdō, -ere, -cessī, -cessus *to approach*
circumdō, -dare, -dedī, -datus *to give around; surround*
ēdūcō, -ere, -dūxī, -ductus *to lead out*
fleō, -ēre, flēvī, flētus *to cry*
implōrō (1) *to implore*
impōnō, -ere, -posuī, -positus *to place upon*
īnstruō, -ere, -strūxī, -strūctus *to array*
pandō, -ere, pandī, passus *to stretch out*
trādō, -ere, trādidī, trāditus *to hand over*
valeō, -ēre, valuī, valitus *to be strong; prevail*

Adjectives

legiōnārius, -a, -um *relating to a legion*
minor, minus *less, smaller*
pār, paris *equal*
satis *enough, sufficient; quite*
triplex, triplicis *triple*

Adverbs

dēmum *at last*
eō *to there*
generātim *by tribe*
necessāriō *of necessity*
postrīdiē *the next day*
usque *up till*

I.52 THE BATTLE BEGINS

Caesar singulīs legiōnibus singulōs lēgātōs et quaestōrem praefēcit,   1
    utī eōs testēs suae quisque virtūtis habēret;

Ipse ā dextrō cornū,
    quod
           eam partem minimē firmam hostium esse   5
    animadverterat,
proelium commīsit.

Ita nostrī ācriter in hostēs
    signō datō
impetum fēcērunt,   10
itaque hostēs repente celeriterque prōcurrērunt,
    ut spatium pīla in hostēs coniciendī nōn darētur.

    Rēiectīs pīlīs
comminus gladiīs pugnātum est.

At Germānī celeriter ex cōnsuētūdine   15
    suā phalange factā
impetūs gladiōrum excēpērunt.

Repertī sunt complūrēs nostrī mīlitēs,
    quī in phalangās īnsilīrent
    et scūta manibus revellerent   20
    et dēsuper vulnerārent.

    Cum hostium aciēs ā sinistrō cornū pulsa atque in fugam coniecta esset,
ā dextrō cornū vehementer multitūdine suōrum nostram aciem premēbant.

    Id cum animadvertisset Publius Crassus adulēscēns,
        quī equitātuī praeerat,   25
    quod expedītior erat quam eī
        quī inter aciem versābantur,
tertiam aciem labōrantibus nostrīs subsidiō mīsit.

Notes

2: quisque *refers to each solider*

8–10: nostrī **mīlitēs** fēcērunt ācriter impetum in hostēs

12: *a result clause*

19–21: *relative clauses of characteristic*

23: **aciēs Germānōrum** ā dextrō cornū vehementer multitūdine suōrum **virōrum** nostram aciem premēbant

24: id *refers to the contents of line 23*

24: Publius Crassus *is the son of Marcus Crassus who was mentioned in chapter I.21.*

Vocabulary for I.52

Nouns

adulēscēns, -scentis (m/f) *young man/woman*
cōnsuētūdō, -inis (f) *custom, habit*
cornū, -ūs (nt) *horn; wing (of army)*
gladius, -ī *sword*
legiō, -ōnis (f) *legion*
phalanx, phalangis (f) *phalanx, troops in
compact array*
pīlum, -ī *heavy javelin*
quaestor, -tōris (m) *quaestor*
scūtum, -ī *shield*
signum, -ī *military standard*
spatium, -ī *space; period (of time)*
subsidium, -ī *aid, assistance*
testis, testis (m/f) *witness*

Proper Nouns

Publius Crassus *Publius Crassus*

Verbs

animadvertō, -ere, animadvertī, animadversus
to notice
excipiō, -ere, -cēpī, -ceptus *to receive, catch*
īnsiliō, -īre, -siluī, -sultus *to leap on*
labōrō (1) *to work; be in distress*
pellō, -ere, pepulī, pulsus *to strike, beat; drive*
praeficiō, -ere, -fēcī, -fectus [+ dat.] *to place
in command*
praesum, praeesse, praefuī [+ dat.] *to be in
command (of)*
premō, -ere, pressī, pressus *to press hard*
prōcurrō, -ere, -currī, -cursus *to rush forward*
rēiciō, -ere, -iēcī, -iectus *to throw back, repel*
reperiō, -īre, repperī, repertus *to find*
revellō, -ere, -vellī, -vulsus *to pluck away*
versor (1) *to be engaged in*
vulnerō (1) *to wound*

Adjectives

complūrēs, complūra *several, many*
dexter, dext(e)ra, dext(e)rum *right*
expedītus, -a, -um *light-armed; unobstructed*
firmus, -a, -um *strong*
quisque, quaeque, quodque *each*
singulī, -ae, -a *each, single*
sinister, sinistra, sinistrum *left*

Adverbs

ācriter *sharply, fiercely*
at *but, at least*
celeriter *quickly*
comminus *hand to hand*
dēsuper *from above*
minimē *by no means, not at all, least*
repente *unexpectedly*
vehementer *strongly*

I.53   THE GERMANS FLEE

Ita proelium restitūtum est,   1
atque omnēs hostēs terga vertērunt
neque
  prius
fugere dēstitērunt   5
  quam ad flūmen Rhēnum mīlia passuum ex eō locō circiter quīnque pervēnērunt.

Ibi perpaucī aut
  viribus cōnfisī
trānāre contendērunt
aut   10
  lintribus inventīs
sibi salūtem reppererunt.

In hīs fuit Ariovistus,
  quī
    nāviculam dēligātam ad rīpam nactus   15
  eā prōfūgit:

Reliquōs omnēs
  equitātū cōnsecūtī
nostrī interfēcērunt.

Duae fuērunt Ariovistī uxōrēs, ūna Suēba nātiōne,   20
  quam domō sēcum dūxerat,
altera Nōrica, rēgis Vocciōnis soror,
  quam in Galliā dūxerat
    ā frātre missam.

Utraque in eā fugā periit;   25

Duae fīliae: hārum altera occīsa,
altera capta est.

Notes

23: quam **Ariovistus** in Galliā **in mātrimōnium**   26–27: altera … altera = *the one … the other*
dūxerat

Vocabulary for I.53

Nouns

fīlia, -ae *daughter*
flūmen, flūminis (nt) *river*
frāter, frātris (m) *brother*
linter, lintris (f) *skiff, boat*
nātiō, -ōnis (f) *race*
nāvicula, -ae *small ship*
rēx, rēgis (m) *king*
rīpa, -ae *bank (of a river)*
soror, sorōris (f) *sister*
tergum, -ī *back*
uxor, uxōris (f) *wife*
vīs; (pl.) vīrēs (f) *force; (pl.) strength*

Proper Nouns and Adjectives

Nōricus, -a, -um *Norican*
Suēbus, -a, -um *Suebian*
Vocciō, -ōnis (m) *Voccio*

Verbs

cōnfīdō, -ere, -fīsus sum *to be confident*
cōnsequor, -ī, -secūtus sum *to attain, get; follow*
dēligō (1) *to fasten, tie down*
dēsistō, -ere, -stitī, -stitus [+ abl.] *to stop*
fugiō, -ere, fūgī *to flee*
inveniō, -īre, -vēnī, -ventus *to find*
nancīscor, -ī, nactus sum *to obtain*
occīdō, -ere, -cīdī, -cīsus *to strike down; kill*
pereō, perīre, periī, peritus *to perish*
profugiō, -ere, -fūgī *to flee*
reperiō, -īre, repperī, repertus *to find*
restituō, -ere, -stituī, -stitūtus *to rebuild, restore*
trānō (1) *to swim across*
vertō, -ere, vertī, versus *to turn*

Adjectives and Numerals

perpaucus, -a, -um *very little; (pl.) very few*
quīnque *five*

Adverbs

prius … quam *before*

Gāius Valerius Procillus,
 cum ā custōdibus in fugā
  trīnīs catēnīs vinctus   30
 traherētur,
in ipsum Caesarem
 hostēs equitātū persequentem
incidit.

Quae quidem rēs Caesarī nōn minōrem quam ipsa victōria voluptātem attulit, 35
 quod hominem honestissimum prōvinciae Galliae, suum familiārem et hospitem,
  ēreptum ē manibus hostium
   sibi restitūtum
 vidēbat,
neque eius calamitāte dē tantā voluptāte et grātulātiōne quidquam fortūna dēminuerat. 40

Is
      sē praesente
 dē sē ter sortibus cōnsultum
dīcēbat
   utrum ignī statim necārētur,   45
   an in aliud tempus reservārētur:

 Sortium beneficiō sē esse incolumem.

Item Marcus Mētius repertus et ad eum reductus est.

Notes

37–38: *participial phrases modifying* **hominem**
40: eius = **Procillī**
40: quidquam *is an adverbial accusative meaning*
 'any, at all'

41: is = **Procillus**
42: *this and the following* sē *refer to* **Procillus**
43: dē **Procillō** ter sortibus cōnsultum **esse**
48: eum = **Caesarem**

Nouns

beneficium, -ī *favor, service*
calamitās, -tātis (f) *disaster; harm*
catēna, -ae *chain*
custōs, custōdis (m/f) *guard*
familiāris, -is (m/f) *friend*
grātulātiō, -ōnis (f) *rejoicing*
hospes, hospitis (m/f) *guest*
ignis, ignis (m) *fire*
sors, sortis (f) *lot; fate*
voluptās, -tātis (f) *pleasure*

Proper Nouns

Gāius Valerius Procillus *Gaius Valerius Procillus*
Marcus Mētius *Marcus Metius*

Verbs

afferō, afferre, attulī, allātus *to bring to; present*
cōnsulō, -ere, -suluī, -sultus *to consult*
dēminuō, -ere, -minuī, -minūtus *to lessen*
ēripiō, -ere, -ripuī, -reptus *to snatch away*
incidō, -ere, -cidī *to happen (upon), fall upon*
necō (1) *to kill*
persequor, -ī, -secūtus sum *to pursue*
redūcō, -ere, -dūxī, -ductus *to bring back*
reperiō, -īre, repperī, repertus *to find*
reservō (1) *to hold in reserve*
restituō, -ere, -stituī, -stitūtus *to rebuild, restore*
trahō, -ere, trāxī, tractus *to drag*
vincō, -ere, vīcī, victus *to conquer*

Adjectives

honestus, -a, -um *worthy, distinguished*
incolumis, -e *unhurt, safe*
minor, minus *less, smaller*
praesēns, praesentis *present*
quisquam, quaequam, quidquam/quicquam *any, anyone, anything*
trīnī, -ae, -ae *threefold*

Adverbs

quidem *indeed*
statim *immediately*
ter *three times*
utrum … an *whether … or*

I.54   HEAD INTO WINTER QUARTERS

      Hōc proeliō trāns Rhēnum nūntiātō   1
Suēbī,
      quī ad rīpās Rhēnī vēnerant,
domum revertī coepērunt;

         Quōs Ubiī,   5
            quī proximī Rhēnum incolunt
         perterritōs sēnsērunt,
     īnsecūtī
magnum ex eīs numerum occīdērunt.

Caesar   10
         ūnā aestāte duōbus maximīs bellīs cōnfectīs
mātūrius paulō
      quam tempus annī postulābat
in hīberna in Sēquanōs exercitum dēdūxit;

Hībernīs Labiēnum praeposuit;   15
Ipse in citeriōrem Galliam ad conventūs agendōs profectus est.

Notes

5: quōs = **Suēbōs**

5: *some scholars read this line as* **quōs ubi quī**

13: *this verbal clause completes the comparison of* **mātūrius**

16: conventūs *refers to proconsular courts which were held in the various districts of a province*

Vocabulary for I.54

Nouns

aestās, aestātis (f) *summer*
conventus, -ūs *meeting, assembly*
rīpa, -ae *bank (of a river)*

Proper Nouns

Suēbī, -ōrum *Suebi* [from central Germany]
(Titus) Labiēnus *Titus Labienus*
Ubiī, -ōrum *Ubii* [Germanic tribe on Rhine
near Cologne]

Verbs

cōnficiō, -ere, -fēcī, -fectus *to complete, finish
up; write up; exhaust*
dēdūcō, -ere, -dūxī, -ductus *to withdraw*
incolō, -ere, -coluī *to inhabit*
īnsequor, -sequī, -secūtus sum *to pursue*
nūntiō (1) *to announce, report*
occīdō, -ere, -cīdī, -cīsus *to strike down; kill*
perterreō, -ēre, -terruī, -territus *to frighten
thoroughly*
postulō (1) *to request, ask; demand*
praepōnō, -ere, -posuī, positus *to put in
command*
revertor, -ī, -versus sum *to return*
sentiō, -īre, sēnsī, sēnsus *to feel, perceive*

Adjectives

citerior, citerius *nearer*
Gallia citerior *Cisalpine Gaul*

Adverbs

mātūrē *promptly, quickly*
paulō *a little, somewhat*
quam *than; how*

BOOK IV

55 BCE

IV.24 DIFFICULTY DOCKING THE SHIPS

At barbarī,   1
      cōnsiliō Rōmānōrum cognitō
      praemissō equitātū et essedāriīs,
        quō plērumque genere in proeliīs utī cōnsuērunt,
    reliquīs cōpiīs subsecūtī   5
nostrōs nāvibus ēgredī prohibēbant.

Erat ob hās causās summa difficultās,
      quod nāvēs propter magnitūdinem
        nisī in altō
      cōnstituī nōn poterant,   10
mīlitibus
    autem ignōtīs locīs,
    impedītīs manibus,
    magnō et gravī onere armōrum oppressīs,
simul et dē nāvibus dēsiliendum   15
et in fluctibus cōnsistendum
et cum hostibus erat pugnandum,
    cum illī
      aut ex āridō aut paulum in aquam prōgressī
        omnibus membrīs expedītīs,   20
        nōtissimīs locīs
    audācter tēla conicerent
    et equōs īnsuēfactōs incitārent.

Quibus rēbus nostrī perterritī
    atque huius omnīnō generis pugnae imperītī   25
nōn eādem alacritāte ac studiō
    quō in pedestribus utī proeliīs cōnsuērant
nitēbantur.

Notes

3: praemissō *agrees with the closer noun, hence it is singular*

4: *this is a relative clause whose antecedent* genere *is in the clause itself,* genere *referring to the contents of the previous line*

4: cōnsuērunt = **cōnsuēvērunt**

9: nisī in altō **erant**

11: mīlitibus *is the dative of agent of the gerundives in lines 15–17*

14: **sē** magnō et gravī onere armōrum oppressīs

18: illī = **barbarī**

27: cōnsuērant = **cōnsuēverant**

Vocabulary for IV.24

Nouns

alacritās, -tātis (f) *eagerness, spirit*
altum, -ī *(deep) sea*
aqua, -ae *water*
āridum, -ī *dry land*
barbarus, -a, -um *barbarous*
difficultās, -tātis (f) *difficulty*
equus, -ī *horse*
essedārius, -ī *charioteer*
fluctus, -ūs *wave*
genus, generis (nt) *type, kind*
magnitūdō, -inis (f) *size*
membrum, -ī *limb*
onus, oneris (nt) *load, burden*
pugna, -ae *battle*
studium, -ī *enthusiasm, zeal*
tēlum, -ī *javelin, missile*

Verbs

coniciō, -ere, -iēcī, -iectus *to hurl, throw*
cōnsistō, -ere, -stitī *to take up a position*
dēsiliō, -īre, -siluī, -sultus *to jump down*
ēgredior, -ī, -gressus sum *to go out; leave*
impediō, -īre, -pedīvī, -pedītus *to hinder*
incitō (1) *to urge on, rouse*
nītor, nītī, nīsus sum *to strive, exert oneself;*
depend on
opprimō, -ere, -pressī, -pressus *to overpower*
perterreō, -ēre, -terruī, -territus *to frighten*
thoroughly
praemittō, -ere, -mīsī, -missus *to send forth*
prōgredior, -ī, -gressus sum *to advance, go*
forward
subsequor, -sequī, -secūtus *to follow closely*

Adjectives

expedītus, -a, -um *light-armed; unobstructed*
ignōtus, -a, -um *unknown*
imperītus, -a, -um *unskilled; ignorant*
īnsuēfactus, -a, -um *accustomed*
nōtus, -a, -um *known*
pedester, pedestris, pedestre *on foot*

Adverbs

at *but, at least*
audācter *boldly*
omnīnō *altogether*
paulum *a little, somewhat*
plērumque *frequently*
simul *at the same time, likewise, also*

IV.25   SMALLER SHIPS ARE EMPLOYED

Quod ubi Caesar animadvertit,   1
nāvēs longās,
    quārum et speciēs erat barbarīs inūsitātior
    et mōtus ad ūsum expedītior,
paulum removērī ab onerāriīs nāvibus   5
et rēmīs incitārī
et ad latus apertum hostium cōnstituī
atque inde fundīs, sagittīs, tormentīs hostēs prōpellī
ac summovērī
iussit.   10

Quae rēs magnō ūsuī nostrīs fuit.

Nam et nāvium figūrā et rēmōrum mōtū et inūsitātō genere tormentōrum permōtī
barbarī cōnstitērunt
ac paulum modo pēdem rettulērunt.

Atque   15
    nostrīs mīlitibus cunctantibus, maximē propter altitūdinem maris,
  quī decimae legiōnis aquilam ferēbat,
contestātus deōs,
    ut ea rēs legiōnī fēlīciter evenīret,
      "Dēsilite," inquit, "mīlitēs,   20
        nisī vultis aquilam hostibus prōdere!
      Ego certē meum reī pūblicae atque imperātōrī officium praestiterō!"

Hoc cum vōce magnā dīxisset,
sē ex nāvī prōiēcit
atque in hostēs aquilam ferre coepit.   25

Tum nostrī
  cohortātī inter sē,
    nē tantum dēdecus admitterētur,
ūniversī ex navī dēsiluērunt.

Hōs item ex proximīs nāvibus cum cōnspēxissent,   30
subsecūtī hostibus appropinquārunt.

Notes

11: *a double dative construction*

17: **is** quī decimae legiōnis aquilam ferēbat

18: **is** contestātus **est** deōs

30: hōs = *the men described in lines 26–29.*

Vocabulary for IV.25

Nouns

altitūdō, altitūdinis (f) *height; depth*
aquila, -ae *eagle; standard*
dēdecus, -oris (nt) *disgrace*
figūra, -ae *shape, form*
funda, -ae *sling*
genus, generis (nt) *type, kind*
imperātor, -tōris (m) *commander-in-chief,*
general

latus, lateris (nt) *side, flank*
legiō, -ōnis (f) *legion*
mare, maris (nt) *sea*
mōtus, -ūs *movement*
officium, -ī *duty, allegiance*
pēs, pedis (m) *foot*
   pedem referre *to retreat*
rēmus, -ī *row*
sagitta, -ae *arrow*
speciēs, -ēī (f) *appearance*
tormentum, -ī *artillery; torture*
vōx, vōcis (f) *voice; word*

Verbs

admittō, -ere, -mīsī, -missus *admit; to set at a*
gallop; commit (a crime)
animadvertō, -ere, animadvertī, animadversus
to notice
aperiō, -īre, aperuī, apertus *to open, uncover*
appropinquō (1) *to approach*
cohortor (1) *to encourage*
cōnsistō, -ere, -stitī *to take up a position*
cōnspiciō, -ere, -spēxī, -spectus *to observe,*
perceive
contestor (1) *to call to witness, invoke*
dēsiliō, -īre, -siluī, -sultus *to jump down*
ēveniō, -īre, -vēnī, -ventus *to turn out, result*
incitō (1) *to urge on, rouse*
inquam, inquis, inquit, inquiunt *I say, you say,*
s/he says, they say
permoveō, -ēre, -mōvī, -mōtus *to agitate; fright*
praestō, -stāre, -stitī, -stitus/-status *to excel;*
to perform, show
prōdō, -ere, -didī, -ditus *to give up; transmit*
prōiciō, -ere, -iēcī, -iectus *to throw forward*
prōpellō, -ere, -pulī, -pulsus *to drive away*
referō, referre, rettulī, relātus *to carry back*
   pedem referre *to retreat*
removeō, -ēre, -mōvī, -mōtus *to remove*
subsequor, -sequī, -secūtus *to follow closely*
summoveō, -ēre, -mōvī, -mōtus *to drive off*

Adjectives

barbarus, -a, -um *barbarous*
cunctāns, cunctantis *reluctant*
decimus, -a, -um *tenth*
expedītus, -a, -um *light-armed; unobstructed*
inūsitātus, -a, -um *unusual*
longus, -a, -um *long*
meus, -a, -um *my*
onerārius, -a, -um *fitted for transport*
ūniversus, -a, -um *all together*

Adverbs

fēlīciter *favorably*
inde *from there*
maximē *very much, most, especially*
modo *only*
paulum *a little, somewhat*

IV.26 ROMANS LAND

Pugnātum est ab utrīsque ācriter.   1

Nostrī tamen,
     quod neque ōrdinēs servāre
     neque fīrmiter īnsistere
     neque signa subsequī poterant,   5
     atque alius aliā ex nāvī
          quibuscumque signīs occurrerat
     sē aggregābat,
magnopere perturbābantur;

Hostēs   10
         vērō nōtīs omnibus vadīs,
    ubi ex lītore aliquōs singulārēs ex nāvī ēgredientēs cōnspēxerant,
         incitātīs equīs
impedītōs adoriēbantur,
plūrēs paucōs circumsistēbant,   15
aliī ab latere apertō in ūniversōs tēla coniciēbant.

        Quod cum animadvertisset Caesar,
     scaphās longārum nāvium,
     item speculātōria nāvigia mīlitibus complērī
iussit   20
et,
     quōs labōrantēs cōnspexerat,
hīs subsidia summittēbat.

Nostrī, simul in āridō cōnstitērunt,
     suīs omnibus cōnsecūtīs   25
in hostēs impetum fēcērunt
atque eōs in fugam dedērunt;

Neque longius prōsequī potuērunt,
     quod equitēs cursum tenēre
     atque īnsulam capere nōn potuerant.   30

Hoc ūnum ad prīstinam fortūnam Caesarī dēfuit.

Notes

6: *because of the two forms of* **alius**, *translate the line twice, using 'some' the first time and 'other' the second time*

14: impedītōs **nostrōs** adoriēbantur

15: plūrēs **hostēs** paucōs **nostrōs** circumsistēbant

22: *the antecedent of* quōs *is the* hīs *of the following line*

31: Caesarī *is dative after* **deesse**

Vocabulary IV.26

Nouns

āridum, -ī *dry land*
cursus, -ūs *running; course*
equus, -ī *horse*
īnsula, -ae *island*
latus, lateris (nt) *side, flank*
lītus, lītoris (nt) *shore, beach*
nāvigium, -ī *vessel*
scapha, -ae *small boat, skiff*
signum, -ī *military standard*
subsidium, -ī *aid, assistance*
vadum, -ī *ford, shallow*

Verbs

adorior, -īrī, -ortus sum *to attack, rise against*
aggregō (1) *to attach to, assemble*
animadvertō, -ere, animadvertī, animadversus
to notice
aperiō, -īre, aperuī, apertus *to open, uncover*
circumsistō, -ere, -stetī *to stand around,*
surround
compleō, -ēre, -plēvī, -plētus *to fill up*
cōnsequor, -ī, -secūtus sum *to attain, get; follow*
cōnsistō, -ere, -stitī *to take up a position*
cōnspiciō, -ere, -spēxī, -spectus *to observe,*
perceive
dēsum, deesse, dēfuī, dēfutūrus *to fail; be*
lacking
ēgredior, -ī, -gressus sum *to go out; leave*
impediō, -īre, -pedīvī, -pedītus *to hinder*
incitō (1) *to urge on, rouse*
īnsistō, -ere, -stitī *to stand, keep one's footing*
labōrō (1) *to work; be in distress*
occurrō, -ere, occurrī, occursus *to encounter*
perturbō (1) *to upset, throw into confusion*
prōsequor, -sequī, -secūtus sum *to follow, pursue*
servō (1) *to preserve, maintain*
summittō, -ere, -mīsī, -missus *to dispatch*
subsequor, -sequī, -secūtus *to follow closely*

Adjectives

longus, -a, -um *long*
nōtus, -a, -um *known*
plūs, plūris *more; several, many*
prīstinus, -a, -um *former*
quīcumque, quaecumque, quodcumque
whoever, whatever
singulāris, -e *one by one, one at a time; single,*
alone
speculātōrius, -a, -um *scouting*
ūniversus, -a, -um *all together*

Adverbs

ācriter *sharply, fiercely*
fīrmiter *firmly*
longius *longer, farther*
magnopere *very much*
simul *at the same time, likewise, also*
vērō *truly*

IV.27   RELEASE OF COMMIUS ATREBAS

Hostēs   1
      proeliō superātī,
simul atque sē ex fugā recēpērunt,
statim ad Caesarem lēgātōs dē pāce mīsērunt,
      obsidēs datūrōs   5
          quaeque imperāsset
      sēsē factūrōs
pollicitī sunt.

Ūnā cum hīs lēgātīs Commius Atrebas vēnit,
      quem suprā dēmōnstrāveram   10
         ā Caesare in Britanniam praemissum.

Hunc illī
      ē nāvī ēgressum,
    cum ad eōs ōrātōris modō Caesaris mandāta dēferret,
comprehenderant   15
atque in vincula coniēcerant.

Tum
      proeliō factō
remīsērunt,
et in petendā pāce eius reī culpam in multitūdinem coniēcērunt   20
et propter imprūdentiam
      ut īgnōscerētur
petīvērunt.

Caesar questus
      quod,   25
         cum ultrō in continentem
            lēgātīs missīs
         pācem ab sē petissent,
     bellum sine causā intulissent,

Notes

6: *this clause is the direct object of line 7*
11: ā Caesare in Britanniam praemissum **esse**
12: illī = **Britannī**
14: eōs = **Britannōs**

19 **eum** (= Commium Atrebātem) remīsērunt
20: eius = **Commiī Atrebātis**
22: **culpa** (*from line 20*) īgnōscerētur

IV.27

Nouns

continēns, continentis (m) *continent*
culpa, -ae *blame*
imprūdentia, -ae *ignorance*
mandātum, -ī *command*
modus, -ī *way, method*
ōrātor, ōrātōris (m) *ambassador*
pāx, pācis (f) *peace*
vinculum, -ī *chain*

Proper Nouns and Adjectives

Atrebas, Atrebātis *Atrebatian*
Britannia, -ae *Britain*
Commius, -ī *Commius*

Verbs

comprehendō, -ere, -prehendī, -prehēnsus *to
                                        seize*
dēferō, -ferre, dētulī, dēlātus *to convey*
dēmōnstrō (1) *to show; mention*
ēgredior, -ī, -gressus sum *to go out; leave*
polliceor, -ērī, pollicitus sum *to promise*
praemittō, -ere, -mīsī, -missus *to send forth*
queror, -ī, questus sum *to complain*
remittō, -ere, -mīsī, -missus *to send back; relax*

Adjective

quisque, quaeque, quodque *each*

Adverbs

simul *at the same time, likewise, also*
   simul atque *as soon as*
suprā *above; before*
ultrō *of one's own accord, willingly; besides*
ūnā *together*

       īgnōscere imprūdentiae   30
dīxit
obsidēsque imperāvit;
       quorum illī partem statim dēdērunt,
       partem
              ex longinquiōribus locīs arcessitam   35
         paucīs diēbus sēsē datūrōs
       dīxērunt.

       Intereā suōs remigrāre in agrōs
iussērunt,
prīncipēsque undique convenīre   40
et sē cīvitātēsque suās Caesarī commendāre coepērunt.

Notes

30: **sē** īgnōscere imprūdentiae **Britannōrum**   36: **Caesarī** paucīs diēbus **Britannōs** datūrōs **esse**

Nouns
imprūdentia, -ae *ignorance*
prīnceps, prīncipis (m) *chief, leader*

Verbs
arcessō, -ere, arcessīvī, arcessītus *to approach;*
summon
commendō (1) *to entrust, surrender*
ignōscō, -ere, -nōvī, -nōtus [+ dat.] *to pardon*
remigrō (1) *to return back*

Adjective
longinquus, -a, -um *distant*

Adverbs
intereā *meanwhile*
statim *immediately*
undique *from all sides, everywhere*

IV.28 STORM PUSHES ROMANS OUT TO SEA

His rēbus pāce cōnfirmātā,   1
post diem quartum
    quam est in Britanniam ventum,
nāvēs XVIII,
    dē quibus suprā dēmōnstrātum est,   5
    quae equitēs sustulerant,
ex superiōre portū lēnī ventō solvērunt.

    Quae cum appropinquārent Britanniae
    et ex castrīs vidērentur,
tanta tempestās subitō coorta est   10
        ut nūlla eārum cursum tenēre posset,
        sed aliae eōdem
            unde erant profectae
        referrentur,
        aliae ad inferiōrem partem īnsulae,   15
            quae est propius sōlis occāsum,
        magnō suī cum perīculō dēicerentur;

    Quae tamen
        ancorīs iactīs
    cum fluctibus complērentur,   20
necessāriō adversā nocte in altum prōvectae
continentem petiērunt.

Notes

4: XVIII = **duodēvīgintī**

5: *antecedent of* quibus *is* **nāvēs**

6: *antecedent of* quae *is* **nāvēs**

8: Britanniae *is a dative with* **appropinquāre**

8: quae = **hae nāvēs**

17: suī *is an objective genitive hanging on* perīculō

18: quae = **nāvēs**

IV.28

Nouns

altum, -ī *(deep) sea*
ancora, -ae *anchor*
continēns, continentis (m) *continent*
cursus, -ūs *running; course*
fluctus, -ūs *wave*
īnsula, -ae *island*
occāsus, -ūs *setting*
pāx, pācis (f) *peace*
portus, -ūs *port, harbor*
sōl, sōlis (m) *sun*
tempestās, -tātis (f) *storm; weather*
ventus, -ī *wind*

Proper Noun

Britannia, -ae *Britain*

Verbs

appropinquō (1) *to approach*
compleō, -ēre, -plēvī, -plētus *to fill up*
cōnfirmō (1) *to confirm; encourage*
coorior, coorīrī, coortus sum *to spring up*
dēiciō, -ere, -iēcī, -iectus *to throw down;*
                                      disappoint
dēmōnstrō (1) *to show; mention*
iaciō, -ere, iēcī, iactus *to throw*
prōvehō, -ere, -vēxī, -vectus *to carry forward;*
                                      (pass) sail out
referō, referre, rettulī, relātus *to carry back*
solvō, -ere, solvī, solūtus *to unbind; set sail*
tollō, -ere, sustulī, sublātus *to take away,*
                                remove; carry; raise

Adjectives

adversus, -a, -um *hostile*
īnferior, īnferius *lower*
lēnis, -e *gentle*
quartus, -a, -um *fourth*
superus, -a, -um *higher*

Adverbs

eōdem *to the same place*
necessāriō *of necessity*
propius *nearer*
subitō *suddenly*
suprā *above; before*
unde *from where*

IV.29 PROBLEMS OF THE FULL MOON MIXED WITH A STORM

Eādem nocte accidit   1
    ut esset lūna plēna,
        quī diēs maritimōs aestūs maximōs in Ōceanō efficere cōnsuēvit,
nostrīsque id erat incognitum.

Ita ūnō tempore et longās nāvēs,   5
    quibus Caesar exercitum trānsportandum cūrāverat
    quāsque in āridum subdūxerat,
aestus complēverat
et onerāriās,
    quae ad ancorās erant dēligātae,   10
tempestās afflīctābat,
neque ūlla nostrīs facultās aut administrandī aut auxiliandī dabātur.

      Complūribus nāvibus frāctīs
    reliquae cum essent
        fūnibus, ancorīs reliquīsque armāmentīs āmissīs   15
    ad nāvigandum inūtilēs,
magna,
    id quod necesse erat accidere,
tōtīus exercitūs perturbātiō facta est.

Neque enim nāvēs erant aliae   20
    quibus reportārī possent,
et omnia deerant
    quae ad reficiendās nāvēs erant usuī,
et,
    quod omnibus cōnstābat   25
        hiemārī in Galliā oportēre,
frūmentum hīs in locīs in hiemem prōvīsum nōn erat.

Notes

4: id *refers to the contents of the relative clause in* line 3

25: *the subject of* cōnstābat *is the indirect statement of* line 26, *the subject of that itself being* hiemārī

27: hīs in locīs = **in Britanniā**

Vocabulary for IV.29

Nouns

aestus, -ūs *surge of the sea*
ancora, -ae *anchor*
āridum, -ī *dry land*
armāmenta, -ōrum (nt. pl.) *ship's gear,
                                    implements*
facultās, -tātis (f) *ability; opportunity; resources*
fūnis, fūnis (m) *rope, rigging*
hiems, hiemis (f) *winter*
lūna, -ae *moon*
perturbātiō, -ōnis (f) *disturbance, confusion*
tempestās, -tātis (f) *storm; weather*

Proper Noun

Ōceanus, -ī *ocean*

Verbs

administrō (1) *to manage, attend to*
afflīctō (1) *to damage*
āmittō, -ere, -mīsī, -missus *to lose*
auxilior (1) *to assist*
compleō, -ēre, -plēvī, -plētus *to fill up*
cōnstō (1) *to be well known*
cūrō (1) *to arrange, provide*
dēligō (1) *to bind down*
dēsum, deesse, dēfuī, dēfutūrus *to fail; be
                                            lacking*
efficiō, -ere, -fēcī, -fectus *to make; enable*
frangō, -ere, frēgī, frāctus *to break*
hiemō (1) *to winter, pass the winter*
nāvigō (1) *to sail*
oportet, -ēre, oportuit *it is necessary*
prōvideō, -ēre, -vīdī, -vīsus *to provide for;
                                            foresee*
reficiō, -ere, -fēcī, -fectus *to repair*
reportō (1) *to carry back*
subdūcō, -ere, -dūxī, -ductus *to draw up;
                                            take away*
trānsportō (1) *to carry across*

Adjectives

complūrēs, complūra *several, many*
incōgnitus, -a, -um *unknown*
inūtilis, -e *useless*
longus, -a, -um *long*
maritimus, -a, -um *maritime, of the sea*
necesse [indeclinable] *necessary, unavoidable*
onerārius, -a, -um *fitted for transport*
plēnus, -a, -um *full*

Adverb

enim *indeed*

IV.30 THE ROMANS ARE VULNERABLE

       Quibus rēbus cognitīs   1
prīncipēs Britanniae,
       quī post proelium ad Caesarem convēnerant,
inter sē collocūtī,
          cum   5
              equitēs et nāvēs et frūmentum Rōmānīs deesse
          intellegerent
          et paucitātem mīlitum ex castrōrum exiguitāte cognōscerent,
              quae hōc erant etiam angustiōra,
                  quod sine impedīmentīs Caesar legiōnēs trānsportāverat,   10
       optimum factū esse
dūxērunt
          rebelliōne factā
       frūmentō commeātūque nostrōs prohibēre
       et rem in hiemem prōdūcere,   15
          quod
              hīs superātīs aut reditū interclūsīs
                  nēminem posteā bellī īnferendī causā in Britanniam trānsitūrum
       cōnfīdēbant.

Itaque   20
       rūrsus coniurātiōne factā
paulātim ex castrīs discēdere
ac suōs clam ex agrīs dēdūcere coepērunt.

Notes

4: inter sē collocūtī **sunt**   9: hōc *refers to the following* quod-*clause*
9: quae = **paucitās**   17: hīs = **Rōmānīs**

Vocabulary for IV.30

Nouns

commeātus, -ūs *provisions, supplies*
coniūrātiō, -ōnis (f) *conspiracy, plot*
exiguitās, -tātis (f) *meagerness*
hiems, hiemis (f) *winter*
impedīmentum, -ī *obstacle; (pl.) baggage*
legiō, -ōnis (f) *legion*
nēmō, nēminis (m/f) *no one*
   [in Classical Latin – gen: nūllīus, dat: nūllī]
paucitās, -tātis (f) *small number*
prīnceps, prīncipis (m) *chief, leader*
rebelliō, -ōnis (f) *revolt*
reditus, -ūs *return*

Proper Noun

Britannia, -ae *Britain*

Verbs

colloquor, -ī, -locūtus sum *to converse*
cōnfīdō, -ere, -fīsus sum *to be confident*
dēdūcō, -ere, -dūxī, -ductus *to withdraw*
dēsum, deesse, dēfuī, dēfutūrus *to fail; be
                                             lacking*
interclūdō, -ere, -clūsī, -clūsus *to cut off*
prōdūcō, -ere, -dūxī, -ductus *to lead out*
trānsportō (1) *to carry across*

Adjectives

angustus, -a, -um *narrow; scanty*
optimus, -a, -um *best*

Adverbs

ac *and*
clam *secretly*
itaque *therefore*
paulātim *gradually, little by little*
posteā *afterwards*
rūrsus *again*

IV.31   THE ROMANS MAKE IMPROVEMENTS

At Caesar, 1
 etsī nōndum eōrum cōnsilia cognōverat,
tamen et ex ēventū nāvium suārum et ex eō,
  quod obsidēs dare intermīserant,
 fore id 5
  quod accidit
suspicābātur.

Itaque ad omnēs cāsūs subsidia comparābat.

Nam et frūmentum ex agrīs cotīdiē in castra cōnferēbat
et, 10
 quae gravissimē afflīctae erant nāvēs,
eārum māteriā atque aere ad reliquās reficiendās ūtēbātur
et
  quae ad eās rēs erant ūsuī
 ex continentī comportārī 15
iubēbat.

Itaque,
  cum summō studiō ā mīlitibus administrārētur,
 XII nāvibus āmissīs,
reliquīs 20
 ut nāvigārī commodē posset
effēcit.

Notes

4: *this clause explains the* **eō** *of the preceding line*
5: **futūrum esse** id = *that it would be that*
6: accidit *is perfect tense*
12: ad reliquās **nāvēs** reficiendās ūtēbātur

15: **hae** ex continentī comportārī
19: XII = **duodecim**
21: nāvigārī *is an impersonal passive*

Vocabulary for IV.31

Nouns

aes, aeris (nt) *copper, bronze*
cāsus, -ūs *misfortune, emergency; chance*
continēns, continentis (m) *continent*
ēventus, -ūs *result, fate*
māteria, -ae *wood, timber*
studium, -ī *enthusiasm, zeal*
subsidium, -ī *aid, assistance*

Verbs

administrō (1) *to manage, attend to*
afflīgō, -ere, -flīxī, -flīctus *to damage, impair*
āmittō, -ere, -mīsī, -missus *to lose*
comparō (1) *to prepare; compare; purchase*
comportō (1) *to collect, bring in*
cōnferō, -ferre, contulī, collātus *to collect;*
                               compare; ascribe
efficiō, -ere, -fēcī, -fectus *to make; enable*
intermittō, -ere, -mīsī, -missus *to interrupt*
nāvigō (1) *to sail*
reficiō, -ere, -fēcī, -fectus *to repair*
suspicor (1) *to be suspect*

Adverbs

at *but, at least*
commodē *easily*
cotīdiē *daily*
etsī *although*
gravissimē *most severely*
itaque *therefore*
nōndum *not yet*

IV.32   SOMETHING SEEMS AWRY

Dum ea geruntur,   1
    legiōne ex cōnsuētūdine ūnā frūmentātum missā,
        quae appellābātur septima,
    neque ūllā ad id tempus bellī suspīciōne interpositā,
        cum pars hominum in agrīs remanēret,   5
        pars etiam in castra ventitāret,
eī
    quī prō portīs castrōrum in statiōne erant
Caesarī nūntiāvērunt
    pulverem māiōrem   10
        quam cōnsuētūdō ferret
    in eā parte vidērī,
        quam in partem legiō iter fēcisset.

Caesar id,
        quod erat,   15
suspicātus,
aliquid novī ā barbarīs initum cōnsilī,
    cohortēs
        quae in statiōnibus erant
    sēcum in eam partem proficīscī,   20
    ex reliquīs duās in statiōnem cohortēs succēdere,
    reliquās armārī
    et cōnfestim sēsē subsequī
iussit.

    Cum paulō longius ā castrīs prōcēssisset,   25
suōs ab hostibus premī
atque aegrē sustinēre
et
        cōnfertā legiōne
ex omnibus partibus tēla conicī   30
animadvertit.

Notes

5: pars hominum = pars **Britannōrum**

16: suspicātus **est**

17: aliquid novī ā barbarīs initum **esse** cōnsilī; *this is in apposition to the* **id** *in line 14*

26: suōs = **hominēs Caesaris**

Vocabulary for IV.32

Nouns

cohors, cohortis (f) *cohort*
cōnsuētūdō, -inis (f) *custom, habit*
legiō, -ōnis (f) *legion*
porta, -ae *gate*
pulvis, pulveris (m) *dust*
statiō, -ōnis (f) *station, post*
suspīciō, -ōnis (f) *suspicion*

Verbs

animadvertō, -ere, animadvertī, animadversus
to notice
armō (1) *to arm, equip*
frūmentor (1) *to forage, gather grain*
ineō, -īre, inīvī, initus *to enter upon, begin*
interpōnō, -ere, -posuī, -positus *to insert*
nūntiō (1) *to announce, report*
premō, -ere, pressī, pressus *to press hard*
prōcēdō, -ere, -cessī, -cessus *to proceed,*
advance
remaneō, -ēre, -mānsī, -mānsus *to remain*
subsequor, -sequī, -secūtus *to follow closely*
succēdō, -ere, -cessī, -cessus *to climb up, go up;*
go under; relieve
suspicor (1) *to be suspect*
ventitō (1) *to visit, come often*

Adjectives

barbarus, -a, -um *barbarous*
cōnfertus, -a, -um *crowded*
māior, māius *greater*
novus, -a, -um *new*
septimus, -a, -um *seventh*

Adverbs

aegrē *with difficulty*
cōnfestim *at once, immediately*
longius *longer, farther*
paulō *a little, somewhat*

Nam

  quod

    omnī ex reliquīs partibus dēmessō frūmentō

    pars ūna erat reliqua,   35

suspicātī hostēs

  hūc nostrōs esse ventūrōs

noctū in silvīs dēlituerant;

Tum dispersōs

  dēpositīs armīs   40

in metendō occupātōs subitō adortī

  paucīs interfectīs

reliquōs

  incertīs ordinibus

perturbāverant,   45

simul equitātū atque essedīs circumdēderant.

Notes

39: tum dispersōs **nostrōs**

41: in metendō occupātōs **nostrōs** subitō **hostēs** adortī **erant**

46: simul **nostrōs** equitātū atque essedīs **hostēs** circumdēderant

Nouns

essedum, -ī *two-wheeled Celtic chariot*
silva, -ae *forest*

Verbs

adorior, -īrī, -ortus sum *to attack, rise against*
circumdō, -dare, -dedī, -datus *to surround*
dēlitēscō, -ere, -lituī *to hide*
dēmetō, -ere, -messuī, -messus *to cut down, reap*
dēpōnō, -ere, -posuī, -positus *to place down,
                                    deposit*
dispergō, -ere, -spersī, -spersus *to scatter*
metō, -ere, messuī, messus *to cut, reap*
perturbō (1) *to upset, throw into confusion*
suspicor (1) *to be suspect*

Adjective

incertus, -a, -um *uncertain*

Adverbs

hūc *to here*
noctū *by night*
simul *at the same time, likewise, also*
subitō *suddenly*

IV.33   THE BRITONS' MODE OF FIGHTING

Genus hoc est ex essedīs pugnae.   1

Prīmō per omnēs partēs perequitant
et tēla coniciunt
atque ipsō terrōre equōrum et strepitū rotārum ōrdinēs plērumque perturbant,
et   5
      cum sē inter equitum turmās īnsinuāvērunt,
ex essedīs dēsiliunt
et pēdibus proeliantur.

Aurīgae interim paulātim ex proeliō excēdunt
atque ita currūs collocant,   10
   ut,
      sī illī ā multitūdine hostium premantur,
   expedītum ad suōs receptum habeant.

Ita mōbilitātem equitum, stabilitātem pēditum in proeliīs praestant,
ac tantum ūsū cotīdiānō et exercitātiōne efficiunt   15
   utī
      in dēclīvī ac praecipitī locō incitātōs equōs sustinēre
      et brevī moderārī ac flectere
      et per tēmōnem percurrere
      et in iugō īnsistere   20
      et sē inde in currūs citissimē recipere
   cōnsuērint.

Notes

12: illī *refers to the soldiers who jumped out of the chariot to fight on foot (lines 7–8). The* aurīgae *stayed with the chariots (line 9)*

17: incitātōs equōs = *galloping horses*

18: brevī **spatiō** = *in a short space*

20: *The chariots of the Britons appear to have been drawn by two horses, hence a yoke would have been necessary.*

Vocabulary for IV.33

Nouns

aurīga, -ae (M) *charioteer*
currus, -ūs *chariot*
equus, -ī *horse*
essedum, -ī *two-wheeled Celtic chariot*
exercitātiō, -ōnis (f) *experience*
genus, generis (nt) *type, kind*
iugum, -ī *yoke*
mōbilitās, -tātis (f) *mobility*
pedes, peditis (m) *foot soldier; infantry*
pēs, pedis (m) *foot*
pugna, -ae *battle*
receptus, -ūs *retreat*
rota, -ae *wheel*
stabilitās, -tātis (f) *stability, steadiness*
strepitus, -ūs *noise*
tēmō, -ōnis (m) *pole*
terror, terrōris (m) *terror, fright*
turma, -ae *troop (of cavalry)*

Verbs

collocō (1) *to station, arrange; set, settle*
dēsiliō, -īre, -siluī, -sultus *to jump down*
efficiō, -ere, -fēcī, -fectus *to make; enable*
excēdō, -ere, -cessī, -cessus *to go away, leave*
flectō, -ere, flēxī, flexus *to turn*
incitō (1) *to urge on, rouse*
īnsinuō (1) *to penetrate*
īnsistō, -ere, -stitī *to stand, keep one's footing*
moderor (1) *to temper, control, guide*
percurrō, -ere, -currī, -cursus *to run along*
perequitō (1) *to ride about*
perturbō (1) *to upset, throw into confusion*
praestō, -stāre, -stitī, -stitus/-status *to excel;*
                                    to perform, show
premō, -ere, pressī, pressus *to press hard*
proelior (1) *to fight*

Adjectives

brevis, breve *short*
cotīdiānus, -a, -um *daily; usual*
dēclīvis, dēclīve *steep*
expedītus, -a, -um *light-armed; unobstructed*
praeceps, praecipitis *precipitous, headlong*

Adverbs

citissimē *most quickly*
inde *from there*
interim *meanwhile*
paulātim *gradually, little by little*
plērumque *frequently*
prīmō *at first*
tantum *so, so much*

IV.34 CAESAR COMES TO THE RESCUE

Quibus rēbus perturbātīs nostrīs novitāte pugnae   1
tempore opportūnissimō Caesar auxilium tulit:

Namque eius adventū hostēs cōnstitērunt,
nostrī sē ex timōre recēpērunt.

        Quō factō   5
            ad lacessendum et ad committendum proelium aliēnum esse tempus
    arbitrātus
suō sē locō continuit
et
        brevī tempore intermissō   10
legiōnēs redūxit.

        Dum haec geruntur,
               nostrīs omnibus occupātīs
    quī erant in agrīs reliquī
discessērunt.   15

Secūtae sunt continuōs complūrēs diēs tempestātēs,
        quae et nostrōs in castrīs continerent
        et hostem ā pugnā prohibērent.

Interim barbarī nūntiōs in omnēs partēs dīmīsērunt
paucitātemque nostrōrum mīlitum suīs praedicāvērunt   20
et
        quanta praedae faciendae atque in perpetuum suī līberandī facultās darētur,
            sī Rōmānōs castrīs expulissent,
dēmōnstrāvērunt.

        Hīs rēbus celeriter magnā multitūdine peditātūs equitātūsque coāctā   25
ad castra vēnērunt.

Notes

15: **Britannī** discessērunt

20: paucitātemque nostrōrum mīlitum suīs **sociīs/virīs** praedicāvērunt

22: *the two genitive gerundives* faciendae *and* līberandī *depend on* quanta facultās

22: *indirect question*

Vocabulary for IV.34

Nouns

facultās, -tātis (f) *ability; opportunity; resources*
legiō, -ōnis (f) *legion*
novitās, -tātis (f) *novelty, strangeness*
nūntius, -ī *messenger*
paucitās, -tātis (f) *small number*
peditātus, -ūs *foot soldiers, infantry*
praeda, -ae *booty, spoil*
pugna, -ae *battle*
tempestās, -tātis (f) *storm; weather*
timor, -ōris (m) *fear*

Verbs

cōnsistō, -ere, -stitī *to take up a position*
contineō, -ēre, -tinuī, -tentus *to contain; control*
dēmōnstrō (1) *to show; mention*
dīmittō, -ere, -mīsī, -missus *to dismiss; dispatch*
expellō, -ere, -pulī, -pulsus *to drive away, expel*
intermittō, -ere, -mīsī, -missus *to interrupt*
lacessō, -ere, -īvī/-iī, lacessītus *to provoke, incite*
līberō (1) *to set free, free*
perturbō (1) *to upset, throw into confusion*
praedicō (1) *to speak publicly, declare*
redūcō, -ere, -dūxī, -ductus *to bring back*
sequor, sequī, secūtus sum *to follow*

Adjectives

aliēnus, -a, -um *unfamiliar; belonging to*
                                    another; unsuited
barbarus, -a, -um *barbarous*
brevis, breve *short*
complūrēs, complūra *several, many*
continuus, -a, -um *continuous*
opportūnus, -a, -um *suitable, convenient*
perpetuus, -a, -um *permanent, perpetual*
    in perpetuum *forever*
quantus, -a, -um *how great*

Adverbs

celeriter *quickly*
interim *meanwhile*
namque *for indeed*

IV.35 ROMAN VICTORY

Caesar,   1
        etsī idem
                quod superiōribus diēbus acciderat
        fore
vidēbat,   5
        ut,
                sī essent hostēs pulsī,
        celeritāte perīculum effugerent,

        tamen nactus equitēs circiter XXX,
             quōs Commius Atrebas,   10
                dē quō ante dictum est,
             sēcum trānsportāverat,
legiōnēs in aciē prō castrīs cōnstituit.

        Commissō proeliō
diūtius nostrōrum mīlitum impetum hostēs ferre nōn potuērunt   15
ac terga vertērunt.

Quōs tantō spatiō secūtī
        quantum cursū et vīribus efficere potuērunt,
complūrēs ex eīs occīdērunt,
deinde   20
        omnibus longē lātēque aedificiīs incēnsīs
sē in castra recēpērunt.

Notes

4: fore = **futūrum esse**

6: *this* ut-*clause explains* idem *from line 2 and is best translated 'namely'*

9: XXX = **trīgintā**

17: **Britannōs** tantō spatiō **nostrī** secūtī **sunt**

17–18: **tantus … quantus** = *as … as*

Vocabulary for IV.35

Nouns
aedificium, -ī *building*
celeritās, -tātis (f) *speed*
cursus, -ūs *running; course*
legiō, -ōnis (f) *legion*
spatium, -ī *space; period (of time)*
tergum, -ī *back*
vīs; (pl.) vīrēs (f) *force; (pl.) strength*

Proper Nouns and Adjectives
Atrebas, Atrebātis *Atrebatian*
Commius, -ī *Commius*

Verbs
efficiō, -ere, -fēcī, -fectus *to make; enable*
effugiō, -ere, -fūgī *to flee from*
incendō, -ere, -cendī, -cēnsus *to burn, set fire to*
nancīscor, -ī, nactus sum *to obtain*
occīdō, -ere, -cīdī, -cīsus *to strike down; kill*
pellō, -ere, pepulī, pulsus *to strike, beat; drive*
sequor, sequī, secūtus sum *to follow*
trānsportō (1) *to carry across*
vertō, -ere, vertī, versus *to turn*

Adjectives
complūrēs, complūra *several, many*
superior, superius *higher; preceding; victorious*

Adverbs
deinde *then*
diūtius *longer, any longer*
etsī *although*
lātē *widely*
  longē lātēque *far and wide*
longē *far off; by far*
  longē lātēque *far and wide*
quantum *how much*

Eōdem diē lēgātī   1
    ab hostibus missī
ad Caesarem dē pāce vēnērunt.

Hīs Caesar numerum obsidum
    quem ante imperāverat   5
duplicāvit
eōsque in continentem addūcī iussit,
    quod
           propinquā diē aequinoctī
           īnfirmīs nāvibus   10
      hiemī nāvigātiōnem subiciendam
    nōn exīstimābat.

Ipse
      idōneam tempestātem nactus
paulō post mediam noctem nāvēs solvit.   15

Quae omnēs incolumēs ad continentem pervēnērunt,
sed ex eīs onerāriae duae eōsdem,
    quōs reliquae,
portūs capere nōn potuērunt
et paulō īnfrā dēlātae sunt.   20

Notes

11: hiemī nāvigātiōnem subiciendam **esse**   18: quōs reliquae **nāvēs capere potuērunt**
16: quae = **nāvēs**

Vocabulary for IV.36

Nouns
aequinoctium, -ī *equinox*
continēns, continentis (m) *continent*
hiems, hiemis (f) *winter*
nāvigātiō, -ōnis (f) *voyage*
pāx, pācis (f) *peace*
portus, -ūs *port, harbor*
tempestās, -tātis (f) *storm; weather*

Verbs
dēferō, -ferre, dētulī, dēlātus *to convey*
duplicō (1) *to double*
nancīscor, -ī, nactus sum *to obtain*
solvō, -ere, solvī, solūtus *to unbind; set sail*
subiciō, -ere, -iēcī, -iectus *to throw from below;*
subject

Adjectives
idōneus, -a, -um *suitable*
incolumis, -e *unhurt, safe*
īnfirmus, -a, -um *weak*
medius, -a, -um *middle (of)*
onerārius, -a, -um *fitted for transport*
propinquus, -a, -um *near*

Adverbs
īnfrā *lower (down)*
paulō *a little, somewhat*

BOOK V

54 BCE

V.24   SENDING LEGIONS TO WINTER QUARTERS

Subductīs nāvibus   1
       conciliōque Gallōrum Samarobrīvae perāctō
   quod eō annō frūmentum in Galliā propter siccitātēs angustius prōvēnerat,
coāctus est aliter ac superiōribus annīs exercitum in hībernīs collocāre
legiōnēsque in plūrēs cīvitātēs distribuere.   5

Ex quibus ūnam in Morinōs dūcendam Gāiō Fabiō lēgātō dedit,
alteram in Nerviōs Quīntō Cicerōnī,
tertiam in Esubiōs Lūciō Rosciō;
quartum in Rēmīs cum Titō Labiēnō in cōnfīniō Trēverōrum hiemāre iussit.

Trēs in Bellovacīs collocāvit: 10
Eīs Marcum Crassum quaestōrem et Lūcium Munātium Plancum et Gāium Trebōnium
lēgātōs praefēcit.

Ūnam legiōnem,
       quam proximē trāns Padum cōnscrīpserat,
et cohortēs quīnque in Eburōnēs,
       quōrum pars maxima est inter Mosam ac Rhēnum,   15
       quī sub imperiō Ambiorīgis et Catuvolcī erant,
mīsit.

Eīs mīlitibus Quīntum Titūrium Sabīnum et Lūcium Aurunculēium Cottam lēgātōs
praesse iūssit.

       Ad hunc modum distribūtīs legiōnibus
       facillimē inopiae frūmentāriae sēsē medērī posse   20
exīstimāvit.

Atque hārum tamen omnium legiōnum hīberna praeter eam,
       quam Lūciō Rosciō in pācātissimam et quiētissimam partem dūcendam dederat,
mīlibus passuum centum continēbantur.

Ipse intereā,   25
       quoad
              legiōnēs collocātās
              mūnītaque hīberna
       cognōvisset,
in Galliā morārī cōnstituit.   30

Notes

2: Samarobrīvae *is a locative*   22: eam = **legiōnem**
4: **Caesar** coāctus est   25: ipse = **Caesar**
4: aliter ac = *otherwise than*   27: legiōnēs collocātās **esse**
6: ūnam **legiōnem**   28: mūnītaque hīberna **esse**

Vocabulary V.24

Nouns

cohors, cohortis (f) *cohort*
concilium, -ī *gathering, assembly*
cōnfīnium, -ī *boundary*
inopia, -ae *lack, scarcity*
lēgātus, -ī *delegate; lieutenant*
legiō, -ōnis (f) *legion*
modus, -ī *way, method*
    ad hunc modum *after this fashion*
quaestor, -tōris (m) *quaestor*
siccitās, -tātis (f) *dryness, drought*

Proper Nouns

Ambiorīx, -rīgis (m) *Ambiorix*
Bellovacī, -ōrum *Bellovaci* [tribe from near
                    modern Beauvais]
Catuvolcus, -ī *Catuvolcus*
Eburōnēs, -um *Eburones* [tribe from NE Gaul]
Esubiī, -ōrum *Esubii* [tribe from modern
                    Normandy]
Gāius Fabius *Gaius Fabius*
Gāius Trebōnius *Gaius Trebonius*
Lūcius Aurunculēius Cotta *L. A. Cotta*
Lūcius Munātius Plancus *L. M. Plancus*
Lūcius Roscius, Lūciī Rosciī *Lucius Roscius*
Marcus Crassus, Marcī Crassī *Marcus Crassus*
Morinī, -ōrum *Morini* [Belgic tribe on coast
                    of Picardy]
Mosa, -ae *Meuse River*
Nerviī, -ōrum *Nervii* [tribe from Northern
                    Gaul]
Padus, -ī *Po River*
Quīntus Fabius *Quintus Fabius*
Quīntus Titūrius Sabīnus *Q. T. Sabinus*
Rēmī, -ōrum *Remi* [tribe from NE Gaul]
Samaobrīva, -ae *Amiens*
Titus Labiēnus *Titus Labienus*
Trēverī, -ōrum *Treveri* [Celtic tribe from around
                  the Moselle River]

Verbs

collocō (1) *to station, arrange; set, settle*
cōnscrībō, -ere, -scrīpsī, -scrīptus *to enlist; write*
contineō, -ēre, -tinuī, -tentus *to restrain; enclose*
distribuō, -ere, distribuī, distribūtus *to distribute,*
                    divide
hiemō (1) *to winter, pass the winter*
medeor, medērī [+ dat.] *to remedy*
moror (1) *to delay*
mūniō, -īre, mūnīvī/mūniī, mūnītus *to fortify*
peragō, -ere, perēgī, perāctus *to complete*
praeficiō, -ere, -fēcī, -fectus [+ dat.] *to place*
                  in command
praesum, praeesse, praefuī [+ dat.] *to be in*
                  command (of)
prōveniō, -īre, -vēnī, -ventus *to come forward;*
                  grow
subdūcō, -ere, -dūxī, -ductus *to draw up;*
                  take away

Adjectives and Numerals

angustus, -a, -um *narrow; scanty*
centum *100*
frūmentārius, -a, -um *relating to grain*
pācātus, -a, -um *peaceable*
plūs, plūris *more; several, many*
quartus, -a, -um *fourth*
quiētus, -a, -um *quiet*
quīnque *five*
trēs, tria *three*

Adverbs

aliter *otherwise*
facillimē *most easily*
intereā *meanwhile*
praeter [+ acc.] *besides, past*
proximē *last; most recent*
quoad *until*

V.25 TASGETIUS' DEATH AND ITS AFTERMATH

Erat in Carnutibus   1
        summō locō nātus
Tasgetius,
        cuius māiōrēs in suā cīvitāte rēgnum obtinuerant.

Huic Caesar prō eius virtūte atque in sē benevolentiā,   5
        quod in omnibus bellīs singulārī eius operā fuerat ūsus,
māiōrum locum restituerat.

Tertium iam hunc annum rēgnantem inimīcī,
        multīs palam ex cīvitāte eius auctōribus,
eum interfēcērunt.   10

Dēfertur ea rēs ad Caesarem.

Ille
        veritus,
                quod ad plūrēs pertinēbat,
                nē cīvitās eōrum impulsū dēficeret   15
        Lūcium Plancum cum legiōne ex Belgiō celeriter in Carnutēs proficīscī
iubet
        ibique hiemāre
                quōrumque operā cōgnōverat
                      Tasgetium interfectum,   20
        hōs comprehēnsōs ad sē mittere.

Interim ab omnibus lēgātīs quaestōribusque,
        quibus legiōnēs trādiderat,
certior factus est
        in hīberna perventum   25
        locumque hībernīs esse mūnītum.

Notes

2: *he was of noble birth*
5: eius = **Tasgetiī**; sē = **Caesare**
6: quod ... **Caesar** fuerat ūsus
9: eius = **Tasgetiī**
12: ille = **Caesar**

14: quod **rēs** ad plūrēs **virōs** petinēbat = *because the matter implicated many men*
19: *the antecedent of* quōrum *is* hōs *in line 21*
21: sē = **Caesarem**
25: in hīberna perventum **esse**; *this is an impersonal passive*

Vocabulary for V.25

Nouns

auctor, -ōris (m) *authority; supporter*
benevolentia, -ae *kindness, goodwill*
impulsus, -ūs *instigation*
inimīcus, -ī *enemy*
legiō, -ōnis (f) *legion*
māiōrēs, māiōrum (mpl.) *ancestors*
opera, -ae *exertion, service*
quaestor, -tōris (m) *quaestor*
rēgnum, -ī *kingdom*

Proper Nouns

Belgium, -ī *Belgium*
Carnutēs, -um *Carnutes* [tribe from modern
Chartres]
Lūcius Plancus *L. Plancus*
Tasgetius, -ī *Tasgetius*

Verbs

comprehendō, -ere, -prehendī, -prehēnsus *to
seize*
dēferō, -ferre, dētulī, dēlātus *to convey*
dēficiō, -ere, -fēcī, -fectus *to fail*
hiemō (1) *to winter, pass the winter*
mūniō, -īre, mūnīvī/mūniī, mūnītus *to fortify*
nāscor, nāscī, nātus sum *to be born*
obtineō, -ēre, -tinuī, -tentus *to possess*
pertineō, -ēre, -tinuī *to reach to; concern*
rēgnō (1) *to rule, reign*
restituō, -ere, -stituī, -stitūtus *to rebuild, restore*
trādō, -ere, trādidī, trāditus *to hand over*
vereor, verērī, veritus sum *to fear*

Adjectives

certus, -a, -um *sure, certain*
    certiōrem facere *to inform*
plūs, plūris *more; several, many*
singulāris, -e *one by one, one at a time; single,
alone*

Adverbs

celeriter *quickly*
interim *meanwhile*
palam *openly, publicly*

V.26   A FAILED REVOLT

Diēbus circiter XV,   1
    quibus in hīberna ventum est,
initium repentīnī tumultūs ac dēfectiōnis ortum est ab Ambiorīge et Catuvolcō,
    quī,
            cum ad fīnēs rēgnī suī Sabīnō Cottaeque praestō fuissent   5
            frūmentumque in hīberna comportāvissent,
        Indutiomarī Trēverī nūntiīs impulsī
suōs concitāvērunt
    subitōque oppressīs lignātōribus
magnā manū ad castra oppugnātum vēnērunt.   10

    Cum celeriter nostrī arma cēpissent
    vallumque ascendissent
    atque
        ūnā ex parte Hispānīs equitibus ēmissīs
    equestrī proeliō superiōrēs fuissent,   15
dēspērātā rē
hostēs suōs ab oppugnātiōne redūxērunt.

Tum suō mōre conclāmāvērunt,
    utī aliquī ex nostrīs ad colloquium prōdīret:

    habēre sēsē,   20
        quae dē rē commūnī dīcere vellent,
            quibus rēbus contrōversiās minuī posse
        spērārent.

Notes

1: XV = **quīndecim**

2: quibus *is an ablative of time* = *from when*

8: suōs **virōs** concitāvērunt

10: magnā manū = *with great force*

19: utī aliquī **vir** ex nostrīs …

20–21: habēre sēsē **aliquae**, quae dē rē …

22: **et** quibus rēbus …

Vocabulary for V.26

Nouns

colloquium, -ī *conversation, meeting*
contrōversia, -ae *dispute*
dēfectiō, -ōnis (f) *revolt*
initium, -ī *beginning*
lignātor, -tōris (m) *woodcutter*
mōs, mōris (m) *custom*
nūntius, -ī *messenger*
oppugnātiō, -ōnis (f) *attack, assault*
rēgnum, -ī *kingdom*
tumultus, -ūs *revolt*
vallum, -ī *rampart*

Proper Nouns and Adjectives

Catuvolcus, -ī *Catuvolcus*
Cotta, -ae *Cotta*
Hispānus, -a, -um *Spanish*
Indutiomarus, -ī *Indutiomarus*
Sabīnus, -ī *Sabinus*
Trēvir, Trēverī *a Treveri man*

Verbs

ascendō, -ere, -scendī, -scēnsus *to climb, go up*
comportō (1) *to collect, bring in*
conclāmō (1) *to shout out*
concitō (1) *to rouse, stir up*
dēspērō (1) *to despair*
ēmittō, -ere, -mīsī, -missus *to let go*
impellō, -ere, -pulī, -pulsus *to urge on*
minuō, -ere, minuī, minūtus *to lessen, diminish*
opprimō, -ere, -pressī, -pressus *to overpower*
oppugnō (1) *to attack*
orior, orīrī, ortus sum *to rise*
prōdeō, prōdīre, prōdiī, prōditus *to advance; hand down*
redūcō, -ere, -dūxī, -ductus *to bring back*
spērō (1) *to hope, expect*

Adjectives

commūnis, commūne *common*
equester, equestris *equestrian, related to cavalry*
repentīnus, -a, -um *sudden*

Adverbs

celeriter *quickly*
praestō *at hand, ready*
   praestō esse *to meet*
subitō *suddenly*

V.27   AMBIORĪX PROFESSES HIS INNOCENCE

Mittitur ad eōs colloquendī causā C. Arpīnēius eques Rōmānus, familiāris Q. Titūriī,   1
et Q. Iūnius ex Hispāniā quīdam,
    quī iam ante missū Caesaris ad Ambiorīgem ventitāre cōnsuērat;

    apud quōs Ambiorīx ad hunc modum locūtus est:
        sēsē prō Caesaris in sē beneficiīs plūrimum eī cōnfitērī dēbēre,   5
            quod eius operā stīpendiō līberātus esset,
                quod Aduatucīs, fīnitimīs suīs, pendere cōnsuēsset,
              quodque eī et fīlius et frātris fīlius ab Caesare remissī essent,
              quōs Aduātucī
                    obsidum numerō missōs   10
              apud sē in servitūte et catēnīs tenuissent;

        neque id,
            quod fēcerit dē oppugnātiōne castrōrum,
      aut iūdiciō aut voluntāte suā fēcisse,
      sed coāctū cīvitātis,   15
      suaque esse eiusmodī imperia,
            ut nōn minus habēret iūris in sē multitūdō,
                quam ipse in multitūdinem.

      Cīvitātī porrō hanc fuisse bellī causam,
            quod repentīnae Gallōrum coniūrātiōnī resistere nōn potuerit.   20

      Id sē facile ex humilitāte suā probāre posse,
            quod nōn adeō sit imperītus rērum,
                ut
                    suīs cōpiīs populum Rōmānum superārī posse
            cōnfīdat.   25

      Sed esse Galliae commūne cōnsilium:
omnibus hībernīs Caesaris oppugnandīs hunc esse dictum diem,
           nē qua legiō alterae legiōnī subsidiō venīre posset.

Notes

1: mittitur *agrees with only the first of the two*
   subjects
1: eōs = **Ambiorīgem et Eburōnēs**
3: cōnsuērat = **cōnsuēverat**
5: sēsē and sē = **Ambiorīgem**; eī = **Caesarī**
5: **prō beneficiīs Caesaris in Ambiorīgem**
6: opera *is an ablative of means/cause while* stīpendiō
   is an ablative of separation

7: cōnsuēsset = **cōnsuēvisset**
8: eī = **Ambiorīgī**
12 and 14: neque id … **Ambiorīgem** aut iūdiciō aut
    voluntāte suā fēcisse
17: iūris *is a partitive genitive depending on* minus
17: sē = **Ambiorīgem**
18: ipse = **Ambiorīx**
19: cīvitātī *is a dative of possession*

Vocabulary for V.27

Nouns

beneficium, -ī *favor, service*
catēna, -ae *chain*
coāctus, -ūs *compulsion*
coniūrātiō, -ōnis (f) *conspiracy, plot*
familiāris, -is (m/f) *friend*
fīlius, -ī *son*
frāter, frātris (m) *brother*
humilitās, -tātis (f) *lowliness, insignificance*
iūdicium, -ī *judgment, opinion*
iūs, iūris (nt) *law; right*
legiō, -ōnis (f) *legion*
missus, -ūs *sending, dispatching*
modus, -ī *way, method*
   ad hunc modum *after this fashion*
opera, -ae *exertion, service*
oppugnātiō, -ōnis (f) *attack, assault*
servitūs, -tūtis (f) *slavery*
stīpendium, -ī *tax, tribute*
subsidium, -ī *aid, assistance*
voluntās, -tātis (f) *will; consent*

Proper Nouns

Aduatucī, -ōrum *Aduatuci* [tribe along Meuse
                       River]
Gāius Arpīnēius *G. Arpineius*
Hispānia, -ae *Spain*
Quīntus Iūnius *Q. Iunius*
Quīntus Titūrius *Q. Titurius*

Verbs

colloquor, -ī, -locūtus sum *to converse*
cōnfīdō, -ere, -fīsus sum *to be confident*
cōnfiteor, -ērī, cōnfessus sum *to confess,*
                            acknowledge
dēbeō, -ēre, dēbuī, dēbitus *owe; ought, must*
līberō (1) *to set free, free*
loquor, loquī, locūtus sum *to speak*
oppugnō (1) *to attack*
pendō, -ere, pependī, pēnsus *to pay out*
probō (1) *to approve; prove, show*
remittō, -ere, -mīsī, -missus *to send back; relax*
resistō, -ere, -stitī [+ dat.] *to stop, oppose*
ventitō (1) *to visit, come often*

Adjectives

commūnis, commūne *common*
eiusmodī [indeclinable] *such*
imperītus, -a, -um *unskilled; ignorant*
minor, minus *less, smaller*
quīdam, quaedam, quoddam *certain*
repentīnus, -a, -um *sudden*

Adverbs

adeō *so*
facile *easily*
-ne [introduces *yes/no* question]; *whether*
nunc *now*
plūrimum *most; very much*
porrō *moreover*

Nōn facile Gallōs Gallīs negāre potuisse,
    praesertim cum
        dē recuperandā commūnī lībertāte cōnsilium initum
    vidērētur.   30

    Quibus quoniam prō pietāte satisfēcerit,
habēre nunc sē ratiōnem officiī prō beneficiīs Caesaris:
monēre, ōrāre Titūrium prō hospitiō,   35
    ut suae ac mīlitum salūtī cōnsulat.

Magnam manum Germānōrum conductam Rhēnum trānsisse;
hanc affore biduō.

Ipsōrum esse cōnsilium,
    velintne   40
           priusquam fīnitimī sentient,
       ēductōs ex hībernīs mīlitēs aut ad Cicerōnem aut ad Labiēnum
       dēdūcere,
           quōrum alter mīlia passuum circiter quīnquāgintā,
           alter paulō amplius ab iīs absit.

Illud sē pollicērī   45
et iūre iūrandō cōnfirmāre,
    tūtum iter per fīnēs datūrum.

    Quod cum faciat,
et cīvitātī sēsē cōnsulere,
    quod hībernīs levētur,   50
et Caesarī prō eius meritīs grātiam referre.

   Hāc ōrātiōne habitā
discēdit Ambiorīx.

Notes

31: dē recuperandā commūnī lībertāte cōnsilium
    initum **esse**
33: quibus = **Gallīs**
38: affore = **affutūram esse**
39: ipsōrum = **Rōmānōrum**
44: iīs = *Sabinus' camp*

45: sē = **Ambiorīgem**
48: quod *refers to the promise he just stated in the
    previous line*
48: faciat *is in the subjunctive because this clause is
    in indirect discourse*

Nouns

beneficium, -ī *favor, service*
biduum, -ī *two-day period*
fīnitimī, -ōrum *neighbors*
grātia, -ae *thanks*
hospitium, -ī *friendship*
iūs, iūris (nt) *law; right*
    iūs iūrandum *oath*
lībertās, -tātis (f) *freedom*
meritum, -ī *service, merit*
officium, -ī *duty, allegiance*
ōrātiō, -ōnis (f) *speech*
    ōrātiōnem habēre *to deliver a speech*
pietās, -tātis (f) *duty, loyalty*
ratiō, -ōnis (f) *reason; account; stratagem;*
                      condition
    ratiōnem habēre *to take account of, take into*
                      consideration

Proper Nouns

Cicerō, -ōnis (m) *Cicero*
Labiēnus *Labienus*
Quīntus Titūrius *Q. Titurius*

Verbs

adsum, -esse, affuī, affutūrus *to be present*
condūcō, -ere, -dūxī, -ductus *to bring together,*
                          assemble
cōnfirmō (1) *to confirm; encourage*
cōnsulō, -ere, -suluī, -sultus *to consult*
dēdūcō, -ere, -dūxī, -ductus *to withdraw*
discēdō, -ere, -cessī, -cessus *to depart*
ēdūcō, -ere, -dūxī, -ductus *to lead out*
ineō, -īre, inīvī, initus *to enter upon, begin*
levō (1) *to lighten, ease*
moneō, -ēre, monuī, monitus *to warn; instruct*
negō (1) *to deny, refuse*
ōrō (1) *to pray, beg*
polliceor, -ērī, pollicitus sum *to promise*
recuperō (1) *to recover*
referō, referre, rettulī, relātus *to carry back*
satisfaciō, -ere, -fēcī, -factus *to satisfy;*
              make amends; apologize
sentiō, -īre, sēnsī, sēnsus *to feel, perceive*

Adjectives and Numerals

commūnis, commūne *common*
quīnquāgintā *50*
tūtus, -a, -um *safe*

Adverbs

amplius *more (than* [+ number]*)*
facile *easily*
paulō *a little, somewhat*
praesertim *especially*
priusquam *before*
quoniam *since*

V.28   LEGATES ARE HESITANT TO BELIEVE AMBIORĪX

Arpīnēius et Iūnius,   1
    quae audiērunt,
ad lēgātōs dēferunt.

Illī
       repentīnā rē perturbātī,   5
   etsī ab hoste ea dīcēbantur,
tamen nōn neglegenda exīstimābant,
maximēque hāc rē permovēbantur,
   quod
      cīvitātem ignōbilem atque humilem Eburōnum suā sponte populō Rōmānō
       bellum facere ausam   11
   vix erat crēdendum.

Itaque ad cōnsilium rem dēferunt,
magnaque inter eōs exsistit contrōversia.

L. Aurunculēius complūrēsque tribūnī mīlitum et prīmōrum ōrdinum centuriōnēs   15
   nihil temerē agendum
   neque ex hībernīs iniūssū Caesaris discēdendum
exīstimābant.

   Quantāsvis cōpiās Germānōrum sustinērī posse mūnītīs hībernīs
docēbant: 20

   Rem esse testimōniō,
     quod prīmum hostium impetum
       multīs ultrō vulneribus illātīs
     fortissimē sustinuerint:
   rē frūmentāriā nōn premī.   25

   Intereā et ex proximīs hībernīs et ā Caesare conventūra subsidia.

   Postrēmō quid esse levius aut turpius,
     quam
       auctōre hoste
     ē summīs rēbus capere cōnsilium?   30

Notes

2: **ea** quae **audīvērunt**

4: illī = **lēgātī**

14: eōs = **lēgātōs**

16: agendum *agrees with the neuter* nihil

17: discēdendum **esse** *is an impersonal passive*

25: **Rōmānōs** rē frūmentāriā nōn premī

29: auctōre hoste **cōnsiliī** *is an ablative absolute meaning 'with the enemy being the author (of the plan)'*

Vocabulary for V.28

Nouns

auctor, -ōris (m) *author; supporter*
centuriō, -ōnis (m) *centurion*
contrōversia, -ae *dispute*
subsidium, -ī *aid, assistance*
testimōnium, -ī *proof*
tribūnus, -ī *tribune*
vulnus, vulneris (nt) *wound*

Proper Nouns

Arpīnēius *Arpineius*
Eburōnēs, -um *Eburones* [tribe from NE Gaul]
Iūnius *Iunius*
Lūcius Aurunculēius *L. Aurunculeius*

Verbs

audeo, -ēre, ausus sum *to dare*
audiō, -īre, audīvī/-iī, audītus *to hear*
crēdō, -ere, crēdidī, crēditus *to believe*
dēferō, -ferre, dētulī, dēlātus *to convey*
discēdō, -ere, -cessī, -cessus *to depart*
exsistō, -ere, -stitī, -stitus *to emerge, arise*
mūniō, -īre, mūnīvī/mūniī, mūnītus *to fortify*
neglegō, -ere, neglēxī, neglēctus *to neglect,*
ignore
permoveō, -ēre, -mōvī, -mōtus *to agitate; fright*
perturbō (1) *to upset, throw into confusion*
premō, -ere, pressī, pressus *to press hard*

Adjectives

complūrēs, complūra *several, many*
frūmentārius, -a, -um *relating to grain*
    rēs frūmentāria, reī frūmentāriae *grain*
supply
humilis, -e *low, poor*
ignōbilis, -e *unknown, obscure*
levis, leve *light; unimportant; undignified*
quantusvīs, quantavīs, quantumvīs *however*
great
repentīnus, -a, -um *sudden*
turpis, turpe *shameful*

Adverbs

etsī *although*
fortissimē *most strongly, most bravely*
iniūssū *without command, without order*
intereā *meanwhile*
itaque *therefore*
maximē *very much, most, especially*
postrēmō *finally*
quam *than; how*
sponte *voluntarily*
    suā sponte *on one's own accord*
temerē *rashly*
ultrō *of one's own accord, willingly; besides*
vix *hardly, with difficulty*

V.29 SABĪNUS ARGUES FOR IMMEDIATE ACTION

Contrā ea Titūrius   1
    sērō factūrōs
clāmitābat,
       cum māiōrēs manūs hostium
           adiūnctīs Germānīs   5
       convēnissent,
       aut cum aliquid calamitātis in proximīs hībernīs esset acceptum.

    Brevem cōnsulendī esse occāsiōnem.

      Caesarem
arbitrārī   10
      profectum in Ītaliam;
neque aliter Carnutēs interficiendī Tasgetiī cōnsilium fuisse captūrōs,
neque Eburōnēs,
      sī ille adesset,
tantā contemptiōne nostrī ad castra ventūrōs esse.   15

    Nōn hostem auctōrem,
    sed rem spectāre:

    subesse Rhēnum;
    magnō esse Germānīs dolōrī Ariovistī mortem et superiōrēs nostrās victōriās;
    ārdēre Galliam   20
         tot contumēliīs acceptīs
       sub populī Rōmānī imperium redāctam,
         superiōre glōriā reī mīlitāris exstinctā.

    Postrēmō quis hōc sibi persuādēret,
       sine certā spē Ambiorīgem ad eiusmodī cōnsilium dēscendisse?   25

    Suam sententiam in utramque partem esse tūtam:
      sī nihil esset dūrius,
    nūllō cum perīculō ad proximam legiōnem perventūrōs;
      sī Gallia omnis cum Germānīs cōnsentīret,

Notes

7: calamitātis *is a partitive genitive depending on* **aliquid**

8: *this and the remainder of the chapter is indirect discourse under* **Titūrius clāmitābat** *of lines 1 and 3*

12: fuisse captūrōs *is a past-contrary to fact clause; in direct discourse this would have been* **cēpissent**

14: ille = **Caesar**

15: nostrī *is an objective genitive depending on* **tantā contemptiōne**

15: *similar to line 12,* ventūrōs esse *is a past-contrary to fact clause though* **ventūrōs fuisse** *is expected*

19: **Germānīs** *and* **magnō dolōrī** *are part of a double dative construction (dative of reference and dative of purpose)*

28: **Rōmānōs** nūllō cum perīculō ad proximam legiōnem perventūrōs **esse**

Vocabulary for V.29

Nouns

auctor, -ōris (m) *authority; supporter*
calamitās, -tātis (f) *disaster; harm*
contemptiō, -ōnis (f) *scorn, contempt*
contumēlia, -ae *affront, insult*
dolor, dolōris (m) *sorrow; indignation*
glōria, -ae *glory*
legiō, -ōnis (f) *legion*
mors, mortis (f) *death*
occāsiō, -ōnis (f) *opportunity*
sententia, -ae *opinion; purpose*

Proper Nouns

Carnutēs, -um *Carnutes* [tribe from modern
Chartres]
Eburōnēs, -um *Eburones* [tribe from NE Gaul]
Ītalia, -ae *Italy*
Tasgetius, -ī *Tasgetius*
Titūrius, -ī *Titurius (Sabinus)*

Verbs

adiungō, -ere, -iūnxī, -iūnctus *to add, attach*
adsum, -esse, affuī, affutūrus *to be present*
ārdeō, -ēre, ārsī, ārsus *to burn*
clāmitō (1) *to cry out*
cōnsentiō, -īre, -sēnsī, -sēnsus *to agree,*
conspire with
cōnsulō, -ere, -suluī, -sultus *to consult*
dēscendō, -ere, -scendī, -scēnsus *to climb down;*
resort
exstinguō, -ere, -stīnxī, -stīnctus *to abolish,*
extinguish
redigō, -ere, redēgī, redāctus *to collect*
spectō (1) *to observe*
subeō, subīre, subīvī/subiī, subitus *to go under;*
approach

Adjectives

brevis, breve *short*
dūrus, -a, -um *severe*
eiusmodī [indeclinable] *such*
māior, māius *greater*
mīlitāris, mīlitāre *relating to the military*
   rēs mīlitāris, reī mīlitāris *war*
tot [indeclinable] *so many*
tūtus, -a, -um *safe*

Adverbs

aliter *otherwise*
postrēmō *finally*
quis *who?*
sērō *too late*

ūnam esse in celeritāte positam salūtem.   30

Cottae quidem atque eōrum,
      quī dissentīrent,
cōnsilium quem habēre exitum?

      In quō
            sī nōn praesēns perīculum,   35
      at certē longinquā obsidiōne famēs esset timenda.

Notes

33: quem *is an interrogative adjective here*

34: quō = **cōnsiliō Cottae atque eōrum, quī dissentīrent**

Nouns
celeritās, -tātis (f) *speed*
exitus, -ūs *result*
famēs, famis (f) *hunger*
obsidiō, -ōnis (f) *siege*

Proper Noun
Cotta, -ae *Cotta*

Verbs
dissentiō, -īre, -sēnsī, -sēnsus *to disagree*
pōnō, -ere, posuī, positus *to place, set*
timeō, -ēre, timuī *to fear*

Adjectives
longinquus, -a, -um *long, continued*
praesēns, praesentis *present*

Adverbs
certē *certainly*
quidem *indeed*

V.30   SABĪNUS CONTINUES TO STATE HIS REASONING

Hāc in utramque partem disputātiōne habitā,   1
   cum ā Cottā prīmīsque ōrdinibus ācriter resisterētur,

"Vincīte," inquit
    "sī ita vultis,"
Sabīnus,   5
et id clāriōre vōce,
    ut magna pars mīlitum exaudīret;

"neque is sum," inquit,
    "quī gravissimē ex vōbīs mortis perīculō terrear;
hī sapient;   10
      sī gravius quid acciderit,
abs tē ratiōnem reposcent,
    quī,
        sī per tē liceat,
      perendinō diē cum proximīs hībernīs coniūnctī   15
commūnem cum reliquīs bellī cāsum sustineant,
nōn
      rēiectī et relēgātī longē ā cēterīs
aut ferrō aut famē intereant."

Notes

2: *the subject is* **Sabīnus** *or* **cōnsilium Sabīnī**

5: **Sabīnus** *was referred to by his* nōmen **Titūrius** *in the previous chapter.* **Sabīnus** *is his* cognomen.

9: *this is a relative clause of characteristic which describes a generic representative of a group and not a specific representative*

10: hī = **mīlitēs**

11. quid = **aliquid**

12: tē = **Cottam**, *who holds the opinion presented in chapter 28*

Vocabulary for V.30

Nouns

cāsus, -ūs *misfortune, emergency; chance*
disputātiō, -ōnis (f) *argument; discussion*
famēs, famis (f) *hunger*
ferrum, -ī *iron; sword*
mors, mortis (f) *death*
ratiō, -ōnis (f) *reason; account; stratagem;*
                                      condition
vōx, vōcis (f) *voice; word*

Proper Nouns

Cotta, -ae *Cotta*
Sabīnus, -ī *(Titurius) Sabinus*

Verbs

coniungō, -ere, -iūnxī, -iūnctus *to join together*
exaudiō, -īre, -audīvī, -audītus *to hear (distinctly)*
inquam, inquis, inquit, inquiunt *I say, you say,*
                                      s/he says, they say
intereō, -īre, interīvī, interitūrus *to perish*
rēiciō, -ere, -iēcī, -iectus *to throw back, repel*
relēgō (1) *to send away; banish*
reposcō, -ere *to demand*
resistō, -ere, -stitī [+ dat.] *to stop, oppose*
sapiō, -ere, sapīvī, *to understand*
terreō, -ēre, terruī, territus *to frighten*
vincō, -ere, vīcī, victus *to conquer*

Adjectives

cēterī, -ae, -a *the rest, others*
clārus, -a, -um *loud; clear*
commūnis, commūne *common*
perendinus, -a, -um *after tomorrow*

Adverbs

ācriter *sharply, fiercely*
gravissimē *most severely*
longē *far off; by far*

V.31   A DECISION IS MADE

Cōnsurgitur ex cōnsiliō;   1
comprehendunt utrumque
et ōrant,
    nē suā dissēnsiōne et pertināciā rem in summum perīculum dēdūcant:

    facilem esse rem,   5
            seu maneant, seu proficīscantur,
        sī modo ūnum omnēs sentient ac probent;
    contrā in dissēnsiōne nūllam sē salūtem perspicere.

Rēs disputātiōne ad mediam noctem perdūcitur.

Tandem dat Cotta   10
    permōtus
manūs:
superat sententia Sabīnī.

Prōnūntiātur prīmā lūce
    itūrōs.   15

Cōnsūmitur vigiliīs reliqua pars noctis,
    cum sua quisque mīles circumspiceret,
        quid sēcum portāre posset,
        quid ex īnstrūmentō hībernōrum relinquere cōgerētur.

Omnia excōgitantur,   20
    quārē nec sine perīculō maneātur
    et languōre mīlitum et vigiliīs perīculum augeātur.

Prīmā lūce sīc ex castrīs proficīscuntur,
    ut quibus esset persuāsum,
        nōn ab hoste,   25
        sed ab homine amīcissimō Ambiorīge cōnsilium datum,
            longissimō agmine maximīsque impedīmentīs.

Notes

1: cōnsurgitur *is an impersonal passive*

2: utrumque = **Cottam et Sabīnum**

5: *this is indirect discourse under* **ōrant** *of line 3*

8: contrā = *on the contrary*

15: **Rōmānōs** itūrōs **esse**

17: sua = *his own things*

Vocabulary for V.31

Nouns

agmen, agminis (nt) *marching army;*
line (of troops)
disputātiō, -ōnis (f) *argument; discussion*
dissēnsiō, -ōnis (f) *disagreement*
impedīmentum, -ī *obstacle; (pl.) baggage*
īnstrūmentum, -ī *equipment*
languor, -ōris (m) *fatigue*
lūx, lūcis (f) *light*
pertinācia, -ae *stubbornness, obstinacy*
sententia, -ae *opinion; purpose*
vigilia, -ae *watch*

Proper Nouns

Cotta, -ae *Cotta*
Sabīnus, -ī *(Titurius) Sabinus*

Verbs

augeō, -ēre, auxī, auctus *to increase*
circumspiciō, -ere, -spēxī, -spectus *to look*
about for
comprehendō, -ere, -prehendī, -prehēnsus *to*
seize
cōnsūmō, -ere, -sūmpsī, -sūmptus *to spend*
cōnsurgō, -ere, -surrēxī, -surrēctus *to rise (up)*
dēdūcō, -ere, -dūxī, -ductus *to withdraw*
eō, īre, īvī/iī, itus *to go; march*
excōgitō (1) *to think over*
maneō, -ēre, mānsī, mānsus *to remain*
ōrō (1) *to pray, beg*
perdūcō, -ere, -dūxī, -ductus *to lead through;*
prolong
permoveō, -ēre, -mōvī, -mōtus *to agitate; fright*
perspiciō, -ere, -spēxī, -spectus *to perceive*
portō (1) *to carry*
probō (1) *to approve; prove, show*
prōnūntiō (1) *to announce*
sentiō, -īre, sēnsī, sēnsus *to feel, perceive*

Adjectives

amīcus, -a, -um *friendly*
facilis, facile *easy*
longus, -a, -um *long*
medius, -a, -um *middle (of)*
quisque, quaeque, quodque *each*

Adverbs

modo *only*
nec *and not*
quārē *wherefore, on account of which*
quid *what? why?*
seu = sīve *or*
    seu ... seu (sīve ... sīve) *either ... or*
sīc *thus, in this way*

V.32   THE ROMANS ARE AMBUSHED

At hostēs,   1
    posteāquam ex nocturnō fremitū vigiliīsque dē profectiōne eōrum sēnsērunt,
      collocātīs īnsidiīs bipertītō in silvīs opportūnō atque occultō locō ā mīlibus
      passuum circiter duōbus
Rōmānōrum adventum exspectābant,   5
et
    cum sē māior pars agminis in magnam convallem dēmīsisset,
ex utrāque parte eius vallis subitō sē ostendērunt
    novissimōsque premere
    et prīmōs prohibēre ascēnsū   10
    atque inīquissimō nostrīs locō proelium committere
coepērunt.

Note

2: eōrum = **Rōmānōrum**

Vocabulary for V.32

Nouns

agmen, agminis (nt) *marching army;*
line (of troops)
   novissimum agmen *rearguard*
   prīmum agmen *vanguard*
ascēnsus, -ūs *ascent*
convallis, convallis (f) *enclosed valley, ravine*
fremitus, -ūs *noise*
īnsidiae, -ārum *treachery, ambush*
profectiō, -ōnis (f) *departure*
silva, -ae *forest*
vallis, vallis (f) *valley*
vigilia, -ae *watch*

Verbs

collocō (1) *to station, arrange; set, settle*
dēmittō, -ere, -mīsī, -missus *to cast down*
exspectō (1) *to wait for*
ostendō, -ere, -tendī, -tentus *to show*
premō, -ere, pressī, pressus *to press hard*
sentiō, -īre, sēnsī, sēnsus *to feel, perceive*

Adjectives

inīquus, -a, -um *unjust*
māior, māius *greater*
nocturnus, -a, -um *nocturnal*
novus, -a, -um *new*
   novissimum agmen *rearguard*
occultus, -a, -um *concealed, secret*
opportūnus, -a, -um *suitable, convenient*

Adverbs

at *but, at least*
bipertītō *in two parts*
posteāquam *after (that)*
subitō *suddenly*

V.33 MASS CONFUSION AMONG THE ROMANS

Tum dēmum Titūrius,   1
    quī nihil ante prōvīdisset,
trepidāre
et concursāre
cohortēsque dispōnere,   5

haec tamen ipsa timidē
    atque ut eum omnia dēficere vidērentur;
        quod plērumque iīs accidere cōnsuēvit,
            quī in ipsō negōtiō cōnsilium capere cōguntur.

At Cotta,   10
    quī cōgitāsset,
        haec posse in itinere accidere,
        atque ob eam causam profectiōnis auctor nōn fuisset,
nūllā in rē commūnī salūtī deerat:
et in appellandīs cohortandīsque mīlitibus imperātōris   15
et in pugnā mīlitis officia praestābat.

    Cum propter longitūdinem agminis minus facile omnia per sē obīre et,
        quid quōque locō faciendum esset,
    prōvidēre possent,
iussērunt prōnūntiāre,   20
    ut impedīmenta relinquerent
    atque in orbem cōnsisterent.

Notes

1: *Recall that* **Titūrius** *is his nomen,* **Sabīnus** *being his cognomen.*

3: trepidāre *is the first of three historical infinitives, used to establish the background and setting, akin to the imperfect tense.*

6: **Titūrius** haec tamen ipsa timidē **fēcit**

7: **ut** = *'as'*

8: *the antecedent is the entire preceding clause*

11: cōgitāsset = **cōgitāvisset**

15: et in appellandīs cohortandīsque mīlitibus **officia** imperātōris **praestābat**

18: *an indirect question dependent on* **prōvidēre** *of line 19 with the interrogative pronoun* **quis** *and the interrogative adjective* **quō**

20: **lēgātī** *('commanders') is the understood subject of* **iussērunt**

Vocabulary for V.33

Nouns

agmen, agminis (nt) *marching army;*
                              line (of troops)
auctor, -ōris (m) *authority; supporter*
cohors, cohortis (f) *cohort*
impedīmentum, -ī *obstacle; (pl.) baggage*
imperātor, -tōris (m) *commander-in-chief,*
                                    general

longitūdō, -inis (f) *length*
nihil *nothing*
officium, -ī *duty, allegiance*
orbis, orbis (m) *circle; hollow square of troops*
profectiō, -ōnis (f) *departure*
pugna, -ae *battle*

Proper Nouns

Cotta, -ae *Cotta*
Titūrius, -ī *Titurius (Sabinus)*

Verbs

cōgitō (1) *to think*
cohortor (1) *to encourage*
concursō (1) *to run about*
cōnsistō, -ere, -stitī *to take up a position*
dēficiō, -ere, -fēcī, -fectus *to fail*
dēsum, deesse, dēfuī, dēfutūrus *to fail; be*
                                        lacking
dispōnō, -ere, -posuī, -positus *to arrange, station*
obeō, -īre, obīvī, obitus *to meet, attend to*
praestō, -stāre, -stitī, -stitus/-stātus *to excel;*
                                    to perform, show
prōnūntiō (1) *to announce*
prōvideō, -ēre, -vīdī, -vīsus *to provide for; foresee*
trepidō (1) *to be alarmed*

Adjective

commūnis, commūne *common*

Adverbs

at *but, at least*
dēmum *at last*
facile *easily*
minus *less*
plērumque *frequently*
quid *what? why?*
timidē *fearfully*
vulgō *everywhere*

Quod cōnsilium
    etsī in eiusmodī cāsū reprehendendum nōn est,
tamen incommodē accidit: 25
nam et nostrīs mīlitibus spem minuit
et hostēs ad pugnam alacriōrēs id effēcit,
      quod
            nōn sine summō timōre et dēspērātiōne id factum
      vidēbātur.   30

Praetereā accidit,
    quod fierī necesse erat,
        ut vulgō mīlitēs ab signīs discēderent,
            quae quisque eōrum cārissima habēret,
        ab impedīmentīs petere atque arripere properāret,   35
        clāmōre et flētū omnia complērentur.

Note

35: **ea** ab impedīmentīs petere atque arripere properāret.

Nouns

cāsus, -ūs *misfortune, emergency; chance*
clāmor, -ōris (m) *shout; noise*
dēspērātiō, -ōnis *despair*
flētus, -ūs *weeping*
impedīmentum, -ī *obstacle; (pl.) baggage*
pugna, -ae *battle*
signum, -ī *military standard*
timor, -ōris (m) *fear*

Verbs

arripiō, -ere, -ripuī, -reptus *to snatch up*
compleō, -ēre, -plēvī, -plētus *to fill up*
efficiō, -ere, -fēcī, -fectus *to make; enable*
fīō, fierī, factus sum *to become; be made*
minuō, -ere, minuī, minūtus *to lessen, diminish*
properō (1) *to hasten*
reprehendō, -ere, -prehendī, -prehēnsus *to blame, find fault with*

Adjectives

alacer, alacris, alacre *eager, spirited*
cārus, -a, -um *beloved, dear*
eiusmodī *such* [pronoun]
necesse [indeclinable] *necessary, unavoidable*
quisque, quaeque, quodque *each*

Adverbs

etsī *although*
incommodē *unfortunately*
praetereā *moreover, besides*

V.34   AMBIORĪX AND HIS MEN EXHIBIT COMPOSURE

At barbarīs cōnsilium nōn dēfuit.   1

Nam ducēs eōrum tōtā aciē prōnūntiārī iussērunt,
    nē quis ab locō discēderet:
    illōrum esse praedam
    atque illīs reservārī,   5
        quaecumque Rōmānī relīquissent:
    proinde
        omnia in victōriā posita
    exīstimārent.

Erant et virtūte et studiō pugnandī parēs nostrī;   10
    tametsī ab duce et ā fortūnā dēserēbantur.

Tamen omnem spem salūtis in virtūte pōnēbant,
et
    quotiēns quaeque cohors prōcurrerat,
ab eā parte magnus numerus hostium cadēbat.   15

        Quā rē animadversā
Ambiorīx prōnūntiārī iubet,
    ut procul tēla coniciant
    neu propius accēdant
    et,   20
        quam in partem Rōmānī impetum fēcerint,
    cēdant
        (levitāte armōrum et cotīdiānā exercitātiōne nihil iīs nocērī posse),
    rūrsus sē ad signa recipientēs īnsequantur.

Notes

2: tōtā aciē *is an ablative of place*

3: quis = **aliquis**

4: illōrum = **barbarōrum**

5: illīs = **barbarīs**

8: omnia in victōriā posita **esse**

11: *the subject of* **dēserēbantur** *is* **nostrī mīlitēs**

23: *this infinitive phrase is an aside and not attached syntactically to the rest of the sentence.*

23: iīs = **barbarīs**

24: sē ... recipientēs *is the direct object referring to* **Rōmānōs** *while the subject is still Ambiorīx's men, or* **barbarī** *according to Caesar.*

Vocabulary for V.34

Nouns
cohors, cohortis (f) *cohort*
dux, ducis (m) *leader; guide*
exercitātiō, -ōnis (f) *experience*
levitās, -tātis (f) *lightness*
praeda, -ae *booty, spoil*
signum, -ī *military standard*
studium, -ī *enthusiasm, zeal*

Verbs
accēdō, -ere, -cessī, -cessus *to approach*
animadvertō, -ere, animadvertī, animadversus
                                        to notice
cadō, -ere, cecidī, cāsus *to fall*
cēdō, -ere, cessī, cessus *to yield*
dēserō, -ere, -seruī, -sertus *to abandon, desert*
dēsum, deesse, dēfuī, dēfutūrus *to fail; be*
                                        lacking
īnsequor, -sequī, -secūtus sum *to pursue*
noceō, -ēre, nocuī, nocitus *to harm* [+ dat.]
pōnō, -ere, posuī, positus *to place, set*
prōcurrō, -ere, -currī, -cursus *to rush forward*
prōnūntiō (1) *to announce*
reservō (1) *to hold in reserve*

Adjectives
barbarus, -a, -um *barbarous*
cotīdiānus, -a, -um *daily; usual*
pār, paris *equal*
quīcumque, quaecumque, quodcumque
                                whoever, whatever
quisque, quaeque, quodque *each*

Adverbs
at *but, at least*
neu *and not*
procul *from afar*
proinde *therefore*
propius *nearer*
quotiēns *how often*
rūrsus *again*
tametsī *although*

V.35   ROMAN COURAGE

Quō praeceptō ab iīs dīligentissimē observātō,   1
  cum quaepiam cohors ex orbe excesserat
  atque impetum fēcerat,
hostēs vēlōcissimē refugiēbant.

Interim   5
  eam partem nūdārī
necesse erat
  et ab latere apertō tēla recipī.

  Rūrsus cum in eum locum,
    unde erant ēgressī,   10
  revertī coeperant,
et ab iīs,
  quī cesserant,
et ab iīs,
  quī proximī steterant,   15
circumveniēbantur;

  sīn autem locum tenēre vellent,
nec virtūtī locus relinquēbātur,
neque
  ab tantā multitūdine coniecta   20
tēla cōnfertī vītāre poterant.

  Tamen tot incommodīs cōnflīctātī,
    multīs vulneribus acceptīs
resistēbant
et   25
  magnā parte diēī cōnsūmptā,
  cum ā prīmā lūce ad hōram octāvam pugnārētur,
nihil
  quod ipsīs esset indignum,
committēbant.   30

Notes

1: quō = **hōc**   12: iīs = **barbarīs**
1: iīs = **Rōmānīs**   29: **indignum** *takes a dative, here* **ipsīs** (= **Rōmānīs**)

Vocabulary for V.35

Nouns

cohors, cohortis (f) *cohort*
hōra, -ae *hour*
incommodum, -ī *disadvantage*
latus, lateris (nt) *side, flank*
lūx, lūcis (f) *light*
orbis, orbis (m) *circle; hollow square of troops*
praeceptum, -ī *order*
vulnus, vulneris (nt) *wound*

Verbs

aperiō, -īre, aperuī, apertus *to open, uncover*
cēdō, -ere, cessī, cessus *to yield*
circumveniō, -īre, -vēnī, -ventus *to surround*
cōnflīctō (1) *to assail*
cōnsūmō, -ere, -sūmpsī, -sūmptus *to spend*
ēgredior, -ī, -gressus sum *to go out; leave*
excēdō, -ere, -cessī, -cessus *to go away, leave*
nūdō (1) *to expose*
observō (1) *to observe*
refugiō, -ere, -fūgī, -fugitus *to escape, runaway*
resistō, -ere, -stitī [+ dat.] *to stop, oppose*
revertor, -ī, -versus sum *to return*
stō, stāre, stetī, status *to stand*
vītō (1) *to avoid*

Adjectives

cōnfertus, -a, -um *crowded*
indignus, -a, -um *unworthy*
necesse [indeclinable] *necessary, unavoidable*
octāvus, -a, -um *eighth*
quispiam, quaepiam, quidpiam *any*
tot [indeclinable] *so many*

Adverbs

dīligentissimē *most diligently*
interim *meanwhile*
nec *and not*
rūrsus *again*
sīn *but if*
unde *from where*
vēlōcissimē *most swiftly, most rapidly*

Tum T. Balventiō,
    quī superiōre annō prīmum pīlum dūxerat,
virō fortī et magnae auctōritātis, utrumque femur trāgulā trāicitur;

Q. Lūcānius, eiusdem ōrdinis,
       fortissimē pugnāns,   35
    dum circumventō fīliō subvenit,
interficitur:

L. Cotta lēgātus
    omnēs cohortēs ōrdinēsque adhortāns
in adversum ōs fundā vulnerātur.   40

Notes

31: T. Balventiō *is a dative of reference*
32: *this indicates that he was the chief centurion of his legion*

33: *note the change to a historical present; this device heightens the liveliness of the action*

Nouns

auctōritās, -tātis (f) *power, influence*
cohors, cohortis (f) *cohort*
femur, femoris/feminis (nt) *thigh*
fīlius, -ī *son*
funda, -ae *sling*
ōrdō, -inis (m) *order, rank*
ōs, ōris (nt) *face, mouth*
pīlum, -ī *heavy javelin*
trāgula, -ae *light javelin, dart*
vir, -ī *man*

Proper Nouns

Lūcius Cotta *Lucius Cotta*
Quīntus Lūcānius *Quintus Lucanius*
Titus Balventius *Titus Balventius*

Verbs

adhortor (1) *to incite*
circumveniō, -īre, -vēnī, -ventus *to surround*
subveniō, -īre, -vēnī, -ventus *to assist*
trāiciō, -icere, -iēcī, -iectus *to pierce*
vulnerō (1) *to wound*

Adjective

fortis, forte *strong, brave*

Adverbs

adversum [+ acc.] *towards, against*
   in adversum [+ acc.] *right up against*

V.36   SABĪNUS REQUESTS A MEETING WITH AMBIORĪX

His rēbus permōtus   1
Q. Titūrius,
      cum procul Ambiorīgem
           suōs cohortantem
      cōnspēxisset,   5
interpretem suum Cn. Pompēium ad eum mittit rogātum,
    ut sibi mīlitibusque parcat.

Ille appellātus respondit:

      Sī velit sēcum colloquī,
    licēre;   10

    spērāre
        ā multitūdine impetrārī posse,
           quod ad mīlitum salūtem pertineat;
    ipsī vērō nihil nocitum īrī,
    inque eam rem sē suam fidem interpōnere.   15

Ille cum Cottā sauciō commūnicat,
    sī videātur,
        pugnā ut excēdant
        et cum Ambiorīge ūnā colloquantur:

    spērāre ab eō dē suā ac mīlitum salūte impetrārī posse.   20

Cotta sē ad armātum hostem itūrum negat
atque in eō persevērat.

Notes

2: Q. Titūrius = **Quintus Titūrius Sabīnus**

6: eum = **Ambiorīgem**

8: ille = **Ambiorīx**

10: *since* **licēre** *is an impersonal verb, the subject is understood to be 'it'*

11–12: **sē** (= **Ambiorīgem**) spērāre **id** ā multitūdine **mīlitum suōrum** (= **Ambiorīgis**) impetrārī posse

13: *this* quod-*clause is the understood subject of the previous indirect statement clause*

14: ipsī = **Titūriō**

14: **nocitum īrī** *is a future passive infinitive in form, and is serving as an impersonal passive in meaning*

15: sē = **Ambiorīgem**; suam = **Ambiorīgis**

16: ille = **Titūrius**

18: pugnā *is an ablative of separation*

20: **Titūrium** spērāre ab **Ambiorīge** dē suā salūte **et dē salūte** mīlitum impetrārī posse

22: eō = *Cotta's refusal to go to an armed enemy*

Vocabulary for V.36

Nouns
fidēs, -eī (f) *faith, trust*
interpres, intepretis (m/f) *interpreter*
pugna, -ae *battle*

Proper Nouns
Cotta, -ae *Cotta*
Gnaeus Pompēius *Cn. Pompeius*
Q. Titūrius, -ī *Quintus Titurius (Sabinus)*

Verbs
armō (1) *to arm, equip*
cohortor (1) *to encourage*
colloquor, -ī, -locūtus sum *to converse*
commūnicō (1) *to communicate; add*
cōnspiciō, -ere, -spēxī, -spectus *to observe, perceive*
eō, īre, īvī/iī, itus *to go; march*
excēdō, -ere, -cessī, -cessus *to go away, leave*
impetrō (1) *to accomplish, obtain*
interpōnō, -ere, -posuī, -positus *to insert*
negō (1) *to deny, refuse*
noceō, -ēre, nocuī, nocitus [+ dat.] *to harm*
parcō, -ere, pepercī, parsus [+ dat.] *to spare*
permoveō, -ēre, -mōvī, -mōtus *to agitate; fright*
persevērō (1) *to persist*
pertineō, -ēre, -tinuī *to reach to; concern*
respondeō, -ēre, -spondī, -spōnsus *to respond*
rogō (1) *to ask*
spērō (1) *to hope, expect*

Adjectives
saucius, -a, -um *wounded*

Adverbs
procul *from afar*
ūnā *together*
vērō *truly*

V.37 A ROMAN DEFEAT

Sabīnus   1
        quōs in praesentiā tribūnōs mīlitum circum sē habēbat et prīmōrum ōrdinum
        centuriōnēs
   sē sequī
iubet
et,   5
        cum propius Ambiorīgem accessisset,
   iussus arma abicere
imperātum facit
suīsque,
   ut idem faciant,   10
imperat.

Interim,
        dum dē condiciōnibus inter sē agunt
        longiorque cōnsultō ab Ambiorīge īnstituitur sermō,
   paulātim circumventus   15
interficitur.

Tum vērō suō mōre victōriam conclāmant
atque ululātum tollunt
   impetūque in nostrōs factō
ōrdinēs perturbant.   20

Ibi L. Cotta pugnāns interficitur cum maximā parte mīlitum.

Reliquī sē in castra recipiunt,
   unde erant ēgressī.

Ex quibus L. Petrosidius aquilifer,
   cum magnā multitūdine hostium premerētur   25
aquilam intrā vallum prōiēcit,
ipse prō castrīs fortissimē pugnāns occīditur.

Illī aegrē ad noctem oppugnātiōnem sustinent;

noctū ad ūnum omnēs
   dēspērātā salūte   30
sē ipsī interficiunt.

Paucī
   ex proeliō ēlāpsī
incertīs itineribus per silvās ad T. Labiēnum lēgātum in hīberna perveniunt
atque eum dē rēbus gestīs certiōrem faciunt.   35

Notes

2: eōs [quōs in praesentiā …] sē (= **Sabīnum**) sequī   16: **Sabīnus** interficitur

7: *this is a participial phrase whose subject is still*   28: illī = **Rōmānī**
  Sabīnus

Vocabulary for V.37

Nouns

aquila, -ae *eagle; standard*
aquilifer, -ī *standard bearer*
centuriō, -ōnis (m) *centurion*
condiciō, -ōnis (f) *condition, state*
imperātum, -ī *order*
mōs, mōris (m) *custom*
oppugnātiō, -ōnis (f) *attack, assault*
praesentia, -ae *presence*
sermō, -ōnis (m) *talk, conversation, speech*
silva, -ae *forest*
tribūnus, -ī *tribune*
ululātus, -ī *yell*
vallum, -ī *rampart*

Proper Nouns

Cotta, -ae *Cotta*
Lūcius Petrosidius *L. Petrosidius*
Sabīnus, -ī *(Titurius) Sabinus*
Titus Labiēnus *T. Labienus*

Verbs

abiciō, -icere, -iēcī, -iectus *to throw away*
accēdō, -ere, -cessī, -cessus *to approach*
circumveniō, -īre, -vēnī, -ventus *to surround*
conclāmō (1) *to shout out*
dēspērō (1) *to despair*
ēgredior, -ī, -gressus sum *to go out; leave*
ēlābor, -lābī, -lāpsus sum *to escape*
īnstituō, -ere, -stituī, -stitūtus *to undertake*
occīdō, -ere, -cīdī, -cīsus *to strike down; kill*
perturbō (1) *to upset, throw into confusion*
premō, -ere, pressī, pressus *to press hard*
prōiciō, -ere, -iēcī, -iectus *to throw forward*
sequor, sequī, secūtus sum *to follow*
sustineō, -ēre, -tinuī, -tentus *to check, control; endure; withhold*
tollō, -ere, sustulī, sublātus *to take away, remove; carry; raise*

Adjectives

incertus, -a, -um *uncertain*
longus, -a, -um *long*

Adverbs

aegrē *with difficulty*
cōnsultō *deliberately*
fortissimē *most strongly, most bravely*
interim *meanwhile*
intrā [+ acc.] *within*
noctū *by night*
paulātim *gradually, little by little*
propius *nearer*
unde *from where*
vērō *truly*

Hāc victōriā sublātus   1
Ambiorīx statim cum equitātū in Aduatucōs,
        quī erant eius rēgnō fīnitimī,
proficīscitur;
neque noctem neque diem intermittit   5
        peditātumque sēsē subsequī
iubet.

        Rē dēmōnstrātā
        Aduatucīsque concitātīs,
posterō diē in Nerviōs pervenit   10
hortāturque,
        nē suī in perpetuum līberandī atque ulcīscendī Rōmānōs prō iīs,
                quās accēperint,
        iniūriīs occāsiōnem dīmittant.

Interfectōs esse lēgātōs duōs   15
magnamque partem exercitūs interīsse
dēmōnstrat;
        nihil esse negōtiī, subitō oppressam legiōnem,
                quae cum Cicerōne hiemet,
        interficī;   20

sē ad eam rem profitētur adiūtōrem.

Facile hāc ōrātiōne Nerviīs persuādet.

Notes

6: sēsē = **Ambiorīgem**

12: *the gerunds* **līberandī** *and* **ulcīscendī** *depend on*
   occāsiōnem

12 and 14: prō iīs ... iniūriīs

18: negōtiī *is a partitive genitive*

Vocabulary for V.38

Nouns

adiūtor, -ōris (m) *helper*
fīnitimī, -ōrum *neighbors*
legiō, -ōnis (f) *legion*
negōtium, -ī *business, task*
occāsiō, -ōnis (f) *opportunity*
ōrātiō, -ōnis (f) *speech*
peditātus, -ūs *foot soldiers, infantry*
rēgnum, -ī *kingdom*

Proper Nouns

Aduatucī, -ōrum *Aduatuci* [tribe along Meuse River]
Cicerō, -ōnis (m) *Cicero*
Nerviī, -ōrum *Nervii* [tribe from Northern Gaul]

Verbs

concitō (1) *to rouse, stir up*
dēmōnstrō (1) *to show; mention*
dīmittō, -ere, -mīsī, -missus *to dismiss; dispatch*
hiemō (1) *to winter, pass the winter*
hortor (1) *to urge*
intereō, -īre, interīvī, interitūrus *to perish*
intermittō, -ere, -mīsī, -missus *to interrupt*
līberō (1) *to set free, free*
opprimō, -ere, -pressī, -pressus *to overpower*
profiteor, -ērī, -fessus sum *to declare publicly, avow*
subsequor, -sequī, -secūtus *to follow closely*
tollō, -ere, sustulī, sublātus *to take away, remove; carry; raise*
ulcīscor, -ī, ultus sum *to avenge, punish*

Adjectives

perpetuus, -a, -um *permanent, perpetual*
  in perpetuum *forever*
posterus, -a, -um *next*

Adverbs

facile *easily*
statim *immediately*
subitō *suddenly*

V.39 THE NERVIĪ AND THEIR ALLIES ATTACK

Itaque   1
        cōnfestim dīmissīs nūntiīs ad Ceutrōnēs, Grudiōs, Levācōs, Pleumoxiōs, Geidumnōs,
          quī omnēs sub eōrum imperiō sunt,
    quam maximās manūs possunt,
cōgunt   5
et dē imprōvīsō ad Cicerōnis hīberna advolant,
    nōndum ad eum fāmā dē Titūriī morte perlātā.

Huic quoque accidit,
      quod fuit necesse,
    ut nōnnūllī mīlitēs,   10
      quī lignātiōnis mūnītiōnisque causā in silvās discessissent,
    repentīnō equitum adventū interciperentur.

      Hīs circumventīs
magnā manū Eburōnēs, Nerviī, Aduatucī atque hōrum omnium sociī et clientēs legiōnem
oppugnāre incipiunt.   15

Nostrī celeriter ad arma concurrunt,
vallum cōnscendunt.

Aegrē is diēs sustentātur,
    quod omnem spem hostēs in celeritāte pōnēbant
    atque   20
        hanc adeptī victōriam
      in perpetuum sē fore victōrēs
    cōnfīdēbant.

Notes

3: eōrum = **Nerviōrum**

4: *this is a superlative clause qualifying the main verb*
  cōgunt

4–5: **manūs**, quam maximās cōgere possunt, cōgunt

8: huic = **Cicerōnī**

22: sē = **hostēs**

Vocabulary for V.39

Nouns

celeritās, -tātis (f) *speed*
cliēns, clientis (m/f) *vassal, dependent*
fāma, -ae *fame; report*
legiō, -ōnis (f) *legion*
lignātiō, -ōnis (f) *gathering wood*
mors, mortis (f) *death*
mūnītiō, -ōnis (f) *fortification, building*
nūntius, -ī *messenger*
silva, -ae *forest*
socius, -ī *ally*
vallum, -ī *rampart*
victor, victōris (m) *victor*

Proper Nouns

Aduatucī, -ōrum *Aduatuci* [tribe along Meuse
River]
Ceutrōnēs, Ceutrōnum *Ceutrones* [tribe from
Savoy]
Cicerō, -ōnis (m) *Cicero*
Eburōnēs, -um *Eburones* [tribe from NE Gaul]
Geidumnī, -ōrum *Geidumni*
Grudiī, -ōrum *Grudii*
Levācī, -ōrum *Levaci*
Nerviī, -ōrum *Nervii* [tribe from Northern
Gaul]
Pleumoxiī, -ōrum *Pleumoxii*
Titūrius, -ī *Titurius (Sabinus)*

Verbs

adipīscor, -ī, adeptus sum *to attain*
advolō (1) *to rush at*
circumveniō, -īre, -vēnī, -ventus *to surround*
concurrō, -ere, -currī, -cursus *to rush togther*
cōnfīdō, -ere, -fīsus sum *to be confident*
cōnscendō, -ere, -scendī, -scēnsus *to climb*
dīmittō, -ere, -mīsī, -missus *to dismiss; dispatch*
incipiō, -ere, -cēpī, -ceptus *to begin*
intercipiō, -ere, -cēpī, -ceptus *to cut off*
oppugnō (1) *to attack*
perferō, -ferre, pertulī, perlātus *to endure; bring*
pōnō, -ere, posuī, positus *to place, set*
sustentō (1) *to sustain, hold out*

Adjectives

imprōvīsus, -a, -um *unexpected*
  dē imprōvīsō *unexpectedly*
necesse [indeclinable] *necessary, unavoidable*
nōnnūllus, -a, -um [gen: -īus, dat: -ī] *some*
perpetuus, -a, -um *permanent, perpetual*
  in perpetuum *forever*
repentīnus, -a, -um *sudden*

Adverbs

aegrē *with difficulty*
celeriter *quickly*
cōnfestim *at once, immediately*
itaque *therefore*
nōndum *not yet*
quoque *also, too*

V.40   ROMANS BUILD BETTER DEFENSES

Mittuntur ad Caesarem cōnfestim ā Cicerōne litterae   1
  magnīs prōpositīs praemiīs,
    sī pertulissent:

  obsessīs omnibus viīs
missī intercipiuntur.   5

Noctū ex māteriā,
  quam mūnītiōnis causā comportāverant,
turrēs admodum CXX excitantur incrēdibilī celeritāte;

  quae deesse operī vidēbantur,
perficiuntur.   10

Hostēs posterō
  diē multō māiōribus coāctīs cōpiīs
castra oppugnant,
fossam complent.

Eādem ratiōne,   15
  quā prīdiē,
ab nostrīs resistitur.

Hōc idem reliquīs deinceps fit diēbus.

Nūlla pars nocturnī temporis ad labōrem intermittitur;
nōn aegrīs, nōn vulnerātīs facultās quiētis datur.   20

  Quaecumque ad proximī diēī oppugnātiōnem opus sunt,
noctū comparantur;
multae praeustae sudēs,
magnus mūrālium pīlōrum numerus īnstituitur;
turrēs contabulantur,   25
pinnae lōrīcaeque ex crātibus attexuntur.

Ipse Cicerō,
    cum tenuissimā valētūdine esset,
nē nocturnum quidem sibi tempus ad quiētem relinquēbat,
  ut ūltrō mīlitum concursū ac vōcibus sibi parcere cōgerētur.   30

Notes

3: *the subject of* pertulissent *is understood to be*
 nūntiī *'messengers'*
5: missī = *'the sent ones'*

8: CXX = **centum vīgintī**
9: **ea** quae deesse operī vidēbantur
21: *this line is the subject of* **comparantur** *in line 22*

Vocabulary for V.40

Nouns

celeritās, -tātis (f) *speed*
concursus, -ūs *crowd*
crātēs, crātis (f) *hurdle*
facultās, -tātis (f) *ability; opportunity; resources*
fossa, -ae *ditch, trench*
labor, labōris (m) *effort, striving*
littera, -ae *letter of alphabet; (pl.) letter, epistle*
lōrīca, -ae *rampart*
māteria, -ae *wood, timber*
mūnītiō, -ōnis (f) *fortification, building*
oppugnātiō, -ōnis (f) *attack, assault*
opus, operis (nt) *work*
 opus est *there is need of*
pīlum, -ī *heavy javelin*
pinna, -ae *battlement*
praemium, -ī *prize; honor*
quiēs, quiētis (f) *rest*
ratiō, -ōnis (f) *reason; account; stratagem;*
                                    condition

sudis, sudis (f) *stake*
turris, -is (f) *tower*
valētūdō, -inis (f) *health*
via, -ae *way, road*
vōx, vōcis (f) *voice; word*

Proper Noun

Cicerō, -ōnis (m) *Cicero*

Verbs

attexō, -ere, -texuī, -textus *to add on*
comparō (1) *to prepare; compare; purchase*
compleō, -ēre, -plēvī, -plētus *to fill up*
comportō (1) *to collect, bring in*
contabulō (1) *to build up*
dēsum, deesse, dēfuī, dēfutūrus *to fail; be*
                                    lacking

excitō (1) *to rouse; raise (e.g. a tower)*
fīō, fierī, factus sum *to become; be made*
īnstituō, -ere, -stituī, -stitūtus *to undertake*
intercipiō, -ere, -cēpī, -ceptus *to cut off*
intermittō, -ere, -mīsī, -missus *to interrupt*
obsideō, -ēre, -sēdī, -sessus *to blockade*
oppugnō (1) *to attack*
parcō, -ere, pepercī, parsus [+ dat.] *to spare*
perferō, -ferre, pertulī, perlātus *to endure; bring*
perficiō, -ere, -fēcī, -fectus *to complete,*
                                    accomplish

praeurō, -ere, -ussī, -ustus *to burn at the end*
prōpōnō, -ere, -posuī, -positus *to state; promise*
resistō, -ere, -stitī [+ dat.] *to stop, oppose*
vulnerō (1) *to wound*

Adjectives

aeger, aegra, aegrum *sick*
incrēdibilis, -e *incredible*
māior, māius *greater*
mūrālis, -e *related to a wall*
nocturnus, -a, -um *nocturnal*
posterus, -a, -um *next*
quīcumque, quaecumque, quodcumque
                                    whoever, whatever
tenuis, tenue *thin, delicate; weak*

Adverbs

admodum *fully*
cōnfestim *at once, immediately*
deinceps *in succession*
multō *by much*
nē ... quidem *not ... even*
noctū *by night*
prīdiē *the day before*
ultrō *of one's own accord, willingly; besides*

V.41   NERVIAN LEADERS SPEAK WITH CICERŌ

Tunc ducēs prīncipēsque Nerviōrum,   1
        quī aliquem sermōnis aditum causamque amīcitiae cum Cicerōne habēbant,
    colloquī sēsē velle
dīcunt.

        Factā potestāte,   5
eadem,
    quae Ambiorīx cum Titūriō ēgerat,
commemorant:

    omnem esse in armīs Galliam;
    Germānōs Rhēnum trānsīsse;   10
    Caesaris reliquōrumque hīberna oppugnārī.

Addunt etiam dē Sabīnī morte;
Ambiorīgem ostentant fidī faciendae causā.

    Errāre eōs
dīcunt,   15
        sī quicquam ab hīs praesidiī spērent,
            quī suīs rēbus diffīdant;

    sēsē tamen hōc esse in Cicerōnem populumque Rōmānum animō,
        ut nihil nisī hīberna recūsant
        atque hanc inveterāscere cōnsuētūdinem nōlint;   20

    licēre
        illīs incolumibus per sē ex hībernīs discēdere
    et
            quāscumque in partēs velint
        sine metū proficīscī.   25

Cicerō ad haec ūnum modo respondit:
    nōn esse cōnsuētūdinem populī Rōmānī accipere ab hoste armātō condiciōnem:

        sī ab armīs discēdere velint,
    sē adiūtōre ūtantur
    lēgātōsque ad Caesarem mittant;   30

    spērāre prō eius iūstitiā,
        quae petierint,
    impetrātūrōs.

Notes

14: eōs = **Rōmānōs**

16: praesidiī *is a partitive genitive dependent on*
    quicquam

18: sēsē = **ducēs prīncipēs (quī dīcunt)**

18: **esse animō in + [acc.]** = *to feel towards*

22: illīs = **Rōmānīs**

22: sē = **Nerviōs**

26: Cicerō ad haec ūnum **verbum** modo respondit

29: sē = **Cicerōne**; adiūtōre *also refers to* **Cicerōne**

31: eius = **Caesaris**

32: **ea** quae petierint

Vocabulary for V.41

Nouns

aditus, -ūs *approach; access*
adiūtor, -ōris (m) *helper*
amīcitia, -ae *friendship*
animus, -ī *mind, thought; soul*
condiciō, -ōnis (f) *condition, state*
cōnsuētūdō, -inis (f) *custom, habit*
dux, ducis (m) *leader; guide*
fidēs, -eī (f) *faith, trust*
iūstitia, -ae *justice*
metus, -ūs *fear*
mors, mortis (f) *death*
potestās, -tātis (f) *power, authority; chance*
praesidium, -ī *guard, support*
prīnceps, prīncipis (m) *chief, leader*
sermō, -ōnis (m) *talk, conversation, speech*

Proper Nouns

Cicerō, -ōnis (m) *Cicero*
Germānī, -ōrum *Germans*
Nerviī, -ōrum *Nervii*
Sabīnus, -ī *Sabinus (Titurius)*
Titūrius, -ī *(Sabinus) Titurius*

Verbs

addō, -ere, -didī, -ditus *to add*
armō (1) *to arm, equip*
colloquor, -ī, -locūtus sum *to converse*
commemorō (1) *to remind of, speak of*
diffīdō, -ere, -fīsus sum *to distrust; despair*
errō (1) *to be mistaken*
impetrō (1) *to accomplish, obtain*
inveterāscō (1) *to become established*
nōlō, -ere, nōluī *to not want*
oppugnō (1) *to attack*
ostentō (1) *to display, exhibit*
recūsō (1) *to refuse*
respondeō, -ēre, -spondī, -spōnsus *to respond*
spērō (1) *to hope, expect*

Adjectives

incolumis, -e *unhurt, safe*
quīcumque, quaecumque, quodcumque
whoever, whatever
quisquam, quaequam, quidquam/quicquam *any,
anyone, anything*

Adverbs

modo *only*
tunc *then*

V.42 THE NERVIĪ ATTACK THE CAMP

          Ab hāc spē repulsī   1
Nerviī vallō pedum IX et fossā pedum XV hīberna cingunt.

Haec et superiōrum annōrum cōnsuētūdine ā nōbis cognōverant
et,
          quōs dē exercitū habēbant captīvōs,   5
ab hīs docēbantur,
sed nūllā ferrāmentōrum cōpiā,
          quae esset ad hunc ūsum idōnea,
gladiīs caespitēs circumcīdere,
manibus sagulīsque terram exhaurīre cōgēbantur.   10

Quā quidem ex rē hominum multitūdō cognōscī potuit:
nam minus hōrīs tribus mīlium pedum XV in circuitū mūnītiōnem perfēcērunt,
reliquīsque diēbus turrēs ad altitūdinem vallī, falcēs testūdinēsque,
          quās īdem captīvī docuerant,
parāre ac facere coepērunt.   15

Notes

2: IX = **novem**

2: XV = **quīndecim**

3: haec *refers to the building of a* **vallum** *and* **fossa**

12: hōrīs tribus *is an ablative of comparison after*
   minus

12: XV = **quīndecim**

13: reliquīsque diēbus *is an ablative of time*

13: testūdō *was a tactical formation which consisted
of the front row of soldiers holding their shields
up to eye level with all other rows holding their
shields over their heads, overlapping with the
shields from rows in front of them. It resulted in a
protective ceiling of sorts and it is thus
unsurprising that it is referred to as the 'tortoise
formation' in English.* Testūdō *could additionally
also refer to any type of constructed covering or
shelter used to protect soldiers. It is this second
sense which is used by Caesar here in this
excerpt.*

Vocabulary for V.42

Nouns

altitūdō, altitūdinis (f) *height; depth*
captīvus, -ī *prisoner of war*
caespes, caespitis (m) *sod*
circuitus, -ūs *going around, circuitous path;*
circumference
cōnsuētūdō, -inis (f) *custom, habit*
falx, falcis (f) *hook*
ferrāmentum, -ī *(iron) tool*
fossa, -ae *ditch, trench*
gladius, -ī *sword*
hōra, -ae *hour*
mūnītiō, -ōnis (f) *fortification, building*
pēs, pedis (m) *foot*
sagulum, -ī *cloak*
terra, -ae *land, ground*
testūdō, -inis (f) *shelter (over attacking soldiers)*
turris, -is (f) *tower*
ūsus, -ūs *use; experience; necessity*
vallum, -ī *rampart*

Proper Noun

Nerviī, -ōrum *Nervii* [tribe from Northern
Gaul]

Verbs

cingō, -ere, cinxī, cinctus *to surround*
circumcīdō, -ere, -cīdī, -cīsus *to cut (around)*
doceō, -ēre, docuī, doctus *to teach; show*
exhauriō, -īre, -hausī, -haustus *to carry off*
parō (1) *to prepare*
perficiō, -ere, -fēcī, -fectus *to complete,*
accomplish
repellō, -ere, -pulsī, -pulsus *to move back,*
repulse

Adjectives and Numerals

idōneus, -a, -um *suitable*
trēs, tria *three*

Adverb

quidem *indeed*

V.43   THE NERVIAN ATTACK AND THE ROMAN DEFENSE

Septimō oppugnātiōnis diē   1
      maximō coortō ventō
ferventēs fūsilī ex argillā glandēs fundīs et fervefacta iacula in casās,
     quae mōre Gallicō strāmentīs erant tēctae,
iacere coepērunt.   5

Hae celeriter ignem comprehendērunt
et ventī magnitūdine in omnem locum castrōrum distulērunt.

Hostēs maximō clāmōre
     sīcutī partā iam atque explōrātā victōriā
turrēs testūdinēsque agere   10
et scālīs vallum ascendere coepērunt.

At tanta mīlitum virtūs
atque ea praesentia animī fuit,
    ut,
         cum undique flammā torrērentur   15
         maximāque tēlōrum multitūdine premerentur
           suaque omnia impedīmenta
            atque omnēs fortūnās cōnflagrāre
        intellegerent,
      nōn modo dēmigrandī causā dē vallō dēcēderet nēmō,   20
      sed paene nē respiceret quidem quisquam,
      ac tum omnēs ācerrimē fortissimēque pugnārent.

Hic diēs nostrīs longē gravissimus fuit;
sed tamen hunc habuit ēventum,
     ut eō diē maximus numerus hostium vulnerārētur atque interficerētur,   25
       ut sē sub ipsō vallō cōnstīpāverant
       recessumque prīmīs ūltimī nōn dabant.

     Paulum quidem intermissā flammā
     et quōdam locō turrī adāctā et contingente vallum
tertiae cohortis centuriōnēs ex eō,   30
     quō stābant,
locō recessērunt
suōsque omnēs remōvērunt,
nūtū vōcibusque hostēs,
      sī introīre vellent,   35
vocāre coepērunt;
     quōrum prōgredī ausus est nēmō.

Tum ex omnī parte lapidibus coniectīs dēturbātī,
turrisque succēnsa est.

Notes

12: at tanta mīlitum **Rōmānōrum** fuit
24: sed tamen **hic diēs** hunc habuit ēventum
26: ut = *as, because*

26: ut **Nerviī** sē sub ipsō vallō cōnstīpāverant
38: tum ex omnī parte lapidibus coniectīs **Nerviī**
     dēturbātī **sunt**

Vocabulary for V.43

Nouns

animus, -ī *mind, thought; soul*
argilla, -ae *clay*
casa, -ae *hut*
centuriō, -ōnis (m) *centurion*
clāmor, -ōris (m) *shout; noise*
ēventus, -ūs *result, fate*
flamma, -ae *flame*
funda, -ae *sling*
glāns, glandis (f) *ball*
iaculum, -ī *javelin*
ignis, ignis (m) *fire*
impedīmentum, -ī *obstacle; (pl.) baggage*
lapis, lapidis (m) *stone*
magnitūdō, -inis (f) *size*
mōs, mōris (m) *custom*
nēmō, nēminis (m/f) *no one*
    [in Classical Latin – gen: nūllīus, dat: nūllī]
nūtus, -ūs *nod, sign*
oppugnātiō, -ōnis (f) *attack, assault*
praesentia, -ae *presence*
recessus, -ūs *retreat*
scālae, -ārum *ladder*
strāmentum, -ī *straw*
testūdō, -inis (f) *shelter (over attacking soldiers)*
turris, -is (f) *tower*
vallum, -ī *rampart*
ventus, -ī *wind*
vōx, vōcis (f) *voice; word*

Proper Noun

Gallicus, -a, -um *Gallic*

Verbs

adigō, -ere, adēgī, adāctus *to drive up, move up*
ascendō, -ere, -ī, -cēnsus *to climb*
audeo, -ēre, ausus sum *to dare*
comprehendō, -ere, -prehendī, -prehēnsus *to seize*
cōnflagrō (1) *to be on fire*
cōnstīpō (1) *to crowd*
contingō, -ere, -tigī, -tāctus *to touch*
coorior, coorīrī, coortus sum *to spring up*
dēcēdō, -ere, -cessī, -cessus *to withdraw; die*
dēmigrō (1) *to move away*
dēturbō (1) *to drive off*
differō, -ferre, distulī, dīlātus *to disperse; differ*

fervefaciō, -ere, fervefēcī, fervefactus *to heat red-hot*
ferveō, -ēre, ferbuī *to be red-hot*
iaciō, -ere, iēcī, iactus *to throw*
intermittō, -ere, -mīsī, -missus *to interrupt*
introeō, introīre, introīvī, introitus *to enter*
pariō, -ere, peperī, partus *to secure*
premō, -ere, pressī, pressus *to press hard*
prōgredior, -ī, -gressus sum *to advance, go forward*
recēdō, -ere, -cessī, -cessus *to move back, depart*
removeō, -ēre, -mōvī, -mōtus *to remove*
respiciō, -ere, -spexī, -spectus *to look back*
stō, stāre, stetī, status *to stand*
succendō, -ere, -cendī, -cēnsus *to set on fire*
tegō, -ere, tēxī, tēctus *to cover*
torreō, -ēre, torruī, tostus *to scorch*
vocō (1) *to call, summon*
vulnerō (1) *to wound*

Adjectives

explōrātus, -a, -um *assured, certain*
fūsilis, -e *softened*
quīdam, quaedam, quoddam *certain*
quisquam, quaequam, quidquam/quicquam *any, anyone, anything*
septimus, -a, -um *seventh*
ultimus, -a, -um *end, rear*

Adverbs

ācerrimē *most fiercely, most zealously*
at *but, at least*
celeriter *quickly*
fortissimē *most strongly, most bravely*
longē *far off; by far*
modo *only*
    nōn modo *not only*
nē ... quidem *not ... even*
paene *almost*
paulum *a little, somewhat*
quidem *indeed*
sīcutī *just as; as if*
undique *from all sides, everywhere*

V.44   TWO BRAVE SOLDIERS

Erant in eā legiōne fortissimī virī, centuriōnēs,   1
      quī prīmīs ōrdinibus appropīnquārent,
T. Pullō et L. Vorēnus.

Hī perpetuās inter sē contrōversiās habēbant,
      quīnam anteferrētur,   5
omnibusque annīs dē locīs summīs simultātibus contendēbant.

Ex hīs Pullō,
            cum ācerrimē ad mūnītiōnēs pugnārētur,
      "Quid dubitās,"
inquit,   10
      "Vorēne?

      Aut quem locum tuae probandae virtūtis exspectās?

      Hic diēs dē nostrīs contrōversiīs iūdicābit."

      Haec cum dīxisset,
prōcēdit extrā mūnītiōnēs   15
      quāquē pars hostium cōnfertissima est vīsa,
irrumpit.

Nē Vorēnus quidem sēsē vallō continet,
sed
      omnium veritus exīstimātiōnem   20
subsequitur.

Tum
      mediocrī spatiō relictō
Pullō pīlum in hostēs immittit
atque ūnum ex multitūdine prōcurrentem trāicit;   25

      quō percussō et exanimātō
hunc scūtīs prōtegunt,
in hostem tēla ūniversī coniciunt
neque dant prōgrediendī facultātem.

Notes

2: *these were the highest ranked and most elite of centurions*

26: quō *refers to the enemy whom Pullo just wounded in line 25*

27: hunc *refers to the enemy whom Pullo wounded in line 25*

27: hunc scūtīs **hostēs** prōtegunt

28: hostem = **Pullōnem**

Vocabulary for V.44

Nouns

centuriō, -ōnis (m) *centurion*
contrōversia, -ae *dispute*
exīstimātiō, -ōnis (f) *opinion*
facultās, -tātis (f) *ability; opportunity; resources*
legiō, -ōnis (f) *legion*
mūnītiō, -ōnis (f) *fortification, building*
pīlum, -ī *heavy javelin*
scūtum, -ī *shield*
simultās, simultātis (f) *rivalry*
spatium, -ī *space; period (of time)*
vallum, -ī *rampart*
vir, -ī *man*

Proper Nouns

Lūcius Vorēnus *L. Vorenus*
Titus Pullō, Titī Pullōnis *T. Pullo*

Verbs

anteferō, -ferre, -tulī, -lātus *to prefer;*
                [pass] *to be first*
appropinquō (1) *to approach*
contineō, -ēre, -tinuī, -tentus *to restrain; enclose*
dubitō (1) *to doubt; hesitate*
exanimō (1) *to render breathless*
exspectō (1) *to wait for*
immittō, -ere, -mīsī, -missus *to send against,*
                throw upon
inquam, inquis, inquit, inquiunt *I say, you say,*
                s/he says, they say
irrumpō, -ere, -rūpī, -ruptus *to storm into*
iūdicō (1) *to judge*
percutiō, -ere, -cussī, -cussus *to hit through,*
                strike through
probō (1) *to approve; prove, show*
prōcēdō, -ere, -cessī, -cessus *to proceed,*
                advance
prōcurrō, -ere, -currī, -cursus *to rush forward*
prōgredior, -ī, -gressus sum *to advance,*
                go forward
prōtegō, -ere, -tēxī, -tēctus *to cover*
subsequor, -sequī, -secūtus *to follow closely*
trāiciō, -icere, -iēcī, -iectus *to pierce*
vereor, verērī, veritus sum *to fear*

Adjectives

cōnfertus, -a, -um *crowded*
fortis, forte *strong, brave*
mediocris, -e *moderate, little*
perpetuus, -a, -um *permanent, perpetual*
quī, quae, quod *which?*
quīnam, quaenam, quodnam *which?*
                [interrogative]
tuus, -a, -um *your* (sg.)
ūniversus, -a, -um *all together*

Adverbs

ācriter *sharply, fiercely*
extrā [+ acc.] *outside, beyond*
nē … quidem *not ... even*
quāquē *wheresoever, wherever*
quid *what? why?*

Trānsfīgitur scūtum Pullōnī et verūtum in balteō dēfīgitur.   30

Avertit hic cāsus vāgīnam
et
   gladium ēdūcere cōnantī
dextram morātur manum,
impedītumque hostēs circumsistunt.   35

Succurrit inimīcus illī Vorēnus
et labōrantī subvenit.

Ad hunc sē cōnfestim ā Pullōne omnis multitūdō convertit:
  illum verūtō
arbitrantur   40
  occīsum.

Gladiō comminus rem gerit Vorēnus
atque
   ūnō interfectō
reliquōs paulum prōpellit;   45

   dum cupidius īnstat,
  in locum dēlātus īnferiōrem
concidit.

Huic rūrsus circumventō fert subsidium Pullō,
atque ambō incolumēs   50
  complūribus interfectīs
summā cum laude sēsē intrā mūnītiōnēs recipiunt.

Sīc fortūna in contentiōne et certāmine utrumque versāvit,
  ut alter alterī inimīcus auxiliō salūtīque esset
  neque dīiūdicārī posset,   55
   uter utrī virtūte anteferendus vidērētur.

Notes

30: Pullōnī *is a dative of reference*

33: **eī** gladium ēdūcere cōnantī; *this is a participial phrase with the understood dative of reference* **eī**

36: illī = **Pullōnī** *is a dative depending on* **inimīcus**

37: labōrantī **Pullōnī**

38: hunc = **Vorēnum**

39: illum = **Pullōnem**

42: **rem gerere** = *to wage war, fight*

49: huic = **Vorēnō**

54: **alter ... alter** = *the one ... the other*

56: utrī *with a prefixed verb* **anteferre**

Nouns

balteus, -ī *belt*
cāsus, -ūs *misfortune, emergency; chance*
certāmen, certāminis (nt) *contest, rivalry*
contentiō, -ōnis (f) *dispute*
gladius, -ī *sword*
inimīcus, -ī *enemy*
laus, laudis (f) *praise*
mūnītiō, -ōnis (f) *fortification, building*
scūtum, -ī *shield*
subsidium, -ī *aid, assistance*
vāgīna, -ae *sheath*
verūtum, -ī *dart*

Proper Nouns

Lūcius Vorēnus *L. Vorenus*
Titus Pullō, Titī Pullōnis *T. Pullo*

Verbs

anteferō, -ferre, -tulī, -lātus *to prefer;*
[pass] *to be first*
āvertō, -ere, -vertī, -versus *to turn away, avert*
circumsistō, -ere, -stetī *to stand around,*
surround
circumveniō, -īre, -vēnī, -ventus *to surround*
concidō, -ere, -cidī *to fall down*
convertō, -ere, -vertī, -versus *to change*
dēferō, -ferre, dētulī, dēlātus *to convey*
dēfīgō, -ere, -fīxī, -fīxus *to plant*
dīiūdicō (1) *to decide*
ēdūcō, -ere, -dūxī, -ductus *to lead out*
impediō, -īre, -pedīvī, -pedītus *to hinder*
īnstō, -stāre, -stitī *to be at hand; press on,*
threaten
labōrō (1) *to work; be in distress*
moror (1) *to delay*
occīdō, -ere, -cīdī, -cīsus *to strike down; kill*
prōpellō, -ere, -pulī, -pulsus *to drive away*
subveniō, -īre, -vēnī, -ventus *to assist*
succurrō, -ere, -currī, -cursus *to run to help*
trānsfīgō, -ere, -fīxī, -fīxus *to pierce through*
versō (1) *to turn, twist*

Adjectives

ambō, ambae, ambō *both*
complūrēs, complūra *several, many*
cupidus, -a, -um *desirous, eager*
dexter, dext(e)ra, dext(e)rum *right*
incolumis, -e *unhurt, safe*
īnferior, īnferius *lower*
uter, utra, utrum [gen: -īus, dat: -ī] *which*
(of two)

Adverbs

comminus *hand to hand*
cōnfestim *at once, immediately*
intrā [+ acc.] *within*
paulum *a little, somewhat*
rūrsus *again*
sīc *thus, in this way*

V.45   A MESSAGE FINALLY GETS TO CAESAR

Quantō erat in diēs gravior atque asperior oppugnātiō,   1
et
      maximē quod
           magnā parte mīlitum cōnfectā vulneribus
      rēs ad paucitātem dēfēnsōrum pervēnerat,   5
tantō crēbriōrēs litterae nūntiīque ad Caesarem mittēbantur;
      quōrum pars dēprehēnsa in cōnspectū nostrōrum mīlitum cum cruciātū necābātur.

Erat ūnus intus Nervius nōmine Verticō,
         locō nātus honestō,
      quī ā prīmā obsidiōne ad Cicerōnem perfūgerat   10
      suamque eī fidem praestiterat.

Hic servō spē lībertātis magnīsque persuādet praemiīs,
      ut litterās ad Caesarem dēferat.

Hās ille
      in iaculō illigātās   15
effert
et Gallus inter Gallōs
      sine ūllā suspīciōne versātus
ad Caesarem pervenit.

Ab eō dē perīculīs Cicerōnis legiōnisque cognōscitur.   20

Notes

1–6: **quantō** [+ comparative] ... **tantō** [+   5: rēs *refers to* **oppugnātiō** *in line 1*
   comparative] = *the more ... the more*

Vocabulary for V.45

Nouns

cōnspectus, -ūs *view, sight*
cruciātus, -ūs *torture*
dēfēnsor, -ōris (m) *defender*
fidēs, -eī (f) *faith, trust*
iaculum, -ī *javelin*
legiō, -ōnis (f) *legion*
lībertās, -tātis (f) *freedom*
littera, -ae *letter of alphabet; (pl.) letter, epistle*
nōmen, nōminis (nt) *name*
nūntius, -ī *messenger*
obsidiō, -ōnis (f) *siege*
oppugnātiō, -ōnis (f) *attack, assault*
paucitās, -tātis (f) *small number*
praemium, -ī *prize; honor*
servus, -ī *slave*
suspīciō, -ōnis (f) *suspicion*
vulnus, vulneris (nt) *wound*

Proper Nouns and Adjectives

Cicerō, -ōnis (m) *Cicero*
Gallus, -a, -um *Gallic*
Nervius, -a, -um *Nervian*
Verticō, -ōnis *Vertico*

Verbs

cōnficiō, -ere, -fēcī, -fectus *to complete, finish up; write up; exhaust*
dēferō, -ferre, dētulī, dēlātus *to convey*
dēprehendō, -ere, -prehendī, -prehēnsus *to catch, capture*
efferō, efferre, extulī, ēlātus *to carry out; spread; raise*
illigō (1) *to attach*
nāscor, nāscī, nātus sum *to be born*
necō (1) *to kill*
perfugiō, -ere, -fūgī *to desert*
praestō, -stāre, -stitī, -stitus *to excel; to perform, show*
versor (1) *to be engaged in*

Adjectives

asper, -a, -um *rough, harsh*
crēber, -bra, -brum *frequent*
honestus, -a, -um *worthy, distinguished*
quantus, -a, -um *how great*

Adverbs

intus *within*
maximē *very much, most, especially*

V.46   CAESAR SENDS ORDERS TO HIS LIEUTENANTS

Caesar   1
       accēptīs litterīs
hōrā circiter ūndecimā diēī statim nūntium in Bellovacōs ad M. Crassum quaestōrem mittit,
    cuius hīberna aberant ab eō mīlia passuum XXV;

iubet mediā nocte   5
    legiōnem proficīscī
    celeriterque ad sē venīre.

Exit cum nūntiō Crassus.

Alterum ad C. Fabium lēgātum mittit,
    ut in Atrebātium fīnēs legiōnem addūcat,   10
        quā
            sibi iter faciendum
        sciēbat.

Scrībit Labiēnō,
        sī reī pūblicae commodō facere posset,   15
    cum legiōne ad fīnēs Nerviōrum veniat.

    Reliquam partem exercitūs,
        quod paulō aberat longius,
nōn putat
    exspectandam;   20

equitēs circiter quadringentōs ex proximīs hībernīs cōgit.

Notes

4: XXV = **vīgintī quīnque**
9: alterum **nūntium** ad C. Fabium lēgātum mittit

12: sibi = **Caesarī**; *it is a dative of agent with a periphrastic passive*
13: **Caesar** sciēbat

Vocabulary for V.46

Nouns

commodum, -ī *advantage*
hōra, -ae *hour*
legiō, -ōnis (f) *legion*
littera, -ae *letter of alphabet; (pl.) letter, epistle*
nūntius, -ī *messenger*
quaestor, -tōris (m) *quaestor*

Proper Nouns

Atrebas, Atrebātis *Atrebatian*
Bellovacī, -ōrum *Bellovaci* [tribe from near
                   modern Beauvais]
Crassus, -ī *Crassus*
Gāius Fabius *Gaius Fabius*
Labiēnus *(Titus) Labienus*
Marcus Crassus *Marcus Crassus*
Nerviī, -ōrum *Nervii* [tribe from Northern
                           Gaul]

Verbs

exeō, -īre, exīvī/-iī, exitus *to go out, leave*
exspectō (1) *to wait for*
putō (1) *to think, suppose*
sciō, -īre, scīvī, scītus *to know*
scrībō, -ere, scrīpsī, scrīptus *to write*

Adjectives and Numerals

medius, -a, -um *middle (of)*
quadringentī, -ae, -a *400*
ūndecimus, -a, -um *eleventh*

Adverbs

celeriter *quickly*
longius *longer, farther*
paulō *a little, somewhat*
quā *where*
statim *immediately*

V.47 THE LIEUTENANTS REACT

Hōrā circiter tertiā ab antecursōribus dē Crassī adventū certior factus   1
eō diē mīlia passuum XX prōcēdit.

Crassum Samarobrīvae praeficit
legiōnemque eī attribuit,
    quod ibi impedīmenta exercitūs, obsidēs cīvitātum, litterās pūblicās frūmentumque omne,   5
        quod eō tolerandae hiemis causā dēvēxerat,
    relinquēbat.

Fabius,
        ut imperātum erat,
    nōn ita multum morātus   10
in itinere cum legiōne occurrit.

Labiēnus
        interitū Sabīnī et caede cohortium cognitā,
    cum omnēs ad eum Trēverōrum cōpiae vēnissent,
veritus   15
    nē
        sī ex hībernīs fugae similem profectiōnem fēcisset,
    hostium impetum sustinēre nōn posset,
    praesertim
        quōs recentī victōriā efferrī   20
    scīret,
litterās Caesarī remittit,
    quantō cum perīculō legiōnem ex hībernīs ēductūrus esset,
rem gestam in Eburōnibus perscrībit,
docet   25
    omnēs equitātūs peditātūsque cōpiās Trēverōrum tria mīlia passuum longē ā suīs
    castrīs cōnsēdisse.

Notes

1: *a participial phrase referring to* **Caesar**, *the understood subject of the main clause in line 2*

2: XX = **vīgintī**

6: eō = *'to here'; it is not a form of the demonstrative* **is, ea, id**

20: quōs = **illōs** = **Trēverōs**; *this is not a relative clause but an indirect statement as indicated by the clause's verb being an infinitive*

20: efferrī = *'to be elated'*

24: **rem gerere** = *'to wage war, fight'*

26: equitātūs peditātūsque *are in apposition to* cōpiās

Vocabulary for V.47

Nouns

antecursor, -ōris (m) *scout*
caedēs, caedis (f) *slaughter, murder*
cohors, cohortis (f) *cohort*
hiems, hiemis (f) *winter*
hōra, -ae *hour*
impedīmentum, -ī *obstacle; (pl.) baggage*
interitus, -ūs *death*
legiō, -ōnis (f) *legion*
littera, -ae *letter of alphabet; (pl.) letter, epistle*
peditātus, -ūs *foot soldiers, infantry*
profectiō, -ōnis (f) *departure*

Proper Nouns

Crassus, -ī *Crassus*
Eburōnēs, -um *Eburones* [tribe from NE Gaul]
Fabius, -ī *Fabius*
Labiēnus, -ī *Labienus*
Sabīnus, -ī *(Titurius) Sabinus*
Samarobrīva, -ae *Samarobriva* [a Gallic city]
Trēverī, -ōrum *Treveri* [Celtic tribe from around the Moselle River]

Verbs

attribuō, -ere, -tribuī, -tribūtus *to assign*
cōnsīdō, -ere, -sēdī, -sessus *to settle, take a position*
dēvehō, -ere, -vēxī, -vectus *to bring down*
doceō, -ēre, docuī, doctus *to teach; show*
ēdūcō, -ere, -dūxī, -ductus *to lead out*
efferō, efferre, extulī, ēlātus *to carry out; spread; raise*
moror (1) *to delay*
occurrō, -ere, occurrī, occursus *to encounter*
perscrībō, -ere, -scrīpsī, -scrīptus *to write out*
praeficiō, -ere, -fēcī, -fectus [+ dat.] *to place in command*
prōcēdō, -ere, -cessī, -cessus *to proceed, advance*
remittō, -ere, -mīsī, -missus *to send back; relax*
sciō, -īre, scīvī, scītus *to know*
tolerō (1) *to sustain, bear*
vereor, verērī, veritus sum *to fear*

Adjectives and Numerals

certus, -a, -um *sure, certain*
  certiōrem facere *to inform*
quantus, -a, -um *how great*
recēns, recentis *recent*
similis, -e [+ gen. or dat.] *like, similar to*
trēs, tria *three*

Adverbs

eō *to there*
longē *far off; by far*
multum *much*
praesertim *especially*

V.48   CAESAR'S LETTER TO CICERŌ

Caesar   1
    cōnsiliō eius probātō,
  etsī
    opīniōne trium legiōnum dēiectus
  ad duās redierat,   5
tamen ūnum commūnis salūtis auxilium in celeritāte pōnēbat.

Vēnit magnīs itineribus in Nerviōrum fīnēs.

Ibi ex captīvīs cognōscit,
  quae apud Cicerōnem gerantur
  quantōque in perīculō rēs sit.   10

Tum cuidam ex equitibus Gallīs magnīs praemiīs persuādet,
  utī ad Cicerōnem epistulam dēferat.

Hanc Graecīs cōnscrīptam litterīs mittit,
  nē
    interceptā epistulā   15
  nostra ab hostibus cōnsilia cognōscantur.

    Sī adīre nōn possit,
monet,
  ut trāgulam cum epistulā ad āmentum dēligātā intrā mūnītiōnem castrōrum abiciat.

In litterīs scrībit,   20
  sē
    cum legiōnibus profectum
  celeriter affore;

hortātur,
  ut prīstinam virtūtem retineat.   25

Gallus
    perīculum veritus,
  ut erat praeceptum,
trāgulam mittit.

Notes

2: eius = **Labiēnī**
4: dēiectus *is a participial phrase modifying* **Caesar**
5: *the passive translation 'it had been reduced' is most apt for* **redierat** *in this context*
7: magnīs itineribus = *'by forced marches'*

17: sī adīre **nūntius** (*messenger*) nōn possit
18: **Caesar** monet
23: celeriter **affutūrum esse**
28: ut = *as*

Vocabulary for V.48

Nouns

āmentum, -ī *throwing strap (attached to javelin)*
captīvus, -ī *prisoner of war*
celeritās, -tātis (f) *speed*
epistula, -ae *letter, message*
legiō, -ōnis (f) *legion*
littera, -ae *letter of alphabet; (pl.) letter, epistle*
mūnītiō, -ōnis (f) *fortification, building*
opīniō, -ōnis (f) *expectation; belief*
praemium, -ī *prize; honor*
trāgula, -ae *light javelin, dart*

Proper Nouns and Adjectives

Cicerō, -ōnis (m) *Cicero*
Gallus, -a, -um *Gallic*
Graecus, -a, -um *Greek*
Nerviī, -ōrum *Nervii* [tribe from Northern
                                          Gaul]

Verbs

abiciō, -icere, -iēcī, -iectus *to throw away*
adeō, -īre, adīvī, aditus *to advance*
adsum, -esse, affuī, affutūrus *to be present*
cōnscrībō, -ere, -scrīpsī, -scrīptus *to enlist; write*
dēferō, -ferre, dētulī, dēlātus *to convey*
dēiciō, -ere, -iēcī, -iectus *to throw down;*
                                          disappoint
dēligō, -ere, -lēgī, -lēctus *to select*
dēmō, -ere, dēmpsī, dēmptus *to take down*
hortor (1) *to urge*
intercipiō, -ere, -cēpī, -ceptus *to cut off*
moneō, -ēre, monuī, monitus *to warn; instruct*
pōnō, -ere, posuī, positus *to place, set*
praecipiō, -ere, -cēpī, -cēptus *to order*
probō (1) *to approve; prove, show*
redeō, -īre, redīvī/-iī, reditus *to return;*
                                          be reduced to
retineō, -ēre, -tinuī, -tentus *to restrain; retain*
scrībō, -ere, scrīpsī, scrīptus *to write*
vereor, verērī, veritus sum *to fear*

Adjectives

commūnis, commūne *common*
prīstinus, -a, -um *former*
quantus, -a, -um *how great*
quīdam, quaedam, quoddam *certain*
trēs, tria *three*

Adverbs

celeriter *quickly*
etsī *although*
intrā [+ acc.] *within*

Haec cāsū ad turrim adhaesit   30
neque ab nostrīs biduō animadversa tertiō diē ā quōdam mīlite cōnspicitur,
dēmpta ad Cicerōnem dēfertur.

Ille perlēctam in conventū mīlitum recitat
maximāque omnēs laetitiā afficit.

Tum fūmī incendiōrum procul vidēbantur,   35
      quae rēs omnem dubitātiōnem adventūs legiōnum expulit.

Notes

30: turrim = **turrem**; turrim *is an accusative sg. of*
   the 3rd *declension i-stems*
33: ille **epistulam sibi perlēgit** et in conventū
   mīlitum recitat

35: *the plural* incendiōrum *is used since the*
   individual burning buildings are envisaged

Nouns

biduum, -ī *two day period*
cāsus, -ūs *misfortune, emergency; chance*
conventus, -ūs *meeting, assembly*
dubitātiō, -ōnis (f) *doubt; hesitation*
fūmus, -ī *smoke*
incendium, -ī *burning*
laetitia, -ae *joy*
legiō, -ōnis (f) *legion*
turris, -is (f) *tower*

Verbs

adhaereō, -ēre, -haesī, haesus *to cling to*
animadvertō, -ere, animadvertī, animadversus
                                    to notice
cōnspiciō, -ere, -spēxī, -spectus *to observe,*
                                    perceive
expellō, -ere, -pulī, -pulsus *to drive away, expel*
perlegō, -ere, -lēgī, -lēctus *to read through*
recitō (1) *to read aloud*

Adjective

quīdam, quaedam, quoddam *certain*

Adverb

procul *from afar*

BOOK VI

53 BCE

VI.13   THE DRUIDS

In omnī Galliā eōrum hominum,   1
      quī aliquō sunt numerō atque honōre,
genera sunt duo.

Nam plēbēs paene servōrum habētur locō,
      quae nihil audet per sē,   5
      nūllō adhibētur cōnsiliō.

Plērīque,
      cum aut aere aliēnō aut magnitūdine tribūtōrum aut iniūriā potentiōrum premuntur,
sēsē in servitūtem dicant nōbilibus,
      quibus in hōs eadem omnia sunt iūra,   10
          quae dominīs in servōs.

Sed dē hīs duōbus generibus alterum est druidum, alterum equitum.

Illī rēbus dīvīnīs intersunt,
sacrificia pūblica ac prīvāta prōcūrant,
religiōnēs interpretantur: 15

Ad eōs magnus adulēscentium numerus disciplīnae causā concurrit,
magnōque hī sunt apud eōs honōre.

Nam ferē dē omnibus contrōversiīs pūblicīs prīvātīsque cōnstituunt,
et
      sī quod est admissum facinus,   20
      sī caedēs facta,
      sī dē hērēditāte, dē fīnibus contrōversia est,
īdem dēcernunt,
praemia poenāsque cōnstituunt;

      sī quī aut prīvātus aut populus eōrum dēcrētō nōn stetit,   25
sacrificiīs interdīcunt.

Haec poena apud eōs est gravissima.

Notes

2: *these are ablative of descriptions*
2: **nūmerus** *here indicates 'account, estimation'*
4: **plēbēs** *is an alternative singular form of* **plēbs**
10: **quibus** *is a dative of possession*
12: *these are the two* **genera** *mentioned in line 3*
12: **alter … alter** = *'the one … the other'*

13: illī = *'the former'*
17: hī = **adulēscentēs**
25: quī = **aliquī**
26: **eum** (= *the type of person described in the previous line*) **druidēs** sacrificiīs interdīcunt
27: eōs = **Gallōs**

Vocabulary for VI.13

Nouns

adulēscēns, -scentis (m/f) *young man/woman*
aes, aeris (nt) *copper; money*
   aes aliēnum *debt*
caedēs, caedis (f) *slaughter, murder*
contrōversia, -ae *dispute*
dēcrētum, -ī *decision*
disciplīna, -ae *discipline; instruction*
dominus, -ī *master*
druidēs, druidum *Druids*
facinus, -oris (nt) *crime*
genus, generis (nt) *type, kind*
hērēditās, -tātis (f) *inheritance*
honor, honōris (m) *honor*
iūs, iūris (nt) *law; right*
magnitūdō, -inis (f) *size*
plēbs, plēbis (m) *common people*
poena, -ae *punishment, penalty*
praemium, -ī *prize; honor*
religiō, -ōnis (f) *religious observance, religious*
                        matter
sacrificium, -ī *sacrifice*
servitūs, -tūtis (f) *slavery*
servus, -ī *slave*
tribūtum, -ī *tribute*

Verbs

adhibeō, -ēre, -hibuī, -itus *to summon*
admittō, -ere, -mīsī, -missus *admit; to set at a*
                    gallop; commit (a crime)
audeō, -ēre, ausus sum *to dare*
concurrō, -ere, -currī, -cursus *to rush together*
dēcernō, -ere, -crēvī, -crētus *to decide*
dicō (1) *to assign*
interdīcō, -dīcere, -dīxī, -dictus *to exclude*
interpretor (1) *to explain, determine*
intersum, -esse, -fuī, -futūrus *to be engaged in;*
                          intervene
premō, -ere, pressī, pressus *to press hard*
prōcūrō (1) *to attend to*
stō, stāre, stetī, status *to stand*

Adjectives

aliēnus, -a, -um *unfamiliar; belonging to*
                   another; unsuited
   aes aliēnum *debt*
dīvīnus, -a, -um *divine, religious*
nōbilis, nōbile *noble, famous*
plērusque, plēraque, plērumque *most*
potēns, potentis *powerful*
prīvātus, -a, -um *private*

Adverbs

ferē *nearly, almost*
paene *almost*

Quibus ita est interdictum,
hī numerō impiōrum ac scelerātōrum habentur,
hīs omnēs dēcēdunt,   30
aditum sermōnemque dēfugiunt,
        nē quid ex contāgiōne incommodī accipiant,
neque hīs petentibus iūs redditur
neque honōs ūllus commūnicātur.

Hīs autem omnibus druidibus praeest ūnus,   35
        quī summam inter eōs habet auctōritātem.

                Hōc mortuō
aut
        sī quī ex reliquīs excellit dignitāte,
succēdit,   40
aut,
        sī sunt plūrēs parēs,
suffrāgiō druidum, nōnnumquam etiam armīs dē prīncipātū contendunt.

Hī certō annī tempore in fīnibus Carnutum,
        quae regiō tōtīus Galliae media habētur,   45
cōnsīdunt in locō cōnsecrātō.

Hūc omnēs undique,
        quī contrōversiās habent,
conveniunt
eōrumque dēcrētīs iūdiciīsque parent.   50

Disciplīna in Britanniā reperta atque inde in Galliam trānslāta esse exīstimātur,
et nunc,
        quī dīligentius eam rem cognōscere volunt,
plērumque illō discendī causā profīciscuntur.

Notes

32: quid = **aliquid**
32: incommodī *is a partitive genitive depending on*
   quid
34: honōs = **honor**
39: quī = **aliquī**

51: disciplīna *is the subject of* exīstimātur; *since this*
   verb is passive, it does not introduce indirect
   statements explaining why the past passive
   infinitives (reperta **esse** *and* trānslāta esse) *are in*
   the nominative
54: illō = *'to there'*

Nouns

aditus, -ūs *approach; access*
auctōritās, -tātis (f) *power, influence*
contāgiō, -ōnis (f) *contact*
dēcrētum, -ī *decision*
dignitās, -tātis (f) *dignity*
disciplīna, -ae *discipline; instruction*
honor, honōris (m) *honor*
incommodum, -ī *disadvantage*
iūdicium, -ī *judgment, opinion*
iūs, iūris (nt) *law; right*
prīncipātus, -ūs *leadership*
regiō, -ōnis (f) *region, country*
sermō, -ōnis (m) *talk, conversation, speech*
suffrāgium, -ī *vote*

Proper Nouns

Britannia, -ae *Britain*
Carnutēs, -um *Carnutes* [tribe from modern
Chartres]

Verbs

commūnicō (1) *to communicate; add*
cōnsīdō, -ere, -sēdī, -sessus *to settle, take a
position*
cōnsecrō (1) *to dedicate, consecrate*
dēcēdō, -ere, -cessī, -cessus *to withdraw; die*
dēfugiō, -ere, -fūgī *to flee from, avoid*
discō, -ere, didicī *to learn*
excellō, -ere, -celuī, -celsus *to excel, surpass*
interdīcō, -dīcere, -dīxī, -dictus *to exclude*
morior, morī, mortuus sum *to die*
pāreō, -ēre, pāruī, pāritus [+ dat.] *to obey*
praesum, praeesse, praefuī [+ dat.] *to be in
command (of)*
reddō, -ere, reddidī, redditus *to give back*
reperiō, -īre, repperī, repertus *to find*
succēdō, -ere, -cessī, -cessus *to climb up, go
up; go under; relieve*
trānsferō, -ferre, -tulī, -lātus *to bring across,
transfer*

Adjectives

impius, -a, -um *impious, wicked*
medius, -a, -um *middle (of)*
pār, paris *equal*
plūs, plūris *more; several, many*
scelerātus, -a, -um *stained with a crime*

Adverbs

dīligentius *more diligently*
hūc *to here*
illō *to there*
inde *from there*
nōnnumquam *sometimes*
nunc *now*
plērumque *frequently*
undique *from all sides, everywhere*

VI.14 MORE ON THE DRUIDS

Druidēs ā bellō abesse cōnsuērunt   1
neque tribūta ūnā cum reliquīs pendunt,
mīlitiae vacātiōnem omniumque rērum habent immūnitātem.

      Tantīs excitātī praemiīs
et suā sponte multī in disciplīnam conveniunt   5
et ā parentibus propinquīsque mittuntur.

Magnum ibi numerum versuum ēdiscere dīcuntur.

Itaque annōs nōnnūllī vīcēnōs in disciplīna permanent.

Neque
      fās esse   10
exīstimant
        ea litterīs mandāre,
          cum in reliquīs ferē rēbus, pūblicīs prīvātīsque ratiōnibus, Graecīs
          litterīs ūtantur.

Id mihi duābus dē causīs īnstituisse videntur,
      quod neque in vulgum disciplīnam efferrī velint,   15
      neque eōs,
        quī discunt,
      litterīs cōnfīsōs minus memoriae studēre;

      quod ferē plērīsque accidit,
        ut praesidiō litterārum dīligentiam in perdiscendō ac memoriam remittent.   20

In prīmīs hoc volunt persuādēre,
      nōn interīre animās,
      sed ab aliīs post mortem trānsīre ad aliōs,
atque
      hōc maximē ad virtūtem excitārī   25
putant,
        metū mortis neglēctō.

Multa praetereā dē sīderibus atque eōrum mōtū, dē mundī ac terrārum magnitūdine, dē
rērum nātūrā, dē deōrum immortālium vī ac potestāte disputant
et iuventūtī trādunt.   30

Notes

1: cōnsuērunt = **cōnsuēvērunt**   23: **aliī ... aliī** = *'some ... others'*
14: **Gallī** mihi videntur, **sē** id duābus dē causīs
    īnstituisse

Vocabulary for VI.14

Nouns

anima, -ae *soul, mind*
deus, -ī *god*
dīligentia, -ae *diligence*
disciplīna, -ae *discipline; instruction*
druidēs, druidum *Druids*
fās (nt) [indeclinable] *divine law, right*
   fās esse *to be right, to be proper*
immūnitās, -tātis (f) *immunity*
iuventūs, -tūtis (f) *youth*
littera, -ae *letter of alphabet; (pl.) letter, epistle*
magnitūdō, -inis (f) *size*
memoria, -ae *memory*
metus, -ūs *fear*
mīlitia, -ae *military service*
mors, mortis (f) *death*
mōtus, -ūs *movement*
mundus, -ī *world*
nātūra, -ae *nature*
parēns, parentis (m/f) *parent*
potestās, -tātis (f) *power, authority; chance*
praemium, -ī *prize; honor*
praesidium, -ī *guard, support*
propinquī, -ōrum *relatives*
ratiō, -ōnis (f) *reason; account; stratagem;*
                    condition
sīdus, sīderis (nt) *star*
terra, -ae *land, ground*
tribūtum, -ī *tribute*
vacātiō, -ōnis (f) *freedom, exemption*
versus, -ūs *verse of poetry*
vīs; (pl.) vīrēs (f) *force, power; (pl.) strength*
vulgus, -ī (**nt**) *crowd, common people*

Proper Adjective

Graecus, -a, -um *Greek*

Verbs

cōnfīdō, -ere, -fīsus sum *to be confident*
discō, -ere, didicī *to learn*
disputō (1) *to discuss*
ēdiscō, -ere, -didicī *to learn by heart*
efferō, efferre, extulī, ēlātus *to carry out;*
                    spread; raise
excitō (1) *to rouse; raise (e.g. a tower)*
īnstituō, -ere, -stituī, -stitūtus *to undertake*
intereō, -īre, interīvī, interitūrus *to perish*
mandō (1) [+ dat.] *to command; commit, entrust*
neglegō, -ere, neglēxī, neglēctus *to neglect,*
                    ignore
pendō, -ere, pependī, pēnsus *to pay out*
perdiscō, -ere, -didicī *to learn thoroughly*
permaneō, -ēre, -mānsī, -mānsus *to remain,*
                    persist
putō (1) *to think, suppose*
remittō, -ere, -mīsī, -missus *to send back; relax*
studeō, -ēre, studuī [+ dat.] *to be eager for*
trādō, -ere, trādidī, trāditus *to hand over*

Adjectives

immortālis, -e *immortal*
nōnnūllus, -a, -um [gen: -īus, dat: -ī] *some*
plērusque, plēraque, plērumque *most*
prīvātus, -a, -um *private*
vīcēnī, -ae, -a *twenty (each)*

Adverbs

ferē *nearly, almost*
in prīmīs *especially, particularly*
itaque *therefore*
maximē *very much, most, especially*
minus *less*
praetereā *moreover, besides*
ūnā *together*

VI.15   GALLIC KNIGHTS

Alterum genus est equitum.   1

Hī,
      cum est ūsus
      atque aliquod bellum incidit
            (quod ferē ante Caesaris adventum quotannīs accidere sōlēbat,   5
                utī aut ipsī iniūriās īnferrent
                aut illātās prōpulsārent),
omnēs in bellō versantur,
atque eōrum ut quisque est genere cōpiīsque amplissimus,
ita plūrimōs circum sē ambactōs clientēsque habet.   10

Hanc ūnam grātiam potentiamque nōvērunt.

Notes

5: quod *refers to the action* **bellum incidit** *from the previous line*

6: aut illātās **iniūriās** īnferrent

9: quisque eōrum (= **equitum**)

9–10: **ut** [+ superlative] … **ita** [+ superlative] = *the more … the more …*

Vocabulary for VI.15

Nouns
ambactus, -ī *retainer, vassal*
cliēns, clientis (m/f) *vassal, dependent*
genus, generis (nt) *type, kind*
potentia, -ae *power, authority*

Verbs
incidō, -ere, -cidī *to happen (upon), fall upon*
nōscō, -ere, nōvī, nōtus *to learn;* (perf) *to know*
prōpulsō (1) *to repel*
sōleō, -ēre, solitus sum *to be accustomed*
versor (1) *to be engaged in*

Adjectives
amplus, -a, -um *large, great, ample*
plūrimus, -a, -um *most*
quisque, quaeque, quodque *each*

Adverbs
ferē *nearly, almost*
quotannīs *yearly*

VI.16   HUMAN SACRIFICES

Nātiō est omnis Gallōrum admodum dēdita religiōnibus,   1
atque ob eam causam
    quī sunt affectī graviōribus morbīs
    quīque in proeliīs perīculīsque versantur,
aut prō victimīs hominēs immolant   5
aut
    sē immolātūrōs
vovent
administrīsque ad ea sacrificia druidibus ūtuntur,
    quod,   10
        prō vītā hominis nisī hominis vīta reddātur,
      nōn posse deōrum immortālium nūmen plācārī
    arbitrantur,
pūblicēque eiusdem generis habent īnstitūta sacrificia.

Aliī immānī magnitūdine simulācra habent,   15
    quōrum contexta vīminibus membra vīvīs hominibus complent;
      quibus succēnsīs
    circumventī flammā exanimantur hominēs.

    Supplicia eōrum,
      quī in fūrtō aut in latrōciniō aut aliquā noxiā sint comprehēnsī,   20
    grātiōra dīs immortālibus esse
arbitrantur;
sed
    cum eius generis cōpia dēfēcit,
etiam ad innocentium supplicia dēscendunt.   25

Notes

5: **hī** aut prō victimīs hominēs immolant, *where* **hī** =   7: sē (= **hōs**) **hominēs** immolātūrōs **esse**, *where* **hōs** =
   the people described in lines 3 and 4   *the people described in lines 3 and 4*
                                                                21: dīs = **deīs**

Vocabulary for VI.16

Nouns

administer, -strī *attendant, priest*
deus, -ī *god*
druidēs, druidum *Druids*
flamma, -ae *flame*
fūrtum, -ī *theft, robbery*
genus, generis (nt) *type, kind*
latrōcinium, -ī *robbery*
magnitūdō, -inis (f) *size*
membrum, -ī *limb*
morbus, -ī *sickness*
nātiō, -ōnis (f) *race*
noxia, -ae *crime*
nūmen, nūminis (nt) *divine will*
religiō, -ōnis (f) *religious observance,*
religious matter
sacrificium, -ī *sacrifice*
simulācrum, -ī *image, figure*
supplicium, -ī *sacrifice; punishment*
victima, -ae *sacrifice, victim*
vīmen, vīminis (nt) *twig*
vīta, -ae *life*

Verbs

afficiō, -ere, -fēcī, -fectus *to affect; afflict with*
circumveniō, -īre, -vēnī, -ventus *to surround*
compleō, -ēre, -plēvī, -plētus *to fill up*
comprehendō, -ere, -prehendī, -prehēnsus *to seize*
contexō, -ere, -texuī, -textus *to weave together*
dēdō, -ere, -didī, -ditus *to surrender, devote*
dēficiō, -ere, -fēcī, -fectus *to fail*
dēscendō, -ere, -scendī, -scēnsus *to climb down; resort*
exanimō (1) *to render breathless*
immolō (1) *to sacrifice*
īnstituō, -ere, -stituī, -stitūtus *to undertake*
plācō (1) *to appease, placate*
reddō, -ere, reddidī, redditus *to give back*
succendō, -ere, -cendī, -cēnsus *to set on fire*
versor (1) *to be engaged in*
voveō, -ēre, vōvī, vōtus *to vow*

Adjectives

grātus, -a, -um *pleasing, grateful*
immānis, -e *huge, enormous*
immortālis, -e *immortal*
innocēns, innocentis *innocent*
vīvus, -a, -um *living*

Adverbs

admodum *fully*
pūblicē *publicly*

VI.17 GALLIC GODS AND SPOILS OF WAR

Deum maximē Mercurium colunt: 1
huius sunt plūrima simulācra;
hunc omnium inventōrem artium ferunt,
hunc viārum atque itinerum ducem,
     hunc ad quaestūs pecūniae mercātūrāsque habēre vim maximam   5
arbitrantur.

Post hunc Apollinem et Mārtem et Iovem et Minervam.

Dē hīs eandem ferē,
     quam reliquae gentēs,
habent opīniōnem: 10
       Apollinem morbōs dēpellere,
       Minervam operum atque artificiōrum initia trādere,
       Iovem imperium caelestium tenēre,
       Mārtem bella regere.

Huic,   15
     cum proeliō dīmicāre cōnstituērunt,
ea,
     quae bellō cēperint,
plērumque dēvovent:

     cum superāvērunt,   20
animālia capta immolant
reliquāsque rēs in ūnum locum cōnferunt.

     Multīs in cīvitātibus hārum rērum exstrūctōs tumulōs locīs cōnsecrātīs cōnspicārī
licet;

neque saepe accidit,   25
     ut neglēctā quispiam religiōne aut capta apud sē occultāre
     aut posita tollere audēret,
gravissimumque eī reī supplicium cum cruciātū cōnstitūtum est.

Notes

6: **Gallī** arbitrantur
9: quam reliquae gentēs **habent**
15: huic = **Mārtī**
18: bellō *is an ablative place from which*

26: capta = *'captured things'*
27: posita = *'placed things' referring to the things*
    heaped in one place mentioned in lines 22 and 23

Vocabulary for VI.17

Nouns
animal, animālis (nt) *living creature, animal*
ars, artis (f) *skill, art*
artificium, -ī *craft, trade*
cruciātus, -ūs *torture*
deus, -ī *god*
dux, ducis (m) *leader; guide*
gēns, gentis (f) *people*
initium, -ī *beginning*
inventor, -tōris (m) *inventor*
mercātūra, -ae *trade*
morbus, -ī *sickness*
opīniō, -ōnis (f) *expectation; belief*
opus, operis (nt) *work*
pecūnia, -ae *money*
proelium, -ī *battle*
quaestus, -ūs *gaining, acquiring*
religiō, -ōnis (f) *religious observance,*
                   religious matter
simulācrum, -ī *image, figure*
supplicium, -ī *sacrifice; punishment*
tumulus, -ī *mound, hill*
via, -ae *way, road*
vīs; (pl.) vīrēs (f) *force, power; (pl.) strength*

Proper Nouns
Apollō, Apollinis (m) *Apollo*
Iuppiter, Iovis (m) *Jupiter*
Mārs, Mārtis (m) *Mars*
Mercurius, -ī *Mercury*
Minerva, -ae *Minerva*

Verbs
audeo, -ēre, ausus sum *to dare*
colō, -ere, coluī, cultus *to cultivate; worship*
cōnferō, -ferre, contulī, collātus *to collect;*
                   compare; ascribe
cōnsecrō (1) *to dedicate, consecrate*
cōnspicor (1) *to observe*
dēpellō, -ere, -pulī, -pulsus *to drive off*
dēvoveō, -ēre, -vōvī, -vōtus *to dedicate, devote*
dīmicō (1) *to fight*
exstruō, -ere, -strūxī, -strūctus *to pile up*
immolō (1) *to sacrifice*
neglegō, -ere, neglēxī, neglēctus *to neglect,*
                   ignore
occultō (1) *to conceal*
pōnō, -ere, posuī, positus *to place, set*
regō, -ere, rēxī, rēctus *to rule, direct*
superō (1) *to conquer*
tollō, -ere, sustulī, sublātus *to take away,*
                 remove; carry; raise
trādō, -ere, trādidī, trāditus *to hand over*

Adjectives
caelestis, -e *celestial, heavenly*
plūrimus, -a, -um *most*
quispiam, quaepiam, quidpiam *any*

Adverbs
ferē *nearly, almost*
maximē *very much, most, especially*
plērumque *frequently*
saepe *often*

VI.18   GALLIC TIME AND SONS

Gallī   1
    sē omnēs ab Dīte patre prōgnātōs
praedicant
    idque ab druidibus prōditum
dīcunt.   5

Ob eam causam spatia omnis temporis nōn numerō diērum, sed noctium fīniunt;

diēs nātālēs et mēnsium et annōrum inita sīc observant,
    ut noctem diēs subsequātur.

In reliquīs vītae īnstitūtīs hōc ferē ab reliquīs differunt,
    quod   10
        suōs līberōs,
            nisī cum adolēvērunt,
                ut mūnus mīlitiae sustinēre possint,
        palam ad sē adīre nōn
patiuntur   15
        fīliumque puerīlī aetāte in pūblicō in cōnspectū patris assistere
    turpe dūcunt.

Notes

6: *this practice is not unusual especially not among*   9: ab reliquīs **populīs**
   other Celtic cultures. In Welsh **wythnos** *'week' is*
   literally 'eight nights'

Vocabulary for VI.18

Nouns

aetās, -tātis (f) *age*
cōnspectus, -ūs *view, sight*
druidēs, druidum *Druids*
fīlius, -ī *son*
initium, -ī *beginning*
īnstitūtum, -ī *habit, custom*
līberī, -ōrum *children*
mēnsis, mēnsis (m) *month*
mīlitia, -ae *military service*
mūnus, mūneris (nt) *gift, present; duty*
pater, patris (m) *father; (pl.) ancestors*
spatium, -ī *space; period (of time)*
vīta, -ae *life*

Proper Noun

Dīs, Dītis (m) *Dis (Pluto)*

Verbs

adeō, -īre, adīvī, aditus *to advance*
adolēscō, -ere, adolēvī, adultus *to grow up*
assistō, -ere, -stitī *to stand by*
differō, -ferre, distulī, dīlātus *to disperse; differ*
dūcō, -ere, dūxī, ductus *to lead; consider*
fīniō, -īre, fīnīvī, fīnītus *to limit, bound,
                                       determine*
observō (1) *to observe*
patior, -ī, passus sum *to suffer, endure; permit*
praedicō (1) *to proclaim*
prōdeō, prōdīre, prōdiī, prōditus *to advance;
                                       hand down*
subsequor, -sequī, -secūtus *to follow closely*

Adjectives

nātālis, -e *related to birth*
    diēs nātālis *birthday*
prōgnātus, -a, -um *descended from*
puerīlis, -e *of a child*
turpis, turpe *shameful*

Adverbs

ferē *nearly, almost*
palam *openly, publicly*
sīc *thus, in this way*

VI.19   GALLIC HEAD OF HOUSEHOLD

Virī, quantās pecūniās ab uxōribus dōtis nōmine accēpērunt, tantās ex suīs bonīs   1
    aestimātiōne factā
cum dōtibus commūnicant.

Huius omnis pecūniae coniūnctim ratiō frūctūsque servantur:
uter eōrum vītā superāvit,   5
ad eum pars utrīusque cum frūctibus superiōrum temporum pervenit.

Virī in uxōrēs, sīcutī in līberōs, vītae necisque habent potestātem;
et
    cum paterfamiliae illūstriōre locō nātus dēcessit,
eius propinquī conveniunt   10
et
    dē morte sī rēs in suspīciōnem venit,
dē uxōribus in servīlem modum quaestiōnem habent
et,
    sī compertum est,   15
ignī atque omnibus tormentīs excruciātās interficiunt.

Fūnera sunt prō cultū Gallōrum magnifica et sūmptuōsa;
omniaque,
    quae
        vīvīs cordī fuisse   20
    arbitrantur,
in ignem īnferunt, etiam animālia,
ac paulō suprā hanc memoriam servī et clientēs,
    quōs
        ab iīs dīlēctōs esse   25
    cōnstābat,
    iūstīs fūnebribus cōnfectīs
ūnā cremābantur.

Notes

5: vītā *is an ablative of respect*

6: eum *agrees in gender with* uter, *and not with an understood* virum *as opposed to* uxōrem. *It is best translated here as 'to that one' with the gender of the individual being unknown* eam

9: paterfamiliae *is a compound of* pater *and the genitive sg.* familiae. *The more archaic form preserved an older genitive sg. ending:* **paterfamiliās**

20: *this is a double dative (dative of reference and dative of purpose)*

Vocabulary for VI.19

Nouns

aestimātiō, -ōnis (f) *valuation, estimation*

animal, animālis (nt) *living creature, animal*

bona, -ōrum *goods, property*

cliēns, clientis (m/f) *vassal, dependent*

cor, cordis (nt) *heart*

   cordī esse [+ dat.] *to be dear to*

cultus, -ūs *culture*

dōs, dōtis (f) *dowry*

familia, -ae *family; dependents, retinue*

frūctus, -ūs *fruit; profit*

fūnebria, fūnebrium (nt) *funeral rites*

fūnus, fūneris (nt) *funeral, burial*

ignis, ignis (m) *fire*

līberī, -ōrum *children*

memoria, -ae *memory*

modus, -ī *way, manner*

mors, mortis (f) *death*

nex, necis (f) *death*

nōmen, nōminis (nt) *name*

pater, patris (m) *father*

   paterfamiliae, patrisfamiliae (m) *head of household*

pecūnia, -ae *money*

potestās, -tātis (f) *power, authority; chance*

propinquī, -ōrum *relatives*

quaestiō, -ōnis (f) *inquiry, investigation*

ratiō, -ōnis (f) *reason; account; stratagem; condition*

servus, -ī *slave*

suspīciō, -ōnis (f) *suspicion*

tormentum, -ī *artillery; torture*

uxor, uxōris (f) *wife*

vir, -ī *man*

vīta, -ae *life*

Verbs

commūnicō (1) *to communicate; add*

comperiō, -īre, -perī, -pertus *to find out, learn*

cōnficiō, -ere, -fēcī, -fectus *to complete, finish up; write up; exhaust*

cōnstō (1) *to be well known*

cremō (1) *to burn*

dēcēdō, -ere, -cessī, -cessus *to withdraw; die*

dīligō, -ere, -lēxī, -lēctus *to love, esteem highly*

excruciō (1) *to torture greatly*

nāscor, nāscī, nātus sum *to be born*

servō (1) *to save, preserve*

Adjectives

illūstris, -e *distinguished*

iūstus, -a, -um *lawful; regular*

magnificus, -a, -um *magnificent, splendid*

quantus, -a, -um *how great*

   quantus ... tantus *as much ... as*

servīlis, -e *servile*

sūmptuōsus, -a, -um *lavish*

uter, utra, utrum [gen: -īus, dat: -ī] *which (of two)*

vīvus, -a, -um *living*

Adverbs

coniūnctim *jointly*

paulō *a little, somewhat*

sīcutī *just as; as if*

suprā *above; before*

ūnā *together*

VI.20   TALKING ABOUT RUMORS

Quae cīvitātēs commodius suam rem pūblicam administrāre exīstimantur,   1
habent lēgibus sanctum,
       sī quis quid dē rē pūblicā ā fīnitimīs rūmōre aut fāmā accēperit,
   utī ad magistrātum dēferat
   nēve cum quō aliō commūnicet,   5
       quod
            saepe hominēs temerāriōs atque imperītōs falsīs rumōribus terrērī
            et ad facinus impellī
            et dē summīs rēbus cōnsilium capere
       cognitum est.   10

Magistrātūs
   quae vīsa sunt
occultant,
   quaeque esse ex ūsū iūdicāvērunt,
multitūdinī prōdunt.   15

Dē rē pūblicā
   nisī per concilium
loquī nōn concēditur.

Notes

2: habent **id** lēgibus sanctum, *with* **id** *referring to*
   lines 3–5
3: quis = **aliquis**; quid = **aliquid**

14: ex ūsū = *'advantageous'*
17: nisī per concilium **est**

Vocabulary for VI.20

Nouns

concilium, -ī *gathering, assembly*
facinus, -oris (nt) *crime*
fāma, -ae *fame; report*
fīnitimī, -ōrum *neighbors*
lēx, lēgis (f) *law*
magistrātus, -ūs *magistrate*
rūmor, -ōris (m) *rumor*

Verbs

administrō (1) *to manage, attend to*
commūnicō (1) *to communicate; add*
concēdō, -ere, -cessī, -cessus *to grant, allow*
dēferō, -ferre, dētulī, dēlātus *to convey*
impellō, -ere, -pulī, -pulsus *to urge on*
iūdicō (1) *to judge*
loquor, loquī, locūtus sum *to speak*
occultō (1) *to conceal*
prōdō, -ere, -didī, -ditus *to give up; transmit*
sanciō, -īre, sanxī, sanctus *to sanction*
terreō, -ēre, terruī, territus *to frighten*

Adjectives

falsus, -a, -um *false, unfounded*
imperītus, -a, -um *unskilled; ignorant*
temerārius, -a, -um *rash*

Adverbs

commodius *more advantageously*
nēve *and not; neither*
saepe *often*

GRAMMATICAL APPENDIX
MORPHOLOGY

I. NOUNS

1st Declension		2nd Declension		3rd Declension	
Sg.		m	nt	m/f	nt
Nom.	-a	-us ~ -r	-um	---	---
Gen.	-ae	-ī	-ī	-is	-is
Dat.	-ae	-ō	-ō	-ī	-ī
Acc.	-am	-um	-um	-em	---
Abl.	-ā	-ō	-ō	-e	-e
Pl.					
Nom.	-ae	-ī	-a	-ēs	-a
Gen.	-ārum	-ōrum	-ōrum	-um	-um
Dat.	-īs	-īs	-īs	-ibus	-ibus
Acc.	-ās	-ōs	-a	-ēs	-a
Abl.	-īs	-īs	-īs	-ibus	-ibus

3rd Declension *i*-stem			4th Declension		5th Declension
Sg.	m/f	nt	m	nt	
Nom.	---	---	-us	-ū	-ēs
Gen.	-is	-is	-ūs	-ūs	-eī
Dat.	-ī	-ī	-uī	-ū	-eī
Acc.	-em (-im)	---	-um	-ū	-em
Abl.	-e (-ī)	-ī	-ū	-ū	-ē
Pl.					
Nom.	-ēs	-ia	-ūs	-ua	-ēs
Gen.	-ium	-ium	-uum	-uum	-ērum
Dat.	-ibus	-ibus	-ibus	-ibus	-ēbus
Acc.	-ēs	-ia	-ūs	-ua	-ēs
Abl.	-ibus	-ibus	-ibus	-ibus	-ēbus

Notes

1. A noun is a 3rd declension *i*-stem if:
    a. the root ends in two consonants: **host-is** *enemy*
        i. this does not apply if the 2nd consonant is -r or -l: **pater, patris** *father* with gen. pl. **patrum**
    b. the nom. and gen. singulars have the same number of syllables: **avis, avis** *bird*
    c. the neuter nom. sg. form ends in -e, -al, or –ar: **mare** *sea*
2. The gen. sg. and dat. sg. of the 5th declension is -eī if the stem ends in a vowel: **r-eī** *thing* vs. **di-eī** *day*
3. The locative is identical to the ablative except in the singular of the first three declensions, and even in the 3rd declension the influence of the ablative can be seen. The locative endings are:

	singular	plural
1st declension	-ae	-īs
2nd declension	-ī	-īs
3rd declension	-e ~ -ī	-ibus

II. ADJECTIVES

POSITIVE DEGREE

	1st–2nd Declension				3rd Declension (3-terminations)		
Sg.	m	f	nt		m	f	nt
Nom.	-us ~ -r	-a	-um	|	---	-is	-e
Gen.	-ī	-ae	-ī	|	-is	-is	-is
Dat.	-ō	-ae	-ō	|	-ī	-ī	-ī
Acc.	-um	-am	-um	|	-em	-em	-e
Abl.	-ō	-ā	-ō	|	-ī	-ī	-ī
Pl.							
Nom.	-ī	-ae	-a	|	-ēs	-ēs	-ia
Gen.	-ōrum	-ārum	-ōrum	|	-ium	-ium	-ium
Dat.	-īs	-īs	-īs	|	-ibus	-ibus	-ibus
Acc.	-ōs	-ās	-a	|	-ēs	-ēs	-ia
Abl.	-īs	-īs	-īs	|	-ibus	-ibus	-ibus

3rd Declension (2-terminations)			3rd Declension (1-termination)
Sg.	m/f	nt	m/f/nt
Nom.	---	-e	---
Gen.	-is	-is	-is
Dat.	-ī	-ī	-ī
Acc.	-em	-e	-em (m/f) ~ --- (nt)
Abl.	-ī	-ī	-ī
Pl.			
Nom.	-ēs	-ia	-ēs (m/f) ~ -ia (nt)
Gen.	-ium	-ium	-ium
Dat.	-ibus	-ibus	-ibus
Acc.	-ēs	-ia	-ēs (m/f) ~ -ia (nt)
Abl.	-ibus	-ibus	-ibus

COMPARATIVE DEGREE

Sg.	m/f	nt		Pl.	m/f	nt
Nom.	-ior	-ius			-iōrēs	-iōra
Gen.	-iōris	-iōris			-iōrum	-iōrum
Dat.	-iōrī	-iōrī			-iōribus	-iōribus
Acc.	-iōrem	-ius			-iōrēs	-iōra
Abl.	-iōrī (-e)	-iōrī (-e)			-iōribus	-iōribus

SUPERLATIVE DEGREE

- Positive stem   +   **-issimus, -a, -um**   **(alt-issimus, -a, -um)**
- Positive nom. masc. sg. in **-er**   +   **-rimus, -a, -um**   **(ācer-rimus, -a, -um)**
- Stem of **facilis, difficilis,**
  (dis)similis, gracilis, humilis   +   **-limus, -a, -um**   **(facillimus, -a, -um)**

IRREGULAR COMPARISON

Positive	Comparative	Superlative
bonus, -a, -um *good*	**melior, melius** *better*	**optimus, -a, -um** *best*
malus, -a, -um *bad*	**pēior, pēius** *worse*	**pessimus, -a, -um** *worst*
parvus, -a, -um *little*	**minor, minus** *less*	**minimus, -a, -um** *least*
multus, -a, -um *much*	**plūs** (nt. sg.) *more*	**plūrimus, -a, -um** *most*
	plūrēs, plūra	
magnus, -a, -um *great*	**māior, māius** *greater*	**maximus, -a, -um** *greatest*

III. ADVERBS

POSITIVE DEGREE

1st–2nd declension adjectives	→	-ē	(**pulchrē** *beautifully* from **pulcher, -chra, -chrum** *beautiful*)
3rd declension adjectives			
• nom. in **–ns**	→	-nter	(**sapienter** *wisely* from **sapiēns, sapientis** *wise*)
• other	→	-iter	(**ācriter** *fiercely* from **ācer, ācris, ācre** *fierce*)

COMPARATIVE DEGREE:	**-ius**	(**pulchrius, sapientius, ācrius**)

SUPERLATIVE DEGREE:	**-issimē**	(**altissimē**)
	-rimē	(**ācerrimē**)
	-limē	(**facillimē**)

IRREGULAR COMPARISON

Positive	Comparative	Superlative
bene *well*	**melius** *better*	**optimē** *best*
diū *for a long time*	**diūtius** *longer (time)*	**diūtissimē** *longest (time)*
magnopere *greatly*	**magis** *more*	**maximē** *most*
male *badly*	**pēius** *worse*	**pessimē** *worst*
multum *much*	**plūs** *more*	**plūrimum** *most*
---	**prius** *previously, before*	**prīmum** *first*
parum *little*	**minus** *less*	**minimē** *least*
prope *near*	**propius** *nearer*	**proximē** *nearest, next*

IV. NUMERALS

1   ūnus, -a, -um   2

	m.	f.	nt.
Nom.	duo	duae	duo
Gen.	duōrum	duārum	duōrum
Dat.	duōbus	duābus	duōbus
Acc.	duōs	duās	duo
Abl.	duōbus	duābus	duōbus

4   quattuor

5   quīnque

6   sex

7   septem

8   octō

9   novem

10 decem

3

	m/f.	nt.
Nom.	trēs	tria
Gen.	trium	trium
Dat.	tribus	tribus
Acc.	trēs	tria
Abl.	tribus	tribus

V. PRONOUNS

DEMONSTRATIVES

he, she, it, this, that | *this*

Sg.	(m)	(f)	(nt)		(m)	(f)	(nt)
Nom.	is	ea	id		hic	haec	hoc
Gen.	eius	eius	eius		huius	huius	huius
Dat.	eī	eī	eī		huic	huic	huic
Acc.	eum	eam	id		hunc	hanc	hoc
Abl.	eō	eā	eō		hōc	hāc	hōc

Pl.							
Nom.	eī	eae	ea		hī	hae	haec
Gen.	eōrum	eārum	eōrum		hōrum	hārum	hōrum
Dat.	eīs	eīs	eīs		hīs	hīs	hīs
Acc.	eōs	eās	ea		hōs	hās	haec
Abl.	eīs	eīs	eīs		hīs	hīs	hīs

that | *self, very*

Sg.	(m)	(f)	(nt)		(m)	(f)	(nt)
Nom.	ille	illa	illud		ipse	ipsa	ipsum
Gen.	illīus	illīus	illīus		ipsīus	ipsīus	ipsīus
Dat.	illī	illī	illī		ipsī	ipsī	ipsī
Acc.	illum	illam	illud		ipsum	ipsam	ipsum
Abl.	illō	illā	illō		ipsō	ipsā	ipsō

Pl.							
Nom.	illī	illae	illa		ipsī	ipsae	ipsa
Gen.	illōrum	illārum	illōrum		ipsōrum	ipsārum	ipsōrum
Dat.	illīs	illīs	illīs		ipsīs	ipsīs	ipsīs
Acc.	illōs	illās	illa		ipsōs	ipsās	ipsa
Abl.	illīs	illīs	illīs		ipsīs	ipsīs	ipsīs

same

Sg.	(m)	(f)	(nt)
Nom.	īdem	eadem	idem
Gen.	eiusdem	eiusdem	eiusdem
Dat.	eīdem	eīdem	eīdem
Acc.	eundem	eandem	idem
Abl.	eōdem	eādem	eōdem

Pl.	(m)	(f)	(nt)
Nom.	eīdem	eaedem	eadem
Gen.	eōrundem	eārundem	eōrundem
Dat.	eīsdem	eīsdem	eīsdem
Acc.	eōsdem	eāsdem	eadem
Abl.	eīsdem	eīsdem	eīsdem

RELATIVE PRONOUN

	Sg. (m)	(f)	(nt)		Pl. (m)	(f)	(nt)
Nom.	quī	quae	quod	|	quī	quae	quae
Gen.	cuius	cuius	cuius	|	quōrum	quārum	quōrum
Dat.	cui	cui	cui	|	quibus	quibus	quibus
Acc.	quem	quam	quod	|	quōs	quās	quae
Abl.	quō	quā	quō	|	quibus	quibus	quibus

INTERROGATIVE PRONOUN
who? what?

INDEFINITE PRONOUN
someone, something, anyone, anything

	(m/f)	(nt)		(m/f)	(nt)
Nom.	quis	quid	|	aliquis	aliquid
Gen.	cuius	cuius	|	alicuius	alicuius
Dat.	cui	cui	|	alicui	alicui
Acc.	quem	quid	|	aliquem	aliquid
Abl.	quō	quō	|	aliquō	aliquō

Notes

- the **ali-** drops away when preceded by **sī, nisī, num** and **nē**, with the result that the indefinite pronoun becomes indistinguishable in form from the interrogative pronoun.
  - The indefinite adjective **aliquī, aliqua, aliquod** *any, some* is formed by adding **ali-** to the relative pronoun.
    - **-qua** occurs in place of **quae**: **aliqua** [compare the relative **quae**].
- **quisque, quidque** *each one, everyone, everything* and **quisquam, quidquam** *someone, something, anyone, anything* are declined like the interrogative pronoun.

INDEFINITE PRONOUNS
each one, everyone, everything

someone, something, anyone, anything

	(m/f)	(nt)		(m/f)	(nt)
Nom.	quisque	quidque, quicque	|	quisquam	quidquam, quicquam
Gen.	cuiusque	cuiusque	|	cuiusquam	cuiusquam
Dat.	cuique	cuique	|	cuiquam	cuiquam
Acc.	quemque	quidque, quicque	|	quemquam	quidquam, quicquam
Abl.	quōque	quōque	|	quōquam	quōquam

- The indefinite adjective **quīque, quaeque, quodque** *each, every* is formed by adding **–que** to the relative pronoun.
- The indefinite adjective **quīdam, quaedam, quoddam** *certain* is formed by adding **–dam** to the forms of the relative pronoun.

	PERSONAL PRONOUNS					REFLEXIVE PRONOUN
	1st Person		2nd Person			
	Sg.	Pl.	Sg.	Pl.		
Nom.	ego	nōs	tū	vōs		---
Gen.	meī	nostrum, nostrī	tuī	vestrum, vestrī		suī
Dat.	mihi	nōbīs	tibi	vōbīs		sibi
Acc.	mē	nōs	tē	vōs		sē
Abl.	mē	nōbīs	tē	vōbīs		sē

Notes

- **nostrum** and **vestrum** are used as partitive genitives
- **nostrī** and **vestrī** are used as objective genitives

VI. VERBS

ACTIVE

PRESENT INDICATIVE

		1st	2nd	3rd	3rd -*iō*	4th
Sg.	1	-ō	-eō	-ō	-iō	-iō
	2	-ās	-ēs	-is	-is	-īs
	3	-at	-et	-it	-it	-it
Pl.	1	-āmus	-ēmus	-imus	-imus	-īmus
	2	-ātis	-ētis	-itis	-itis	-ītis
	3	-ant	-ent	-unt	-iunt	-iunt

IMPERFECT INDICATIVE

		1st	2nd	3rd	3rd -*iō*	4th
Sg.	1	-ābam	-ēbam	-ēbam	-iēbam	-iēbam
	2	-ābās	-ēbās	-ēbās	-iēbās	-iēbās
	3	-ābat	-ēbat	-ēbat	-iēbat	-iēbat
Pl.	1	-ābāmus	-ēbāmus	-ēbāmus	-iēbāmus	-iēbāmus
	2	-ābātis	-ēbātis	-ēbātis	-iēbātis	-iēbātis
	3	-ābant	-ēbant	-ēbant	-iēbant	-iēbant

FUTURE INDICATIVE

		1st	2nd	3rd	3rd -*iō*	4th
Sg.	1	-ābō	-ēbō	-am	-iam	-iam
	2	-ābis	-ēbis	-ēs	-iēs	-iēs
	3	-ābit	-ēbit	-et	-iet	-iet
Pl.	1	-ābimus	-ēbimus	-ēmus	-iēmus	-iēmus
	2	-ābitis	-ēbitis	-ētis	-iētis	-iētis
	3	-ābunt	-ēbunt	-ent	-ient	-ient

		PERFECT	PLUPERFECT	FUTURE PERFECT
Sg.	1	-ī	-eram	-erō
	2	-istī	-erās	-eris
	3	-it	-erat	-erit
Pl.	1	-imus	-erāmus	-erimus
	2	-istis	-erātis	-eritis
	3	-ērunt, -ēre	-erant	-erint

The perfect stem to which these endings are added is the 3rd principal part of the verb.

PRESENT SUBJUNCTIVE

		1st	2nd	3rd	3rd -iō	4th
Sg.	1	-em	-eam	-am	-iam	-iam
	2	-ēs	-eās	-ās	-iās	-iās
	3	-et	-eat	-at	-iat	-iat
Pl.	1	-ēmus	-eāmus	-āmus	-iāmus	-iāmus
	2	-ētis	-eātis	-ātis	-iātis	-iātis
	3	-ent	-eant	-ant	-iant	-iant

IMPERFECT SUBJUNCTIVE

		1st	2nd	3rd	3rd -iō	4th
Sg.	1	-ārem	-ērem	-erem	-erem	-īrem
	2	-ārēs	-ērēs	-erēs	-erēs	-īrēs
	3	-āret	-ēret	-eret	-eret	-īret
Pl.	1	-ārēmus	-ērēmus	-erēmus	-erēmus	-īrēmus
	2	-ārētis	-ērētis	-erētis	-erētis	-īrētis
	3	-ārent	-ērent	-erent	-erent	-īrent

PERFECT SUBJ.			PLUPERFECT SUBJ.	
	Sg.	Pl.	Sg.	Pl.
1	-erim	-erīmus	-issem	-issēmus
2	-erīs	-erītis	-issēs	-issētis
3	-erit	-erint	-isset	-issent

The perfect stem to which these endings are added is the 3rd principal part of the verb.

PRESENT IMPERATIVE

		1st	2nd	3rd	3rd -iō	4th
Sg.	2	-ā	-ē	-e	-e	-ī
Pl.	2	-āte	-ēte	-ite	-ite	-īte

Notes

- the following have irregular imperatives:

dīcere *to say*	**dīc**
dūcere *to lead*	**dūc**
facere *to do, make*	**fac**
ferre *to carry*	**fer**

PASSIVE
PRESENT INDICATIVE

		1st	2nd	3rd	3rd -iō	4th
Sg.	1	-or	-eor	-or	-ior	-ior
	2	-āris	-ēris	-eris	-eris	-īris
	3	-ātur	-ētur	-itur	-itur	-ītur
Pl.	1	-āmur	-ēmur	-imur	-imur	-īmur
	2	-āminī	-ēminī	-iminī	-iminī	-īminī
	3	-antur	-entur	-untur	-iuntur	-iuntur

IMPERFECT INDICATIVE

		1st	2nd	3rd	3rd -iō	4th
Sg.	1	-ābar	-ēbar	-ēbar	-iēbar	-iēbar
	2	-ābāris	-ēbāris	-ēbāris	-iēbāris	-iēbāris
	3	-ābātur	-ēbātur	-ēbātur	-iēbātur	-iēbātur
Pl.	1	-ābāmur	-ēbāmur	-ēbāmur	-iēbāmur	-iēbāmur
	2	-ābāminī	-ēbāminī	-ēbāminī	-iēbāminī	-iēbāminī
	3	-ābantur	-ēbantur	-ēbantur	-iēbantur	-iēbantur

FUTURE INDICATIVE

		1st	2nd	3rd	3rd -iō	4th
Sg.	1	-ābor	-ēbor	-ar	-iar	-iar
	2	-āberis	-ēberis	-ēris	-iēris	-iēris
	3	-ābitur	-ēbitur	-ētur	-iētur	-iētur
Pl.	1	-ābimur	-ēbimur	-ēmur	-iēmur	-iēmur
	2	-ābiminī	-ēbiminī	-ēminī	-iēminī	-iēminī
	3	-ābuntur	-ēbuntur	-entur	-ientur	-ientur

			PERFECT	PLUPERFECT	FUTURE P.
Sg.	1	-us (m), -a (f), -um (nt)	sum	eram	erō
	2		es	erās	eris
	3		est	erat	erit
Pl.	1	-ī (m), -ae (f), -a (nt)	sumus	erāmus	erimus
	2		estis	erātis	eritis
	3		sunt	erant	erunt

e.g. of Perfect: amātus (amāta, amātum) sum   amātī (amātae, amāta) sumus
amātus (amāta, amātum) es   amātī (amātae, amāta) estis
amātus (amāta, amātum) est   amātī (amātae, amāta) sunt

PRESENT SUBJUNCTIVE

		1st	2nd	3rd	3rd -iō	4th
Sg.	1	-er	-ear	-ar	-iar	-iar
	2	-ēris	-eāris	-āris	-iāris	-iāris
	3	-ētur	-eātur	-ātur	-iātur	-iātur
Pl.	1	-ēmur	-eāmur	-āmur	-iāmur	-iāmur
	2	-ēminī	-eāminī	-āminī	-iāminī	-iāminī
	3	-entur	-eantur	-antur	-iantur	-iantur

IMPERFECT SUBJUNCTIVE

		1st	2nd	3rd	3rd -iō	4th
Sg.	1	-ārer	-ērer	-erer	-erer	-īrer
	2	-ārēris	-ērēris	-erēris	-erēris	-īrēris
	3	-ārētur	-ērētur	-erētur	-erētur	-īrētur
Pl.	1	-ārēmur	-ērēmur	-erēmur	-erēmur	-īrēmur
	2	-ārēminī	-ērēminī	-erēminī	-erēminī	-īrēminī
	3	-ārentur	-ērentur	-erentur	-erentur	-īrentur

		PERFECT SUBJ.	PLUPERFECT SUBJ.
Sg.	1	-us (m), -a (f), -um (nt) sim	essem
	2	sīs	essēs
	3	sit	esset
Pl.	1	-ī (m), -ae (f), -a (nt) sīmus	essēmus
	2	sītis	essētis
	3	sint	essent

PRESENT IMPERATIVE

		1st	2nd	3rd	3rd -iō	4th
Sg.	2	-āre	-ēre	-ere	-ere	-īre
Pl.	2	-āminī	-ēminī	-iminī	-iminī	-īminī

INFINITIVES and PARTICIPLES

- Since the 4th principal part of verbs outside of the 1st conjugation are unpredictable, only 1st conjugation endings are listed below. The stem is separated from the ending by a dash.

	INFINITIVES			PARTICIPLES	
	Active	Passive		Active	Passive
Present	**-ā-re**	**-ā-rī**	Present	**-ā-ns**	---
Past	**-āv-isse**	**-āt-us esse**	Past	---	**-āt-us**
Future	**-āt-ūrus esse**	**-āt-um īrī**	Future	**-āt-ūrus**	**-a-ndus**

- The *future passive participle* is also called the *gerundive*
- The declension of the present participle is:

		m/f	nt
Sg.	Nom.	**-ns**	**-ns**
	Gen.	**-ntis**	**-ntis**
	Dat.	**-ntī**	**-ntī**
	Acc.	**-ntem**	**-ns**
	Abl.	**-ntī ~ -nte**	**-ntī ~ -nte**
Pl.	Nom.	**-ntēs**	**-ntia**
	Gen.	**-ntium**	**-ntium**
	Dat.	**-ntibus**	**-ntibus**
	Acc.	**-ntēs**	**-ntia**
	Abl.	**-ntibus**	**-ntibus**

- Infinitives may be used in place of a conjugated verb. Such a *historical infinitive* adds more vividness to the description of historical events.

PERIPHRASTICS

- The future active participle is joined with a form of the verb **esse** to express an action which is about to be done.

mīlitēs rēgem laudātūrī sunt	*the soldiers are about to praise the king*
mīlitēs rēgem laudātūrī erant	*the soldiers were about to praise the king*
mīlitēs rēgem laudātūrī erunt	*the soldiers will be about to praise the king*

- The future passive participle is joined with a form of the verb **esse** to express an action which ought to be done or needs to be done.
- The agent of a passive periphrastic is in the dative.

rēx mīlitibus laudandus est	*the king ought to be praised by the soldiers*
rēx mīlitibus laudandus erat	*the king had to be praised by the soldiers*
rēx mīlitibus laudandus erit	*the king will need to be praised by the soldiers*

GERUND

	1st	2nd	3rd	3rd -iō	4th
Nom.	**-āre**	**-ēre**	**-ere**	**-ere**	**-īre**
Gen.	**-andī**	**-endī**	**-endī**	**-iendī**	**-iendī**
Dat.	**-andō**	**-endō**	**-endō**	**-iendō**	**-iendō**
Acc.	**-andum**	**-endum**	**-endum**	**-iendum**	**-iendum**
Abl.	**-andō**	**-endō**	**-endō**	**-iendō**	**-iendō**

- The nominative form is equivalent to the present infinitive.

SUPINE

- It is built from the 4th principal part.
- It has two cases:
  - acc. sg. **-um**
  - abl. sg. **-ū**
- The accusative with a verb of motion expresses purpose.

  rēgem *interfectum* venīmus *we come to kill the king*

- The ablative is used with an adjective as an ablative of respect.

  celer *nātātū* *quick with respect to swimming*

DEPONENTS

- Active forms do not exist.
  - The one exception is the present active participle.
- Passive forms have active meanings.

IRREGULAR VERBS

* Only the tenses which contain an irregularity are presented.

sum, esse, fuī, futūrus *to be*

	Present	Imperfect	Future	Present S.	Imperative
1sg.	sum	eram	erō	sim	
2	es	erās	eris	sīs	es
3	est	erat	erit	sit	
1pl.	sumus	erāmus	erimus	sīmus	
2	estis	erātis	eritis	sītis	este
3	sunt	erant	erunt	sint	

possum, posse, potuī *to be able, can*

	Present	Imperfect	Future	Present S.
1sg.	possum	poteram	poterō	possim
2	potes	poterās	poteris	possīs
3	potest	poterat	poterit	possit
1pl.	possumus	poterāmus	poterimus	possīmus
2	potestis	poterātis	poteritis	possītis
3	possunt	poterant	poterunt	possint

eō, īre, īvī/iī, itus *to go*

	Present	Imperfect	Future	Present S.	Imperative
1sg.	eō	ībam	ībō	eam	
2	īs	ībās	ībis	eās	ī
3	it	ībat	ībit	eat	
1pl.	īmus	ībāmus	ībimus	eāmus	
2	ītis	ībātis	ībitis	eātis	īte
3	eunt	ībant	ībunt	eant	

Present Participle: **iēns, euntis**

ferō, ferre, tulī, lātus *to carry*

	Present	Imperfect	Future	Present S.	Imperative	Present Passive
1sg.	ferō	ferēbam	feram	feram	feror	
2	fers	ferēbās	ferēs	ferās	fer	ferris
3	fert	ferēbat	feret	ferat	fertur	
1pl.	ferimus	ferēbāmus	ferēmus	ferāmus	ferimur	
2	fertis	ferēbātis	ferētis	ferātis	ferte	feriminī
3	ferunt	ferēbant	ferent	ferant	feruntur	

fīō, fierī, factus sum *to be done, be made*

	Present	Imperfect	Future	Present S.	Imperfect S.	Imperative
1sg.	fīō	fīēbam	fīam	fīam	fierem	
2	fīs	fīēbās	fīēs	fīās	fierēs	fī
3	fit	fīēbat	fīet	fīat	fieret	
1pl.	fīmus	fīēbāmus	fīēmus	fīāmus	fierēmus	
2	fītis	fīēbātis	fīētis	fīātis	fierētis	fīte
3	fīunt	fīēbant	fīent	fīant	fierent	

volō, velle, voluī *to want*
nōlō, nōlle, nōluī *to not want*
mālō, mālle, māluī *to prefer*

Present Indicative

1sg.	volō	nōlō	mālō
2	vīs	nōn vīs	māvīs
3	vult	nōn vult	māvult
1pl.	volumus	nōlumus	mālumus
2	vultis	nōn vultis	māvultis
3	volunt	nōlunt	mālunt

Present Subjunctive

1sg.	velim	nōlim	mālim
2	velīs	nōlīs	mālīs
3	velit	nōlit	mālit
1pl.	velīmus	nōlīmus	mālīmus
2	velītis	nōlītis	mālītis
3	velint	nōlint	mālint

Imperfect Indicative

1sg.	volēbam	nōlēbam	mālēbam
2	volēbās	nōlēbās	mālēbās
3	volēbat	nōlēbat	mālēbat
1pl.	volēbāmus	nōlēbāmus	mālēbāmus
2	volēbātis	nōlēbātis	mālēbātis
3	volēbant	nōlēbant	mālēbant

Future Indicative

1sg.	volam	nōlam	mālam
2	volēs	nōlēs	mālēs
3	volet	nōlet	mālet
1pl.	volēmus	nōlēmus	mālēmus
2	volētis	nōlētis	mālētis
3	volent	nōlent	mālent

Imperative

2sg.	---	nōlī	---
2pl.	---	nōlīte	---

Present Participle

	volēns, volentis	nōlēns, nōlentis	mālēns, mālentis

SYNTAX

I. USES OF THE CASES

Genitive

* **Genitive of Characteristic** – a genitive of description serving as the predicate of the verb **esse**

   tantae mōlis **erat Rōmam condere**   *founding Rome was of such great effort*

* **Genitive of Description** – a noun modified by **magnus** (*great*), **maximus** (*greatest*), **summus** (*greatest*), **tantus** (*so great*), or a demonstrative pronoun expresses the inherent quality of something

   fēmina *maximī animī*   *a woman with the greatest spirit*
   puer *eius fāmae*   *a boy with this reputation*

* **Genitive of Material** – a noun describing the material of which something is made

   gladius *aurī*   *a sword of gold*

* **Genitive of Value** – an adjective without a noun which indicates the value of something

   parvī **dūcitur**   *s/he is considered of little value*

* **Objective Genitive** – a noun which is the result of an act or of a feeling expressed by another noun or adjective

   impetus *exercitūs*   *attack of the army* [i.e. someone attacked the army]
   odium *hostium*   *the hatred of the enemies* [i.e. someone hates the enemies]

* **Partitive Genitive** – a noun which indicates the whole from which a subset comes

   pars *exercitūs*   *part of the army*
   nēmō *mīlitum*   *no one of the soldiers*

* **Possession**

   domus *Caesaris*   *the house of Caesar, Caesar's house*

* **Subjective Genitive** – a noun which is the agent behind an act or feeling expressed by another noun

   somnus *fīliī*   *the sleep of the boy, the boy's sleep*
   odium *hostium*   *the hatred of the enemies, the enemies' hatred*

Dative
- **Dative with Adjectives** – several adjectives take datives:

    inimīcus *nautīs*   *hostile to the sailors*

- **Dative with Compound Verbs** – verbs with the following prefixes take a dative object: ad-, ante-, circum-, con-, in-, inter-, ob-, post-, prae-, prō-, sub-, super-

    Terrōrem *nōbīs* iniēcit   *s/he frightened us [literally: threw fear into us]*

- **Dative of Possession** – a dative noun indicates the person who possesses something. The possessed is in the nominative and takes the verb **esse**

    gladiī *mīlitibus* sunt   *the soldiers have swords*

- **Dative of Purpose** – a noun stating the reason why something occurs

    mīlitēs *lībertātī* pugnant   *the soldiers are fighting for freedom*

    This is also referred to as the *predicative dative* or the *dative of result*.

- **Dative of Reference** – the noun expressing a person for whom something occurs, whom something affects, or to whom something refers

    impetūs *populō* nocent   *the battles harm the people*

- **Double Dative** – a dative of reference and dative of purpose used together

    aqua nōn *noxae* est *cīvibus*   *water is not harmful for the citizens*

- **Indirect Object** – the person to whom something is given

    līberīs pecūniam dedī   *I gave money to the children*

Accusative
- **Accusative of Duration of Time** – a noun expressing how long an event lasted

    Vīgintī annōs ibi mānsit   *He remained there 20 years*

- **Accusative of Extent of Space** – a noun expressing how long a physical distance is

    agrī *vīgintī pedēs* lātī   *fields 20 feet wide*

- **Accusative of Limit of Motion** – the accusative of the name of a town, city, small island, **domus, -ūs** (f) *house*, **rūs, rūris** (nt) *country*, **humus, -ī** (f) *earth, ground* indicates motion towards

-
      Athēnās vēnī   *I went to Athens*

- **Greek Accusative** – a body part expressing where a description applies or an event took place

      Mīles *oculōs* vulnerātus est   *The soldier has been wounded in the eyes*

Ablative
- **Ablative of Cause** – indicates the cause of a verbal action

      Incolae *īrā* pugnant   *The inhabitants fight out of anger*

- **Ablative of Comparison** – the person or thing to whom something or someone is being compared

      **Mīlitēs nostrī fortiōrēs
  hostibus sunt**   *Our soldiers are stronger than the enemies*

  - **quam** + noun in the same case as the person or thing being compared to is an alternative

      **Mīlitēs nostrī fortiōrēs *quam*
  hostēs sunt**   *Our soldiers are stronger than the enemies*

- **Ablative of Degree of Difference** – the extent to which two compared nouns differ

      **Mīlitēs nostrī *multō*
  fortiōrēs sunt**   *Our soldiers are much stronger*

- **Ablative of Description** – an adjective + noun describing a characteristic of another noun.

      rēgīna *magnā animā*   *a queen with a great soul*

- **Ablative of Manner** – indicates how the action of a verb is done

      Poēta *ferō studiō* legit   *The poet reads with a wild zeal*

- **Ablative of Means** – indicates the means by which an action is undertaken

      ***sagittīs* oppugnant**   *they attack with arrows*

- **Ablative of Place from Which** – the ablative of the name of a town, city, small island, **domus, -ūs** (f) *house*, **rūs, rūris** (nt) *country*, **humus, -ī** (f) *earth, ground* indicates motion away from which

  Domō **veniet**   *S/he will come from home*

- **Ablative of Price** – a noun used with verbs of 'buying, exchanging, selling' to indicate how much the transaction took place for

  equum *aurō* **vendunt**   *they sell the horse for gold*

- **Ablative of Respect** – in what way the sense of an adjective or verb is true

  Fēmina pulchra *comā* **est**   *The woman is beautiful with respect to hair*

- **Ablative of Separation** – indicates something which is lacking, deprived, or separated

  Victōriā **carēmus**   *We lack victory*

- **Ablative of Source** – expresses descent or origin

  rēge **ortus**   *born of a king*

- **Ablative of Time** – when and within which something occurred

  Eā nocte **mānsērunt**   *That night they remained*

II. INDEPENDENT USES of the SUBJUNCTIVE

- **Deliberative Subjunctive** – used for rhetorical questions

  Quid dīcam?   *What should I say?*

- **Hortatory Subjunctive** – expresses a 1st pl imperative

  dīcāmus   *let us say*

- **Jussive Subjunctive** – expresses a 3rd person imperative

  dīcat   *let him say*
  dīcant   *let them say*

- **Optative Subjunctive** – expresses a wish. It is introduced by **utinam** in the positive and by either **utinam nē** or just **nē** in the negative

    Utinam dīcat   *if only he would say*

- **Potential Subjunctive** – expresses possibility/potentiality
    - ○ the imperfect subjunctive is frequent with verbs of perception and the 2nd person often conveys an indefinite subject (see the translation below)

        videās   *you may see*
        vidērēs   *you/one could have seen*

III. IMPERSONAL PASSIVES

- An impersonal passive does not refer to a specific subject. Intransitive verbs, unlike in English, can form impersonal passives.

    hodiē venītur   *there is a coming today (i.e. people are coming today)*

FREQUENT VOCABULARY

- The words listed here occur at least ten times.
- Additionally, all but the most common prepositions are listed, regardless of whether they reached the frequency threshold.
- Certain grammatical words such as demonstrative pronouns, personal pronouns, and the verbs **esse** and **posse** are neither listed here nor in the vocabulary sections throughout this book. They can be found in the Grammatical Appendix.

Nouns

aciēs, -ēī (f) *line of troops; sharpness*

adventus, -ūs *arrival*

ager, agrī *land, field*

annus, -ī *year*

arma, -ōrum [pl. t.] *weapons; troops*

auxilium, -ī *aid, (pl.) auxiliary troops*

bellum, -ī *war, battle*

castra, -ōrum *camp*

causa, -ae *cause, reason*

cīvitās, -tātis (f) *state; citizenship*

cōnsilium, -ī *plan, decision; council*

cōpia, -ae *abundance; supply; (pl.) troops*

diēs, -ēī (m) *day*

domus, -ūs (f) *home*

eques, equitis (m) *horseman, knight;*

(pl.) *cavalry*

equitātus, -ūs *cavalry*

exercitus, -ūs *army*

fīnis, fīnis (m) *end, border*

fortūna, -ae *fortune, fate; property*

frūmentum, -ī *grain*

fuga, -ae *flight*

grātia, -ae *thanks*

hīberna, -ōrum *winter quarters*

homō, hominis (m) *human being, man*

hostis, -is (m/f) *enemy*

imperium, -ī *command; (pl.) empire*

impetus, -ūs *attack, charge*

iniūria, -ae *injury, wrong*

iter, itineris (nt) *journey, route; march*

lēgātus, -ī *delegate; lieutenant*

locus, -ī (pl: loca, -ōrum) *place, position*

manus, -ūs (f) *hand; force*

mīles, mīlitis (m) *soldier*

mīlle [indeclinable in singular; pl: mīlia, -um]

(nt) *thousand*

mīlle passūs *mile*

mōns, montis (m) *mountain*

multitūdō, multitūdinis (f) *multitude, crowd*

nāvis, nāvis (f) *ship*

nihil *nothing*

nox, noctis (f) *night*

numerus, -ī *number*

obses, obsidis (m/f) *hostage*

ōrdō, -inis (m) *order, rank*

pars, partis (f) *part*

passus, -ūs *step, pace*

perīculum, -ī *danger, risk; trial, test*

populus, -ī *people*

proelium, -ī *battle*

prōvincia, -ae *province; Province (of Gaul)*

rēs, reī (f) *thing, matter*

rēs frūmentāria, reī frūmentāriae *grain*

supply

salūs, salūtis (f) *safety, welfare*

spēs, speī (f) *hope*

tēlum, -ī *javelin, missile*

tempus, -oris (nt) *time*

ūsus, -ūs *use; experience; necessity*

victōria, -ae *victory*

virtūs, -tūtis (f) *courage*

Proper Nouns and Adjectives

Aeduī, -ōrum *Aedui*

Ambiorīx, -rīgis (m) *Ambiorix*

Ariovistus, -ī *Ariovistus*

Caesar, -aris *Caesar*

Gallī, -ōrum *Gauls*

Gallia, -ae *Gaul*

Germānī, -ōrum *Germans*

Helvētiī, -ōrum *Helvetii* [between Rhone

River and Cévennes Mts.]

Rhēnus, -ī *Rhine river*

Rōmānus, -a, -um *Roman*

Sēquanī, -ōrum *Sequani* [between Saone

River and Jura Mts.]

Verbs

absum, abesse, āfuī, āfutūrus *to be away,*

be distant; be absent

accidō, -ere, -cidī *to happen*

accipiō, -ere, -cēpī, -ceptus *to accept, receive*

addūcō, -ere, -dūxī, -ductus *to lead to; drive,*

force

agō, -ere, ēgī, āctus *to do, drive; discuss*

appellō (1) *to call, name*

arbitror (1) *to think, judge*

capiō, -ere, cēpī, captus *to seize; reach*

—, —, coepī, coeptus *to begin*

cognōscō, -ere, -nōvī, -nitus *to know,*

understand

cōgō, -ere, coēgī, coāctus *to force, compel;*

collect

committō, -ere, -mīsī, -missus *to join; engage*

in; entrust

coniciō, -ere, -iēcī, -iectus *to hurl, throw*

cōnor (1) *to attempt, try*

cōnstituō, -ere, -stituī, -stitūtus *to establish,*

decide; set, place

cōnsuēscō, -ere, -suēvī, -suētus *to become accustomed; [perf.] to be accustomed*

contendō, -ere, -tendī, -tentus *to hurry; strive; fight*

conveniō, -īre, -vēnī, -ventus *to meet; to be agreed upon; assemble*

dīcō, -ere, dīxī, dictus *to say*

discēdō, -ere, -cēssī, -cessus *to depart*

dō, dare, dedī, datus *to give*

dūcō, -ere, dūxī, ductus *to lead; consider*

exīstimō (1) *to think, consider*

faciō, facere, fēcī, factus *to do, make*

ferō, ferre, tulī, lātus *to carry, bear; endure; report*

gerō, -ere, gessī, gestus *to carry; conduct, manage*

habeō, -ēre, habuī, habitus *to have, hold; consider*

imperō (1) *to command*

īnferō, īnferre, intulī, illātus *to carry in; inflict*

intellegō, -ere, -lēxī, -lēctus *to understand*

interficiō, -ere, -fēcī, -fectus *to kill*

iubeō, -ēre, iussī, iussus *to order, command*

licet, licēre, licuit *it is permitted; one may*

mittō, -ere, mīsī, missus *to send*

occupō (1) *to seize, occupy*

persuādeō, -ēre, -suāsī, -suāsus [+ dat.] *to persuade*

perveniō, -īre, -vēnī, -ventus *to arrive*

petō, -ere, petīvī/-iī, petītus *to seek, ask*

possum, posse, potuī *to be able*

proficīscor, -ī, profectus sum *to set out, proceed*

prohibeō, -ēre, -hibuī, -hibitus *to prevent*

pugnō (1) *to fight*

recipiō, -ere, -cēpī, -ceptus *to take back; receive*

relinquō, -ere, -līquī, -lictus *to leave*

sē recipiō *to retreat*

superō (1) *to conquer*

sustineō, -ēre, -tinuī, -tentus *to check, control; endure; withhold*

teneō, -ēre, tenuī, tentus *to hold*

trānseō, -īre, trānsīvī/-iī, trānsitus *to cross over*

ūtor, ūtī, ūsus sum [+ abl.] *to use; enjoy*

veniō, -īre, vēnī, ventus *to come*

videō, -ere, vīdī, vīsus *to see; (pass) seem*

volō, velle, voluī *to want*

Adjectives and Numerals

aliquī, aliqua, aliquod *some, any*

aliquis, aliquid *someone, something*

alius, alia, aliud [gen: -īus, dat: -ī] *other, another*

alter, -a, -um [gen: -īus, dat: -ī] *other; second*

certus, -a, -um *sure, certain*

duo, duae, duo *two*

frūmentārius, -a, -um *relating to grain*

rēs frūmentāria *grain supply*

gravis, grave *harsh, severe*

īdem, eadem, idem *same*

magnus, -a, -um *great*

maximus, -a, -um *greatest, largest*

multus, -a, -um *much, many; late; lengthy*

noster, nostra, nostrum *our*

nūllus, -a, -um [gen: -īus, dat: -ī] *none, no*

omnis, omne *all, every*

paucus, -a, -um *few*

prīmus, -a, -um *first*

proximus, -a, -um *nearest; next; last*

pūblicus, -a, -um *public*

reliquus, -a, -um *remaining*

summus, -a, -um *highest; greatest*

superior, superius *higher; preceding; victorious*

suus, -a, -um *his own, her own, its own, their own*

tantus, -a, -um *so great, so much*

tertius, -a, -um *third*

tōtus, -a, -um [gen: -īus, dat: -ī] *all, whole*

ūllus, -a, -um [gen: -īus, dat: -ī] *any*

ūnus, -a, -um [gen: -īus, dat: -ī] *one; single, sole*

uterque, utraque, utrumque [gen: -īus, dat: -ī] *both, each (of two)*

Adverbs and Conjunctions

ac *and*

atque *and*

aut *or*

aut ... aut *either ... or*

autem *moreover*

circiter *around*

et *and*

et ... et *both ... and*

etiam *even, also*

iam *now, by this time, already*

ibi *there, then*

ita *thus, in this way*

item *likewise*

minus *less*

nam *for, now*

neque *and not*

neque ... neque *neither ... nor*

nisī *unless; except*
post *afterwards*
proptereā *therefore*
  proptereā quod *because*
sed *but*
sī *if*
tamen *nevertheless*
tum *then*

Prepositions

ā/ab [+ abl.] *away from; from*
ad [+ acc.] *to, towards;* (with numbers) *about*
ante [+ acc.] *before*
apud [+ acc.] *at, near, among*
causā [+ preceding genitive] *for the sake of*

circum [+ acc.] *around*
contrā [+ acc.] *against; on the contrary*
dē [+ abl.] *down from; concerning*
ex, ē [+ abl.] *out of, from*
in [+ abl.] *in, on;* [+ acc.] *into, onto*
inter [+ acc.] *between; during*
ob [+ acc.] *on account of*
per [+ acc.] *through*
post [+ acc.] *after;* (adv.) *afterwards*
prō [+ abl.] *in front of; for; as; on account of*
propter [+ acc.] *on account of*
sine [+ abl.] *without*
sub [+ abl./acc.] *under*
super [+ acc.] *above*
trāns [+ acc.] *across*